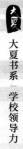

大夏书系·学校领导力

高手校长

魏智渊 / 著

华东师范大学出版社
·上海·

图书在版编目（CIP）数据

高手校长 / 魏智渊著 .— 上海：华东师范大学出版社，2024
ISBN 978-7-5760-5056-1

I.①高 …　II.①魏 …　III.①校长—学校管理—研究　IV.① G471.2

中国国家版本馆 CIP 数据核字（2024）第 108561 号

大夏书系 ｜ 学校领导力

高手校长

著　　者　　魏智渊
责任编辑　　卢风保
责任校对　　杨　坤
封面设计　　奇文云海 · 设计顾问

出版发行　　华东师范大学出版社
社　　址　　上海市中山北路 3663 号　邮编 200062
网　　址　　www.ecnupress.com.cn
电　　话　　021-60821666　行政传真 021-62572105
客服电话　　021-62865537
邮购电话　　021-62869887
地　　址　　上海市中山北路 3663 号华东师范大学校内先锋路口
网　　店　　http://hdsdcbs.tmall.com/

印 刷 者　　北京季蜂印刷有限公司
开　　本　　700×1000　16 开
印　　张　　18
字　　数　　266 千字
版　　次　　2024 年 8 月第一版
印　　次　　2024 年 8 月第一次
印　　数　　5 100
书　　号　　ISBN 978-7-5760-5056-1
定　　价　　78.00 元

出 版 人　　王　焰
（如发现本版图书有印订质量问题，请寄回本社市场部调换或电话 021-62865537 联系）

第二辑　人事：激发每一位成员的工作热情

第三辑　管理：多一事不如少一事

第四辑　修炼：管好自己是管好团队的前提

序

优秀校长的领导力究竟由什么构成?

在我和魏智渊老师不多的接触中，不知为什么总觉得他是一位浑身散发古典精神的现代教育人。当然，日常读到文章，又会发现他始终站在教育前沿，正以并不随大流的方式，打量并思考着"学校这片土壤"该如何正确改良。夜深人静翻阅《高手校长》的书稿，如同面对面和魏老师酣畅淋漓地深聊，无数的价值共鸣、问题共见、方法共识纷至沓来，如有美酒，值此良夜应与这份精神相佐——我又重新认识到，他同时还是这个迷茫的时代不可多得的一位在学校现场追求纯粹教育目标和学校治理理想的校长。

是的，一位校长想办一所理想学校的追求，从来都不仅仅是"看见、研究、规划、设计"的行动，更多的是站在这些基础上，面对动态现场的每一个课题、每一项行为，判断选择、融合妥协，并作出最优决策。所谓"高手校长"，我想正是指面对学校这样一个复杂系统，不同特征的教育管理者所共同展现出的高水平领导力。

什么是学校教育高水平的领导力? 魏智渊老师这本书给我特别多的场景启发。比如，校长不仅要思考学校文化究竟是什么，更要懂得文化如何形成一所学校的灵魂，文化在每一个侧面、每一套机制、每一份职能上究竟如何体现;不仅要思考教育的目的是什么，更要懂得它和学校里权力分配、薪酬设计的关系;不仅要看见并致力于搭建更好的组织结构、办学生态，更要处理好校园内的红白喜事、微信红包、剩饭剩菜等细节……

好的文字既有方向感，更传导激活思维的能量。阅读这本集萃了作者多年一线研究与实践经验的校长领导力专著，催生我联想到过去对校长领导力的零星思考，于是赶紧翻开手机备忘录，打开电脑，把近一年游走于各地学校的感悟简要整理，为魏校长这道营养丰富的学校管理实践"大餐"，添一道"佐酒的小菜"。

学校教育高水平的领导力指什么？

我们知道，今天的学校管理者面对不确定时代的学校转型，最稀缺而又最关键的能力，就是高水平的领导力。全球教育实践证明，一个人并非身居领导岗位就有了领导力。管理界的共识是，真正的领导力，是带领团队面对并穿越不确定的时代去创造未来的能力。

是的，未来的属性永远是不确定的，古往今来的教育家，绝大多数都是那些面对变乱的时局敢为人先，勇于突破，并努力抵达一个确定性结果的教育大师，是那些"始终以未来为锚点"超越时代的人。在今天，中国基础教育究竟何去何从，很多事情上都有不同站位、不同标准的争议；唯独在一件事上，从庙堂到基层，全社会堪称高度共识——我们的校园必须重拾面向未来的教育家精神，迫切需要一大批真正具备高水平领导力的建设者。

在日常探访观察接触中，当然也是在本书的阅读过程中，我越来越从心灵深处获得认证——拥有高水平领导力的校长至少有以下四个方面的表现。

1. 时代脉动的敏锐感知力。

我把这称为内隐于领导者认知视野中的"心法"，它很难准确表达，却常常作用于办学决策中的直觉判断。从时代发展的节奏感，到人类命运、科技演化、人文流向、社会变迁的同频感，再到教育目标的方向感、学校生态的场能感、生命成长的需求感……优秀的学校管理者都有更深层次的"感、知、体、悟"。这份"知觉"很难用严谨的语言逻辑梳理清楚，却总是在关键的选择时刻，表现为与众不同的可能性洞察和化繁为简的创造性决策。

2. 公共价值的提炼表达力。

外化于学校公开语境的价值主张、文化表达、原则标准，以及内生于愿景与目标的组织结构、流程机制、专业目标等，我们可以视为学校组织赖以存在的"方法"。校长必须学会把师生们"每天所经历的事情"，提取成为学校老师、教育同行甚至全社会都觉得有价值的表达和系统的方法。

领导力的核心是感召力，感召力的核心是共同价值。学校里什么不做，什么要做，怎么做，谁去做，做的时候怎么克服自己的传统，怎么做得有质量高标准，等等，都需要在共同价值的前提下达成愿景共识，以共识推动行为，以研究抵达精微。正如本书所触及的很多学校课题，无不需要校长提供学校组织方法论层面的价值阐述，推动合理清晰的问题分类、极度专注的课题研究和结构化的软硬系统再造。这个过程，一校之长当然不是什么都懂，却总是以价值为引领，帮助每一位教师走向"顶天立地"的专业追求。

3. 直面问题的行动组织力。

这是生成于学校组织现实与教育问题难点背后的"干法"。优秀校长首先是"实干家"，一定是勇于直面理想与现实落差，并善于解决焦点问题、疑难杂症的高手。比如怎样把校长的权力关进笼子里，如何划分权力边界，怎样让原则和标准成为"裁判长"，诸如此类的问题本身就是理想学校建设中绕不过去的大课题。直面这些问题，不同的学校有不同的解法，那些真抓实干不妥协的学校变革家，会通过"真诚关心每个人的需求""鼓励先进，允许落后""让所有人的创造相互看见，共同托举"等一系列组织安排，撬动高水平的学校整体行动力。

4. 超越自我的强烈使命感。

校长立足于奔赴教育本质的价值超越感，以及个人目标感升华后的社会使命感，又可以视为领导学校奔赴卓越组织的"成法"。这些年我参与《新校长》的访谈，看见几乎所有能持续影响区域和国内教育生态的教育人，无不是在这一点上获得了人生动力，成就了一所学校、一群老师，成就了他的学生，甚至成就了他自己。其中最为关键的前置条件，是人生目标的排序——只有从建立自我的目标，走向超越自我的目标，少看自己，多悟他人，才能转身看见师生的真相、社会的需要、教育的可能，从而真正让学校教育与社区空间、城市脉搏、国家命运甚至文明脉动紧密相连，并主动以自己的研究成果惠及周边及普世教育生态。用稻盛和夫先生的话来说，这样的"成法"，是源自超越自我也超越这个时代的"利他利己"管理哲学。我想，这才是教育人最不可或缺、最高级的领导力。

校长的高水平领导力如何养成？

我们还必须回答的另一个问题是：一个人拥有领导力甚至人生竞争力的底层逻辑源自什么？我的理解首先是个体认知与思维结构的自我塑造。这方面，蒲公英教育智库团队曾经总结过六个字，分享给大家：视野、精微、格局。

视野。真正的视野是用心教育、用心生活、用心体验的结果，当你有了与具体的某些人、某件事、某本书"同呼吸共命运"的经历之后，产生了感受、连接和愿景，你的视野才真正打开了某个维度。这样的视野当然不是看看短视频、网络文章就可以获得的。

精微。古人说"致广大而尽精微"。我在工作中把精微理解为一种在细小处精心雕刻的专业能力。你在一件具体的事情上不断精进，"打磨九遍面目全非"的经验，或者你在一个具体的岗位上如琢如磨十年，每天改进一个细节的习惯——凡事于"精微"处求解，会成为你在推动学校变革过程中，以低成本收获高价值的思维利器。

格局。一个人的格局常常建立在视野与精微的基础上，通过不断地自我追问、价值追问、教育本质追问来获得。稳定的格局需要内在稳固的价值体系＋愿景体系＋操作体系；当然在今天，评估一所学校直面转型时刻的教育格局，除了领导者，还需要同步打量校园里是不是具备开放多元的文化体系、追求自组织的合作体系等。

其次，校长高水平领导力的成熟与发展还应该有三个着力点：抓学校变革目标、关键问题、行动要领。

今天我们视野中具有引领价值的标杆学校，为什么可供寻求积极转型的很多教育人"学以致用"？一些学校为什么最终能突破大而无当的传统势能向未来重新绽放？一些学校为什么能够越过高速发展期的内在难题并二次升华？在我看来，大多数学校最根本的推动力，就是校长逐渐学会了从个人领导，走向"全员领导"，其实就是通过清晰的宏观价值体系与中观操作体系的梳理，最终实现以愿景、目标、专业标准、行动要领为"裁判长"的"领导"——这同时也是身为变革领导者的校长，领导力不断精进提升、走向开阔的过程。

人的生命与精力如此有限，只有一件事可以证明自己的领导力具有推动学校持续长远发展的价值：培养了一大批能够独当一面、解决问题的学校中层及教师团队。

怎么培养？优秀校长在面对系统性"巨复杂"学校发展课题时，常常不得不首先确立一套可便捷上路的操作体系，让全体教师能够在隐约感到正确，却又不知道如何上手的事情上先干起来。

这样的校长深懂人性。因为人性都有"自我证明"的机制，当一部分教职员工在正确的事情上获得了无数心得与成果，不用大会小会地做"思想工作"，大家就会自证所做的事情是正确的，并逐渐在日常教育教学工作中，从被价值驱动，到成为价值的持守人与领导者。所以有人说，真正的价值领导力，往往不是说教的结果，而是由外而内让每个人的行动变轨的结果。

我的老师、中欧商学院管理学教授梁能先生当年在课堂上，曾说过一句让我终身受益的话：领导力自我培养的最佳时刻就在领导团队奔赴目标的过程当中，个人潜能因不断的领导成效而相互循证着被释放，就是创新领导者最好的成长。

所以，优秀的校长总是善于用更多的时间以趋势为指南，清晰地梳理学校变革目标、关键问题、行动要领，让普通教师的行动有根基、有抓手，以此确立自己不断成长的变革领导力。我想，这应该是校长领导力成长最具挑战的"真实任务"。

最后不得不说，阅读本书，我还从作者的文字背后，体会到一位追求理想教育的"高手校长"的人格底色：他在抬头看见使命，侧耳倾听世界；他在大胆想象教育可能；他善于学习，自我驱动；他敢于自我超越，还能胜过大环境的影响……

是的，教育无他，唯方向、系统、细节与热爱。

致敬魏智渊老师，致敬每一位在课堂上、校园里向更好的教育发起冲锋的人！

李　斌

第一辑

文化：形成一所学校的灵魂

当新学校遇上新教育 ①

如果只是低头走路，而不抬头看天，那么，无论脚步有多匆忙，都行之不远，随时可能踏上歧路。

那么，正确的道路（方向）在哪里？或许唯一的答案是，在思中。非空洞之思，而是行之思，且行且思。

作为一所新的学校，新教育小学朝向何方？每一年，每一学期，都必须不断地进行深入的运思。

一

首要的问题是，谁来运思？谁是运思的主体？

答案是，行动者即运思者。而学校里，每一个人都是行动者，每一个人便都是运思者。

那么，这样岂不是各自为政？每一个人都是运思者，这样的学校何以可能？学校究竟是什么？何以这形形色色的运思者，竟能结成一个因缘整体而自成一个明亮世界？

实际上，借海德格尔来思考，学校的本质，是"林中空地"（不必为词所拘束，只是比喻，另一篇文章里，或许会用另一个词指代"学校的本质"，甚至，当把学校的本质比喻为"林中空地"时，其实意指学校并无本质，学校有本质而无本质，"玄之又玄，众妙之门"）。"林中空地"似乎是空间性的，其实不然，它并非一个客观的物理的空间，并非一堆建筑，甚至不是"一堆

---

① 2012年，担任新教育实验和北京丰台二中合作创建的新教育小学学术校长时所写。

建筑＋一群教师与孩子＋一组课程"，而是由"天、地、人、神"组成的四重整体。

这四重整体同时是一个因缘整体，亦即一因缘世界。这缘起，乃是丰台二中与新教育实验。这两者的交织、融合与激荡，乃构成了所有人对这片"林中空地"的先行领会，或者说，先行地构成了学校的面貌、风格，换个说法，叫"使命、愿景及价值观"。它们是相对稳定地、历史性地存在着的，又是处于变革更新之中的。

这样的学校，乃是一种召唤，是具有自身风格的召唤。

这种召唤，同时是一种拒绝。例如，对功利主义者、应试主义者的拒绝，对冷漠者、阴冷的虚无主义者的拒绝。

这召唤乃是一道精神之光，在它无声的照耀下，这"林中空地"的每一个运思者，既如其所然地作为个体绽放自己的生命，又如其所然地作为一个整体朝向学校的使命。

所以，对新教育小学而言，既没有运思的主体，又每个人都是运思的主体。或者竟可以说，运思本身，才是主体？运思本身先于一切运思者。

二

这种领会，决定了学校的面貌，尤其是文化与管理格局。

谁是这片"林中空地"的中心或代言人？实际上，新教育小学将是无中心的。"无中心"，意思也是在说，它将是多中心的。在学校这个网络中，每个人都既是中心（负责者），又是非中心（支持者、合作者）。

班主任、学科教师、行政后勤，各自是自己负责的领域的中心，这毋庸置疑。

此外，学校还有形形色色的课程中心，这些中心，是根据发展需要而涌现出来的。晨诵等项目，都有各自的项目负责人。这些项目负责人，拥有完整的项目决策权。显然，他们之间又相互交织，并且经常要在更高层面展开合作。

这种无中心，也是有中心的。"中心"即运思本身，运思在当下体现为"使命、愿景、价值观"。而这"使命、愿景、价值观"又处于既稳定又变化之中，因为它必须在自己的境域中如其所然。

那么，校长做什么？行政后勤人员做什么？

在"大教室，小学校""大教研、小行政"的管理模式下，校长及行政后勤组的作用，是"使显现"。

"使显现"的意思是，通过服务，使教室得以明亮，使教研得以明亮。

在有些学校里，教室是黯淡的，校长是明亮的（所谓明星校长是也）。甚至，学校成了校长成就名利的工具。但在新教育小学，校长是以其隐匿而使教室得以显现，使文化得以显现。同样，最好的行政后勤，是使人感觉不到他们的存在的行政后勤，即不触目的行政后勤。

难道校长，以及行政后勤人员，就不能够明亮？

实际上，他们的隐匿，就是他们的明亮方式。一旦他们触目了，成了学校的焦点，这恰恰是他们的隐匿状态。

三

校长及行政后勤组的服务功能，体现在：

1. 他们是各中心的支持系统。在不违背原则（学校总有处境限制，受制于总校，以及国家基本的制度）的情况下，竭尽所能地满足各中心的资源需要。

2. 维护平台的简洁与稳定。例如，确保学校的基本制度、教研流程、服务系统等规范畅通。

3. 校长同时是"使命、愿景、价值观"的守护者。

对校长及行政后勤组来说，要想不触目，要遵循的最重要的原则是"奥卡姆剪刀原则"，即"如无必要，勿增实体"。例如，可开可不开的行政会议，不开；能够用工作群或纸质通知直接解决的，不开会议；不把个人的偏见或情感，片面地凌驾于团队之上……总之，是支持而不是干扰各个中心。

"服务"二字，说来简单，实际很难。

打一个不恰当的比喻，老师是餐厅的顾客，校长及行政后勤组是服务员。谁决定应该吃什么菜？要不要放辣椒？盐醋是轻还是重？显然，是顾客而不是服务员。很容易出现的情况是，服务员可能很热情，根据自己的喜好上菜，殷勤地劝酒，结果顾客很有怨言。顾客会抱怨服务员点的菜不合自己口味，而服务员也很委屈：我已经竭尽所能上最好的菜了啊！如果反过来，将点菜的任务交给顾客，服务员只是提供服务，那双方都不累。而一旦顾客自己点菜，就不能抱怨服务员了。当然，服务员作为有经验的从业者，完全可以推荐不同的菜品及口味，但决定权，仍然在顾客手中。

随着年级的增多，学校作为共同体逐渐变大。每个年级将逐渐完成自治，而年级组长与年级的关系，同样将是"大教室，小年级"，结构上与校长与学校的关系类似。

四

学校的最高决策机构，是由教师代表、家长代表组成的"校务委员会"（从某一刻起，学生代表或也进入）。

校务委员会的成员，是最能使这片"林中空地"得以开阔者，是最能显现学校的价值观者，是最有使命意识和团队精神者。例如，榜样教师，高度认同学校的办学理念的家长，等等。

校务委员会成员采取"推荐＋审核制"。

学校的管理模式，是"校务委员会＋全体教师会议"。校务委员会充分讨论后提出决策（学校的方向、重大事务、人员任命、绩效等），全体教师会议审议（投票通过或否决）。

但校务委员会，只对重大决策起作用，包括审议各种大的课程计划，以确保学校的整体发展方向，当然，也包括裁定重大冲突。校务委员会不干涉符合学校发展方向的具体的课程及教室发展，尤其是尊重课程及教室发展的多样性。

这种机制，是为了既避免校长的独裁，又避免一盘散沙式的"民主"，而是将民主与权威结合起来，或者说，是基于共同体的民主制度。

五

有人会质疑：这套制度，是不是太理想了？对团队中的不思上进者怎么办？

新教育有一条管理铁律，叫"底线＋榜样"，不妨对这一铁律继续运思。假设团队中有三类人：优秀或卓越者、平庸者、触犯底线者。

优秀或卓越者，是能使自身生命、事务及团队明亮的人，学校必定使这种明亮处于触目状态，使之成为方向，成为激励大家的活的尺度，此之谓"愿景管理"。

触犯底线者，是违背团队的"使命、愿景、价值观"的人。例如收受贿赂、以体罚代替管理、弄虚作假、拨弄是非等。学校会依据规则进行反应，包括最终淘汰出局。

这些，是相对清晰的。

真正考验一个团队的管理理念的，是对平庸者的态度。

是否尊重平庸者，尊重他们对自己的工作方式的抉择，是检验一个学校管理理念的重要尺度。这里的平庸者，不是工作水平低的人，因为对一所学校来说，新教师如果工作水平低，是非常正常的。这里的平庸者，主要是对一种态度的命名。就是说，通常总存在这样的一些人，他们在工作方面是没有高远的追求的，他们对整个团队的价值观也是不认同或不以为然的，他们只是满足了基本的工作要求，而并不想在工作领域发展自己的创造力。

尊重这类平庸者，主要是指必须尊重他们的价值选择。并且，必须提供给他们教育教学所需要的必要的资源，以及平均福利。

如果对平庸者像对触犯底线者那样作出反馈，就等于提升了底线标准，这是非常危险的。因为它不但使平庸者，而且使优秀者丧失安全感，包括丧失对学校的信任。

为什么要尊重平庸者?

第一，这是对民主的生活方式的捍卫，具体理由无须解释；第二，平庸与否，是一种内心抉择，你不能完全地通过外部表现来判断，否则，很可能一个有上进心但能力不足的人被误判为平庸者而得到惩罚；第三，对平庸者的不干涉，将有可能使平庸者在长期的共同生活中变成不甘平庸者，即得到成长。

尊重平庸者，同时意味着使平庸者在学校处于不触目的地位（否则，平庸者极可能成为学校的方向，优秀或卓越者反而成为众矢之的）。平庸者能享有基本的法定的资源，但很难享受到额外的资源，因为从效益的角度讲，越是优秀卓越者，将获得越多的资源。

六

以上运思，仍然是我个人的运思，并不代表整个团队的运思。

新教育研究中心的出身以及学术校长的身份，使我在学校里拥有一定的权威。这权威，不是身份的权威，而是运思的权威。

但这权威，主要具有开启性质，即我的运思，是为了开启所有人的运思，最终，形成思的交织，并在这种交织中，涌现出更多的不同领域的权威，从而让一所学校得以显现。

假如我来办一所私立学校

有朋友说，依你的能力、经历、资质，已经足以创办一所私立学校，你为什么不自己创办一所？我说，我是"有组织"的人，是南明教育共同体中的一员，只能服从团队安排，怎么可能自己去找投资商创办一所私立学校？这不仅是因为情义或共同愿景，也是因为，我认为我并不拥有对自身具有的知识与能力的全部版权——这不仅仅是指可见的版权（例如课程产品），也包括不可见的版权（没有团队的彼此支持与相互启发，也就没有我今天对教育的领会）。

但我确实开始遐想，有一天能自己创办一所学校（当然是指在团队的框架内，并且要有投资方的支持），那么，我希望办一所怎样的私立学校？

一、校舍：一半是朴素，一半是奢华

学校应该是朴素而奢华的。

朴素是指，学校从整体上不是高投入的。

地理位置上，它不会位于市中心或开发区，而应该处于交通便利的乡野，或城乡接合部。它有足够的土地，但又不贵。当然，如果它在山里，或许更好。

学校的建筑是够用而朴素的，无用的东西应该少之又少，例如学校大门，在确保安全的前提下就应该非常简陋。没有各种显示富贵的装潢，甚至没有多余的摆设。所有别人用来立碑或雕塑的地方，全部种上树；所有别人用来张贴标语的地方，统统挂满藤。无须名贵，只要绿意，只要亲切。

学校内部也是朴素的：走廊里平整即可，不必铺得光滑可鉴。桌椅无须名贵，适用即可，最好是几张宽大的桌子供孩子们围坐。各种行政办公室特别是校长室，更是要简陋但实用。甚至，都未必一定需要安装电铃系统，敲个钟又何妨？还不受停电的干扰。

但是，它又是奢华的。

学校将拥有若干城里孩子羡慕不已的巨大的教室，里面甚至可以表演班级戏剧。无论教室、专用图书室、餐厅还是走廊，处处都堆满了书籍，就像校园里疯长的绿植。学校将拥有一座真正高品质的舞台，它的装修可能是简陋的，但是音响与灯光是迷人的。学校还将拥有丰富的功能教室，无论喜欢手工、计算机，还是各种实验，都可以找到属于自己的空间。甚至，学校拥有自己的"植物园"和"动物园"，它们同时又是天然的试验场。

学校还拥有别致的咖啡厅，有露天的也有室内的；拥有可供教师使用的自助餐厅，周末或寒暑假可以一展厨艺……

最奢华的，是拥有一批热爱孩子、志在教育的教师。有人喜欢哲学，有人喜欢诗歌，有人喜欢心理学，有人喜欢艺术……热爱是这所学校的灵魂，是师生身上最显著的肤色。我们在这里筑造、栖居、歌唱，只是因为喜欢啊，喜欢一切美好的事物，也喜欢因美好事物而汇聚的一切人，包括同事和孩子。

二、规模：每一个人都应该相互认识

学校的规模不能太大，小到里面的每一个人都应该和有机会相互认识。

理想的学校，校长应该认识每一个孩子，如数家珍。

清晨，孩子没来的时候，我会在校园里走一走，用目光抚摸每一个角落。这不仅仅是巡查以清除安全隐患，更是在发挥对一所学校的想象。清晨的校园，不就是一张图纸？许多创意，不就是在这种漫步中涌现出来的？

孩子们陆续上学了，我会迎接他们的到来，亲切地和他们打招呼，顺便问几句："今天心情好不好？""你们家小狗的病好了吗？"……

然后我知道，美妙的乐器声会响起，各间教室弦歌悠扬。紧接着，晨诵就开始了，处处有着孩子们琅琅的书声。我会或随意，或有目的地走进不同的教室，听课，教研，观察孩子……孩子永远是一个说不尽的话题，因为生命永远充满了神奇！

我们庆祝每一个孩子的生日（当然，也包括每一位老师的），为他送上故事与诗歌。我们关注每一个孩子的进步，为生命的每一次成就而喝彩。我们更关心每一个迷失或受伤的孩子，用爱与智慧引导他，从生命的谷底重新升腾。

当然，在学校居于核心地位的，是无处不在的挑战，智力的、艺术的、身体的、技艺的……在彼此默契的合作中，生命将以不可思议的方式探索着、创造着、实现着。

如果我们彼此不认识，那么所谓的管理，就是操纵一系列抽象的符号，就像用刀切豆腐一样，全然不顾及究竟切到了什么。只有彼此相识，教育才是一首歌，是共鸣，是生命与生命之间无休止的对话与相互激发。

只有彼此认识的人，才谈得上共同生活。

三、教育：部落化生存

学校将拥有强大的基础课程，全面塑造每一个孩子的读写能力、数学理解及基本能力、英语听说能力、身体及艺术素养。这些将构成学校清晰的日课，并且，显然是被认真研究过的，因此是高度专业化（包括技术化）的，是高效率的，绝不以题海战术或机械练习的方式来完成。

支撑这一日课的，是一套强大、成熟、体系化，但又保留足够灵活空间的课程系统，以及一批能够熟练操作这一课程系统的优秀的教师。也就是说，我们将有能力在每天的上半天，就高效地完成国家课程标准规定的一切内容，并且事实上远远超越了它。也就是说，我们的孩子并不是生活在世外桃源，他们对应试仍然具有高适应性，并有能力考入理想的大学。

我们为自己赢得的另外半天，将属于不同天赋的孩子（显然，校园里不存在没有天赋的孩子），用来发展自己的兴趣。在这里，教师资源、学生天赋将被以一种奇妙的部落化的方式动态地组合起来。教师摇身一变,成了导师——当然,前提是具备某种专长。甚至某些学生,也可能成为导师,并以自己的能力吸引成员,组成不断竞争的部落。

戏剧、园艺、写作、科学、手工、舞蹈、合唱、主持……部落处于流动之中,一个人可以分属不同的部落,也可以根据情况"转会",部落又是高稳定的,拥有自己真正的核心,包括核心导师、核心成员以及核心成果。

在时间上,学校将向早晚和周末、寒暑假无限地延伸。上午8点至12点的日课时间,是学校的固定时间,其他则是可以无限延伸和变形的"自由时间"。例如,可能有些孩子,每天早晨6点就到学校,跟体育爱好者一起晨跑甚至越野跑;可能有些孩子,晚上10点才回到家,因为他们有自己的学术沙龙。甚至,不排除有孩子在实验室待到天明!而周末以及寒暑假的校园也是开放的,各种主题式学习仍然在进行中。当然,校园之外,可能有批孩子正在天南海北地游学。

在空间上,学校只是一个汇聚的节点。以学校为中心,整个社区、城市,乃至于大自然,都可能成为课堂。而教师也不是固定的一批人,学校里还可能流动着形形色色的人:家长中的特长者、全国各地赶来的筛选过的义工、不同领域的杰出者,甚至一些偏才怪才……隐居诗人?流浪艺术家?只要你有天赋和能力,这里都可以是你的免费的旅店,甚至永久的家园。

四、成员:寻找尺码相同的人

因为规模限制,学校当然要挑选孩子。

但是,与其说我们在挑选孩子,不如说我们在挑选家长。我们挑选那些不因应试而恐惧,敢让孩子的生命自由呼吸的家长。虽然最终我们的孩子也会高度适应考试,但我们并不以此为骄傲或沾沾自喜,我们的目光更为辽远。

所以,与其说我们在组建学校,不如说我们在组建超越学校的社区,一个拥有自由精神的超越地理意义的社区。这种社区将拥有自己的文化,以及精神网络，可以线上线下相互沟通，创造出一种有意义的生活。

或许，学校将从三五十个孩子，甚至十几个孩子起步，逐渐发展成拥有300个左右孩子的稳定的家园。

等学校趋于稳定，走出最初的财务困境，我们将逐渐开始赢利。然而，我们只是一群热爱自由教育的人，不是商人。所以，当学校还清旧债，进入良性循环时，我们将制定自己的"宪法"，并由校友会（而非"家委会"）来担负"大法官"的职责。在确保学校正常运行，所有教师拥有丰衣足食的高工资的前提下，学校的赢利，将永久性地不超过20%。而这20%的利润，也将不进行任何分红（投资者的利益另行保障，但也是固定的收益），而是用于教师培训，以及学校发展的各种投入。我们不把收费作为调节生源人数的杠杆，任何以赢利为目的的办学，都将导致教育本身的异化。

这样的学校，值得我投入一生，值得我度过一生。

噫，微斯人，吾谁与归？

面对婚庆文化，学校怎么办？

"每逢佳节倍撕金"，国庆自然不例外，非但不例外，还是一个高峰。因为太多的人，赶着国庆结婚。

在一种人情文化中，每一个人都身不由己，尤其是一对新人。请谁不请谁，送多大的礼，都成了人情文化中默不作声的计算。这中间有着太多的不必要的成本，包括经济成本、人际成本、时间成本等。而对一所学校来讲，仅仅教师赴宴，就涉及诸多的协调。因为这么多教师同时抽出时间来吃一顿饭，有时候真是个事儿。

怎么理解这件事儿？学校需要对此作出反应吗？

初次做校长时，这就是摆在我面前的一个挑战。

一

如何思考这个问题？

我们先做一个"成本核算"。

从经济学的角度讲，这是一种交易行为，也可以理解为一种"相互救济"制度。礼金可以减轻结婚带来的经济压力，毕竟新人都是刚入职场不久者，无论是工资还是积蓄都是严重不足的。该我结婚了，我先汇聚礼金，然后别人结婚，我也要送礼金，但不是一次送出，是逐渐送出的，压力分担在漫长的岁月中。就相当于我向银行借了一笔钱，然后按月支付。

这可以算作一个益处。

从社会学的角度讲，这又是一种交际行为。婚礼或宴请，也是一种交际场，此不赘述。从另一个层面讲，至少有相当一部分新人或家庭（虽然越来越少），也很在乎排场，反正就这一次，要热闹要隆重要有面子，这也是人之常情。

以上是可能带来的益处。

坏处是显而易见的：人情文化是有经济成本的；赴宴是有时间成本的。

而所谓的好处，真的是"好处"吗？

在一场婚礼中，有多少人能保持收支平衡并有盈余？恐怕账很难算清楚，也并不乐观，结婚毕竟是烧钱的事儿。从"相互救济"的角度看，也是严重不对等的，相当于你从银行贷款，但不是无偿的，要承担高得吓人的利率，而抽走这笔佣金的，或许是商家，他们才是婚礼中最大的赢家。

从社会学的角度讲，婚礼不是一种高效交际行为，因为高效交际行为有人数限制且是一种深入交流，这只是一般层面上的交际行为，并不值得成为一场婚礼的主要目的。至于"排场"，本来就是一种不好的文化，有必要向别人展示什么吗？除了少数的亲朋或好友，多数人是呼啸而来，呼啸而去，围绕的，无非是一个"吃"。就是说，婚礼真正需要的，乃是一种仪式感，而在今天的婚礼中，要保持仪式感是很难的，更可能的情况是，只有形式感，即所谓的"排场"。

我想，许多新人，也是被迫的。可能他们真正想要的，是一个小圈子里的庆祝，并希望将更多的时间，留给二人世界。

二

第一次做校长，且是组建一所新学校，我预先考虑到这个问题，并最终决定介入。

学校要介入，首先有一个合法性的问题。因为结婚乃是私人领域的事务，从程序上讲，学校是管不着的。但是，学校管不着，只是意味着学校无法采取行政措施来干涉婚庆文化，并不意味着学校不可以发挥文化影响力，或者借以强化自身的文化影响力。

于是，在建校之初的教师会议上，我对这个问题谈了我的理解，表明了学校的态度。这态度大约有三条：

1.学校呼吁在婚庆问题上移风易俗，无论同事间亲疏远近，结婚时，均不赠送礼金，以免除不必要的人情压力和心理成本、时间成本。如此，让人与人之间的关系更轻松，更简洁，更不受捆绑，更趋向于精神性而非物质化。

2.学校会以单位的名义，赠送礼金或礼品，作为对新人的祝福。换句话说，也算是结婚福利。

3.同时，学校会请与新人高相关的圈子成员聚餐（不超过两桌），相关领导到场，并致贺词。

在这里，重点是：

1.这只是一种倡议，而非一种命令。如果新人希望接受礼金，而同事也愿意送，学校不干涉。

2.学校代替全体同事赠送礼金，是表明学校在此问题上的诚意，以及对新人的关怀与祝福。

3.聚餐限制在小圈子内（同年级或教研组，以及关系好的同事），小圈子因为与新人在人际上更亲密，所以不会出现许多婚礼上不熟悉新人，一吃了之的现象，更有利于构筑一个人际交流场。在这种场合中，每一个人说一段祝福语成为可能。实际上，大家往往会追忆与新人在一起的美好时光，这是一种表达赞美和敬意的机会，也增进了彼此的友谊。

4.学校领导（如果学校大，则是年级主任）会有正式的贺词，我们习惯于用写一封信的形式，读完后郑重地送给新人。而且，因为会有主持人，所以仪式感很充足，也很温馨。

事实证明，大家都很喜欢这种方式，觉得摆脱了束缚，又不至于感觉到，结个婚，单位里什么动静也没有，好冷淡啊。

而且，我在任期间，一直坚持得很好。

三

来到现在的学校，历史有十年之久，大家互送礼金，已经习以为常。

在这种情况下，再要改变，就十分困难了，但并非不可能。

例如，我们可不可以从每一届刚进入学校的新老师开始，甚至从一些已经在这里工作了若干年的但并未结婚的老师开始，逐渐退出游戏，从此过上一种新的生活？这里涉及的诸多细节与纠缠，也都不难解决。

当然，这只是一种设想，是否真要如此，不取决于校长的意愿，而取决于有多少老师有这种意愿。

无论如何，希望后来的新人们，能够越来越摆脱束缚，让婚庆越来越轻松自然，越来越有仪式感，越来越成为一件值得终生感念的事。

而对学校来说，这既是私人领域，又因为牵扯到众多老师而成为一种文化事件，如何引导婚庆，进而影响学校文化，就并不是一件可有可无的事。

从"健全的社会"到"健全的学校"

什么样的学校是"健全的学校"（或者理想的学校）？关于这个问题，可能很少有人（包括校长）思考过。但是，作为校长，我们头脑中实际上又存在着一个"健全的学校"的想象，只是未必自觉。如果我们对"健全的学校"的意识或潜意识加以回顾，可能不同的人拥有不同的模型。

例如，有的人关于"健全的学校"的想象，可能是柏拉图式的，顶层设计，等级森严，各司其职；有的人关于"健全的学校"的想象，可能是亚里士多德式的，朝向一个目的，不断地改进。在这两大范式下，还有若干不同的类型，例如文化主义的、效率主义或市场主义的、服务主义的等等。在不同的历史语境下，主流的或理想的关于"健全的学校"的想象不尽相同。在我们这个时代，主流的范式仍然是官僚主义与效率主义的混合体，公立学校偏于前者，私立学校偏于后者。

那么，我心目中"健全的学校"是怎样的？

我愿意借用我特别赞同的心理学家和社会学家弗洛姆的一本书来作为回答，这本书的名字叫《健全的社会》。

即我想讨论一下，一个健全的，或者说健康的学校，应该是什么样子的？

一

弗洛姆指出，一个"健全的社会"，是"适合人的需要的社会，是每个人都成为自己的目的而不是他人手段的社会，也是个人的幸福和发展成为核心关注点的社会"。简单地说，就是"健全的社会"，就是"以人为本"

的社会。

一个"健全的学校"，也必然如此。

组织很容易以人为手段，来实现某种外部目的。以人为手段有两种控制模式：一种是威逼，在社会层面，极端的模式是苏联模式；在学校，常见的模式是体制模式，为了公职，为了生活在体制内，个人不得不成为手段。一种是利诱，在社会层面，极端的模式是美国模式，也是一种市场模式，"重赏之下，必有勇夫"，这是一种消费主义，通过控制人的低级需要，来让人丧失自由，成为物质的奴隶，并辅之以成功文化；在学校，常见的模式是通过收入和地位进行控制，个人因为经济原因和社会地位不得不成为手段。如果说，前一种模式的关键是"专制"的话，那么，后一种模式的关键则是"异化"。

那么，一个"健全的学校"是一个怎样的学校？

是一个"适合所有人需要"的学校，是一个"每个人都成为自己的目的而不是他人手段"的学校，是一个"个人的幸福和发展成为核心关注点"的学校。

这三个加引号的短语，是同义的。

一所学校，应该努力地满足所有人的需要，包括教师的需要、学生的需要、家长的需要，对于私立学校来说，还包括董事会的需要。对了，甚至包括了社会的需要。然而，这何以可能？例如：家长的需要，难道不可以是少交学费？教师的需要，难道不可以是多拿工资？董事会的需要，难道不可以是增加利润？这些需要本身就是相互冲突的，怎么可能都加以满足？

实际上，这里所谓的"满足需要"，乃是指满足所有人的"一般需要"，而不是满足"特殊需要"。因为"特殊需要"很可能是不合理的需要，甚至是对需要者本人都有害的需要。

在健康的社会里，在健康的学校中，所有人的一般需要并不是相互冲突的，而是相互结合的，至少是相互协调的。

二

那么，哪些需要，是人的"一般需要"？

我最喜欢的结构，是马斯洛的需要层次论。学校应该努力地满足所有人三方面的需要：生存需要、社会需要和自我实现的需要。

对于师生来说，学校首先要满足生存需要，对学生可能是指吃饭、住宿以及在教室里的安全感，对教师还包括了合理的薪资水平。其次，学校要满足师生的社会需要，对学生可能是指润泽的环境与各类人际关系、相互尊重等，对教师可能是指民主的管理环境、相互合作的同事关系等。最后，学校还要努力地满足师生的自我实现的需要，对学生来说，他们希望在此能够实现自身潜能的极大增长，对教师来说，则渴望经由职业获得意义感，等等。

即使对实际上不参与学校管理的投资人（董事会）来讲，也并非只有生存需要（收支平衡甚至有赢利），也有受人尊重的需要，没人喜欢被骂作唯利是图，也有自我实现的需要，希望自己投资或创建的学校，能够培养出优秀的人才并拥有良好的口碑，这同样赋予投资以意义感。或者说，这不只是一种投资行为，同时也成了一种社会行为，拥有极高的社会效益。

弗洛姆没有采用马斯洛的需要层次论，而是提出了五种需求：

1. 交往的需求。和他人建立关系，摆脱孤独和不安。

2. 超越的需求。通过自主创造，超越他在自然界的位置，完成自我实现。

3. 寻根的需求。对代表自己来源的事物有依恋和渴望，比如说对母亲、对血缘、对土地，或者对自己的国家。

4. 身份感的需求。这是我们体验自我意识，获得他人尊重和社会地位的前提。

5. 定位与信仰体系的需求。人在世界上，需要确定自己的位置，明白自己为什么在这里。

应该讲，这些需求，也极具有启发性。

三

那么，怎么满足这些需求？

弗洛姆认为，"健全的社会"，应该是一个自由人的联合体。因此，需要在政治、经济、文化三个方面进行全面改革。

政治上，他提倡分权，让公民成为社会生活的参与者，让社会团体参与决策；经济上，他希望实现生产资料的社会化，我们今天可以改变一下他的提法，让原来的工人成为新体制下的"合伙人"；文化方面，他强调改革教育，要培养具有批判思维能力的学生，而不能只培养适应社会的螺丝钉。

那么，对一所学校来说，这有什么借鉴意义呢？

或许可以用三个词语来概括：民主、理性、共享。

民主，是指学校要以民主的方式、共同体的方式来运行，遵循自组织的原则。理性，是指生活在学校里的每一个人，无论是教师还是学生，都应该充分地发展自己的理性，成为一个能够自我负责的人，当然，也是一个富有批判精神和建设意识的人。共享，是指所有人可以分享学校发展的成果。

这意味着我们要警惕两种模式：一种是学校丧失了学术基因，成了官僚机制的复制，等级森严；一种是学术彻底地沦为市场主义，丧失了自身的价值观，人与人之间的关系也因此被异化，有一些纯粹的应试学校，就已经将办学变成了"生意"。

四

这是一个校长不顾现实书生气的一厢情愿吗？

我从来不这样想。

关于"健全的学校"的想象，是我们理解学校问题以及推进学校变革的最重要的参照。毕竟，你永远到不了你不想到的地方。

这当然注定是一个漫长的过程，但是，只要有足够的决心与智慧，这些想象，将有可能化为点滴行动，成为裁定尺度，逐渐地滋润一所学校，直到形成一种全新的"社会"。

对我来讲，"健全的社会"与"健全的学校"是相通的，那么，"健全的教室"呢？"健全的团队"呢？

道路永远是曲折的，今日之学校，离之尚有十万八千里，但若不朝向理想，努力便不值得。

学校里的权力分配

我曾写过一篇文章，叫《校长是一所学校里最容易高估自己的人》，很多人表示赞同，包括一些校长。然而这并没有什么用，因为意识到这一点，并不会带来根本的改变，无非是态度上更为谦逊一些。而更重要和深刻的，则是组织，尤其是领导者，包括校长和中层领导的行为方式，其中又以决策方式最为关键。至于一个校长，是傲慢还是谦逊，这倒没有那么重要，很多态度傲慢的校长，在处理事务的时候是严谨的，而很多态度谦逊的校长，骨子里却充满了傲慢。

换句话说，为避免高估自己，可以不断地调整自己的认知，对现实始终保持清醒的意识，这固然很重要，然而更重要的，是不要大权独揽。说得直接一些，就是要在组织内部进行清晰的有边界的权力分配，这涉及组织内的每一个人。即凡是组织成员，无论是否有职务，总会拥有一定的权力，在此之内可以自决。组织的任务之一，是明确权力边界，以及处理权力之间的关系。

一

边界，即明确能做什么，不能做什么。

例如，组织要清晰地界定一个年级主任的边界：哪些在他的权责范围内，哪些在他的权责范围外。有了边界感，年级主任就知道自己可以决定什么，不可以决定什么，哪些决定可以直接作出，哪些则需要向校长申请或是提出建议。

在确定权力分配的同时，实际上同时也确定了资源分配。权力与资源是对等的，实际上，权力主要意味着调配资源的权力。缺乏资源配置的所谓权力，只是把对方变成了简单的办事员、执行者，而不是一个独立部门的负责人。在校长大权独揽的情况下，实际上就是将所有的副校长以下的中层领导，都变成了办事员。而对学校来说，资源可能意味着人事权、调配校内与权力对等的资源的权力、一定额度的财务权、评价权（即在成员调资等过程中拥有话语权）。

举个简单的例子：

办公室主任要负责接待，会有一些迎来送往，他会根据情境判断接待的规格，这会产生一些费用。如果每一笔支出都必须向校长请示，会产生两个结果：一是减弱了办公室主任的自主性和做事动机，从而让组织的反应变慢；二是增加了校长的决策压力，在不必要的时候仍然消耗认知资源。如果划定了边界，确立了办公室主任可以调配的资源额度，超出额度再请示校长，那么，就能在成本与效率之间保持平衡。

同理，如果年级主任计划给本年级每一位老师买一本书用于共读，也要向校长请示，那么必然降低效率。对年级主任来说，可能就选择不买了，不读了，多一事不如少一事，而对校长来说，他无法判断这本书有没有买的必要，因为在场的是年级主任，但他却要替年级主任作出判断，把别人的猴子背在自己身上。

那么，对一个组织来说，最佳的或者说最有效率的边界在哪里？

实际上，边界是模糊而清晰的，并且往往是处于流动之中的。怎么说呢？就是说一开始划定的边界，总是一个大致的界限，并且并非不可以突破或推翻，只是一个有待修正的设计。在实际工作中，工作需要会逐渐促成对边界的调整，这种调整是通过无数的反馈和沟通来完成的。另外，一个中层工作能力越强，可能获得的资源就越多，权力边界就越大，相反，一个中层工作能力越弱，获得的资源就越少，权力边界就越小，这是一个以解决问题为目的的互动过程。对整个组织来说，就是一个权力的有效配置过程，或者也可以称为投资过程（从资源的角度）。

我是以私立学校为模型来讲的，公立学校的权力分配和资源调配，受制于体制的影响，校长的权力和资源都是有限的。尽管如此，权力与资源的分配逻辑是相同的。

二

一旦划清了边界，就涉及关系问题，撇开与成员的关系不谈，只说组织内部管理者之间的关系，例如中层与中层的关系、校长与中层的关系等等。

中层与中层之间原本各守边界，一旦发生冲突，就需要划界，或进行协调，协调不下来，就要请校长进行仲裁。例如，大家安排活动要使用到剧场资源，时间上发生了冲突，就需要办公室进行协调。协调不下来，就要校长根据实际情况决定使用的优先次序。再如人力资源的调配，有时候争执不下，也需要校长进行协调。而所有的协调，都会不断地明确规则和价值观，这也是一个活的文化过程。

真正困难的，是校长与中层的关系，就是前面所说的如何避免大权独揽的问题。

校长有时候会看到一些中层或部门负责范围内的错误决策，或者以为是错误的决策，那么，校长需要介入吗？这是个问题。

我的理解是，校长要明确自己与中层之间的边界。如果一位老师产生了一个诉求，这个诉求被年级主任驳回了，然后这位老师去找校长，校长同意了他的诉求，这就产生了冲突，属于校长越过了边界。在层级关系中，组织里的任何一个人，只能有一个"上级"，不然就会产生混乱。这种情况怎么解决？从老师的角度，他如果不满年级主任的决策，可以向上申诉，校长就需要进行协调和判断。这是一个依据规则和价值观进行澄清与说理的过程，校长只是规则和价值观的捍卫者，他可能倾向于支持老师，但他必须依据规则和价值观说服年级主任修改决定。如果说服不了，就有两种可能：一是年级主任坚持自己的判断，驳回校长的意见；二是校长在无法说服年级主任，又认为这个诉求必须满足的情况下，将这个问题升级为学校层面的问题，并予以直接决策，将决策结果告知年级主任。这是一种有效且有意义的"冲突"，校长拥有最终裁决权，以避免讨论总没有结果损害了效率。但是，决策总是伴随着风险，进行决策意味着承担相应的风险。所以，通常情况下，校长要慎用最终裁决权。如果校长频繁地使用最终裁决权，就构成了大权独揽，这是十分危险的。所以这里面的分寸感，就属于管理的艺术。通常，校长只应该在关键事务上运用最终决策权，否则，会伤及中层的权力，并损害自主性，削弱责任感。

而且，校长还要防止中层逃避责任。许多时候，中层貌似"听话"，动辄希望校长决策，自己执行，从根本处是一种"逃避自由"，惧怕承担决策的后果。可惜有些校长会很喜欢这种方式，因为这让他充满了全能的幻觉。

校长会犯错误，中层也会犯错误，一个团队要有容错率，否则团队就没有成长的机会。

三

那么，如何避免出现重大失误，甚至灾难性的错误？

这就需要在权力之间进行无限连接。团队成员之间，尤其是管理层，需要共享或分享信息、资源、决策、经验。共享可以分级，每个层面共享的信息等是不一样的，但本质上是要趋于透明。

需要将有意义的信息进行连接。这种连接，能够让不同年级或部门更紧密地形成一体感，并且，彼此的信息会成为其他人理解团队和采取行动的参照或背景。例如，如果哪个年级出现一定程度的校园安全事故，那么，在团队内以相对稳定的格式说明事情的经过及后续处理，就会对其他年级有积极的影响，使他们更有可能避免类似的情况出现。各年级重要活动的及时通知，也能够给予其他年级以启发。

也需要将经验进行连接。行政会议，在一定意义上也要具有连接功能，即通过汇报、讨论、争鸣，将经验进行连接。任何一个部门准备启动一项重要的工作，又不是很有把握，就可以在行政会上征询意见，所有人都可以发言，尤其是可以提出批评。一项工作重要到一定的程度，则需要通过行政会讨论决定，发起人可以陈述理由以获取支持。这中间的分寸，是共同生活中琢磨摸索出来的。

大事集体讨论，中事征询意见，小事自主决策。这样，就可以将民主与集中结合起来，既不妨碍主体的决策自由，又能够减少重大失误。久之，就形成了默契。

在这里，核心是将讨论与决策区分开来。讨论时各抒己见，决策时一锤定音。例如，一个中层提出了一个设想，大家可能从不同的角度去讨论，或赞成或反对。在这个过程中，校长的意见也只是一种意见，不能当成决策去执行，除非校长明确地表明，这是更高层面的决策。否则，决策仍然由当事人来作出，并且不必将校长的意见当成必须执行的命令。如果决策者不清楚校长的发言是什么性质的，就可以直接询问："这是意见，还是决定？"获得肯定答复后，再采取进一步行动。

作为校长，一项重要工作，就是建立连接，并不断地重申连接的规则。

四

显然，以上是理想状态。

在实际的运行中，常常会走向两个极端：一个极端是过于重视校长的意见，或者习惯于揣摩校长的意图。如果校长发表了一个意见，本来只是讨论，也可能被当成指令加以执行。另一个极端则是有意无意地采取封闭的态度，关起门来决策，唯恐别人知道。如果做了一件失败的事，更是恨不得整个儿地捂起来，不用说给他人提供教训了。

很遗憾，就一般的人性而言，我们往往更重视他人的评价，而不是事情的成功。在多大程度上能够以"成事"为导向，而不以"做人"为旨归，是判断一个人领导能力的重要尺度。

因此，作为校长，要致力于建立、守护规则与价值观，进行合理的权力分配，打破阻碍内部沟通交流的障碍。作为中层，则要不卑不亢，卓然独立，勇敢地承担起自己的责任，享受因自己而带来的荣誉，也承受因自己而带来的失败。同时，保持开放的态度，勇敢地吸纳各种批评意见，促进自身的不断进化。

管理团队有三病。

一病病态的忠诚。即通过表明自己听领导的话而获得认可，同时无形中逃避了责任。因为真正的忠诚，乃是对事业的忠诚，所谓"敬事而信"，而不是对领导个人喜好的迎合。实际上，许多忠诚的本质，乃是潜在的交易。这往往是与团队的价值观背道而驰的。当然，如果你觉得一个人水平实在太高，人品实在太好，你可以成为他的粉丝，奉他为权威。但工作仍然会有工作的逻辑，你听别人的话犯了错误，仍然需要自己承担责任。

二病道德的标榜。在个人生活中，你可以爱惜羽毛，可以有自己的道德坚守，但在工作中，要更重视可见的成就。该下蛋的时候，你不要炫耀羽毛，虽然羽毛可能事实上确实很美。过于在乎个人的完善，有时候会带来行动力的减弱。因为这种人，骨子里太过于在乎别人的评价。因此，不愿意过多地暴露自身的弱点，而不暴露弱点，最好的方法当然是安全地做事，少冒险。但因此，也丧失了进步的契机，导致自我进化速度变慢。

三病经常的抱怨。可以愤怒，可以追责，但不应该抱怨。因为所有抱怨的背后，都表明自己是一个被动者。抱怨者的问题在于，你既然不主动沟通，不主动澄清，又背后抱怨，这似乎就有问题了。如果你认为不敢当面说，有压力，那是你缺乏勇气，如此缺乏勇气，你确信你适合做管理者吗？

太多的事情，无论有多少冠冕堂皇的理由，根本处都是自我保全，而不是承担责任。优秀的管理人才难得，也是这个原因。

五

我心目中理想的管理团队，大家的相互批评应该远多于相互赞美。毕竟，管理团队的研讨发言又不是发微信。不断地改进，并且帮助对方改进；不断地进化，并且帮助对方进化。

要将"对事不对人"的精神发挥到极致。

管理团队往往性格迥异。有人粗暴有人细腻，有人谦逊有人傲慢，有人激动起来可以拍桌子，有人生气起来说话就很过分……诸如此类，都会导致人际关系的某种紧张，从而对工作及沟通构成妨碍。交流中，辞色当然有底线，例如，不可以羞辱别人。然而，越是自由和开放的团队，越具有开放度。最好的团队，或许是可以关上门大吵一架，然后一旦达成共识，又能够十分尊重彼此的团队。作为个人修养，要注意他人的感受，这是对的。但是，作为团队，在这方面的要求每增加一分，团队的活力很可能就减弱一分。既要做人，又要做事，做人往往还凌驾于做事之上，这是危险的征兆，也是一些平庸团队的显著特征。

　　以我为例，在做人上，当然有显著的缺点。因为我的性格是"牛虻"式的，擅长批评，从小就没有学会察言观色。如果一份事业，需要我先学会说话，学会察言观色先于做事，那么，我就会经常感觉到痛苦，就像穿了一双鞋在跑步，但鞋里一直有去不掉的沙子。因为一个人的交往方式、说话方式，让人舒服也好，不舒服也罢，往往是长期形成的，很难改变。

　　这并非说拒绝改变，实际上，以事为中心，经常会不自觉地带来人的调整，但这是自觉自愿的在处境中的演化或者说进化，是一个自然的过程。而强行的对人的要求，则是一种不自然的状态，而这种不自然，目的又是为了让别人舒服，这是何等的让自己不舒服啊！

　　总之，我希望团队的管理层，每个人都能拥有一份自由，不仅是做事的自由，而且是不必看别人脸色的自由，当然，也是承担责任的自由。

　　路还很远，毕竟，我们都因袭着许多文化的负担，还自带着人性的某些弱点。但是，有必要通过不断地梳理和对话，让彼此明白我们要到哪里去。多久走到？还是"相信种子，相信岁月"吧。

教育的目的是什么?

作为一个教育者，我对于技术问题，有一种痴迷。这种技术，当然不是指记忆的技术（虽然也曾经痴迷于此），更多的，是认知的技术、理解的技术、阅读的技术、写作的技术……当然，也包括纪律教育的技术，或人格教育的技术。

试想一下，当我们把企业、法学、航空、军事、医疗等领域的思想与技术移植到教育领域，它引发的不仅仅是效率，而是一种结构性的调整。再加上方法论的引入，例如麦肯锡方法，更重要的如研究与审辨，或者认知革命。这一切，或许会让一切变得更深、更广、更快，并且让教育者本人更有成就感。

但是，这种无休止的进步，就是教育的目的吗?

一

关于教育的目的，教育家，尤其是哲学家，已经谈论得足够多了。比如，教育是关乎意志的，教育是关乎幸福的，教育是关乎情感的，教育是关乎当下的，教育是关乎未来的，教育是关乎自由的……杜威讲教育"无目的"，那也是在说，教育是关乎成长的。

所有这些关于教育的目的的讨论，在我看来，都是对同一个目的的不同的命名。无非是说，教育的目的，是人。区别在于是这个个人，还是某个群体或者人类全体，或者某种同一性；区别也在于人的"什么"是更强调幸福，还是情感，或者自由，或者成长。这种风格问题，当然不必强求一致。

每一个时代的教育家，都在不断地重申教育的目的。这正说明，目的是很容易被遗忘的，人总是不自觉地活在目标中。目标大大小小，形态各异。比如，清北、双一流、一本、二本、三本这些是目标，"挣大钱、娶美女、开豪车、住别墅"这些也是目标，期末考试进入前几名是目标，把今天的家庭作业完成也是目标，不玩游戏还是目标。人不能没有目标，是目标引领着人前进的，要给予一个具体的人以明确的任务。人类的成就感，也来自于目标的实现或不断实现。目标实现了，我们快乐；目标没有实现，我们焦虑。旧的目标实现了，新的目标又出现了，所以我们的情绪就像钟摆，片刻不能安宁。

当目标取代了目的，就导致了人的异化。人不再是一个纯粹的人，自由的人，甚至幸福的人，而成了手段，成了工具，成了物。因为当我们一旦活在目标中，我们同时也就活在了比较中。例如，考大学成了目标，就形成了比较，就有了鄙视链，哪怕你考上了复旦，还有和清北比较的痛苦，哪怕你考上了清北，院系和地域的鄙视链还在等着你。你哪怕是别人眼中的赢家，也赢得不安然。

在目标的推动下，生活就成了零和游戏。从小学一年级，甚至学前开始，在"不能输在起跑线上"的口号的指引下，一轮一轮的竞争就开始了。我们期待明天的幸福，所以不得不牺牲今天的幸福。结果，因为我们永远只能生活在今天，明天只在想象中，所以，我们就都被绑在同一辆时代的战车上，无人得救。

那些选择退出游戏的人，日子会好过吗？不会。

二

这些问题长久地纠缠着我，我称之为"优等生的诅咒"。我们这些在奔跑中获胜的人，跑到某个终点，才发现终点之外还有终点，并且，已经错过了许多沿途的风景。

举个例子，作为七零后，我们保留了硕大的大脑（认知优势），牺牲了体育、音乐、美术，甚至于不能欣赏花草。给我一块地，我只想种菜，而不是种植花草。这种实用主义的态度，导致了我们与花草生活在同一个地球上，但是无法欣赏它们。这不是说我不可以买来放在家中当绿植，而是说，缺乏真正的理解与沟通。花草可以装饰房间，却无法滋养灵魂。

人生有许多风景，幸福也非常的多元。山川河流之壮，四季更换之趣，一花一草，一虫一蝶，这是自然之美。身体筋骨之强，管弦丝竹之意，色彩之绚，音声之和，这是艺术之韵。哪怕人类社会，也充满了惊奇。"判天地之美，析万物之理"，此中有乐趣；"晚来天欲雪，能饮一杯无"，此中有乐趣；"老妻画纸为棋局，稚子敲针作钓钩"，此中有乐趣；"行到水穷处，坐看云起时"，此中有乐趣。

以我为例，几多臃肿，这是身体；几多木讷，这是交际；几多无趣，这是艺术。凡此种种，当年何曾觉得？何曾有人提醒，有人教导？"万般皆下品，唯有读书高。"读书之外的许多风景，从此错过了；读书之外的许多乐趣，从此丧失了。还好算是成功，但这是凄惨的成功，倘若连这点成功都没有，那人生就真的到谷底了。

今天我们的教育，仍然在以幸福为代价去获取所谓成功，以多元为代价去抵达单一目标。今天的艺术与体育的勃兴，也不是建立在热爱的基础上，仍然是建立在目标的基础上，这是对艺术和体育本身的异化。

在《加勒比海盗》中，巴博萨船长和他的船员们受到了诅咒，他们无法活着，也无法死去。他们拥有美酒和美食，却无法真正地享受。这个情节给我的印象很深。我觉得，以剪除生命和生活的丰富性为代价的教育，也是一种隐秘的诅咒。除了不断地增强刺激，我们可能在世俗意义上"赢得了生活"，但是却无法享受生活，而变成了欲望的奴隶。

这带来了成年以后的空虚乃至于虚无。我们经常不得不问自己：这一生，究竟是为了什么？就像漫画里的乌鸦，终其一生在衔着石子往瓶子里填，想要喝到里面的水，却没有留意到，离石子不远的地方，就是顺流不息的大河。

那条大河，就叫"生活"。

三

哲学家们一代一代的呼喊，似乎总是石沉大海。

因为批评总是容易的，但是，生活需要真正的建设，需要去平衡蔬菜与花朵，实用与审美，目标与目的。这种平衡，本身也是教育的艺术，甚而是生活的艺术。

离开了目标去谈目的，难免迂阔；但离开了目的去谈目标，必定异化。

我们要鼓励孩子去努力学习，去在一个又一个的知识高地上获取胜利；但是，当孩子失利时，我们也不必焦虑，暂时的失利，并不是长久的失败，长久的失败，也并不代表就丧失了幸福。成功或许能够增强幸福感，但幸福与否并不完全取决于是否成功。

幸福是什么？

当我们在成长时，我们是幸福的。哪怕，我是成长最慢的那一个。当我们住在陋室里的时候，我们也可以是幸福的，因为幸福不是源自富贵，而是源自我们与家人朋友相亲相爱。甚至于我们幸福，是因为我们诚实，诚实地面对生活，以及对待其他人；是因为我们善良，我们怀着善意对待周围的人，也因此收获善意。

一旦我们意识到教育的目的，或者生命的目的，是不依赖于他者的对自我的持续肯定，那么，失败就不会真正地伤害到我们。

我们将深刻地理解，失败的，永远只是具体的事情，而不是我们。我们可以经常失败，但不会永远失败；我们甚至可以一直失败，但我们自己并不失败。失败将引发我们持久的反思与改进，但失败本身，并不是对我们价值的否定。相反，我们拥有的价值，是绝对的。每一个来到这世间的人，本身就是一个奇迹，这一点，是在出生的那一刻，就已经注定了的。

失败，不会让我们气馁；成功，也不会让我们骄纵。因为无论失败或成功，都不是我们自身，而是事件的尺度。

这也是"老魏的咖啡馆"①的价值观，或者说目的。

作为老师或父母，我们自身是有价值的，我们自身的价值，有赖于我们

---

① "老魏的咖啡馆"，是作者微信公众号的名称，也是作者在 CCtalk 平台上创建的在线教育平台的名称。

的成长，我们的自我肯定，而不完全取决于学生或孩子。而当我们以帮助者的身份引导年幼的或年轻的生命成长时，我们也将意识到，他们中的每一个人都是独一无二的，都具有其他人无法定义的真正的价值。在这个背景下，我们才会鼓励并帮助他们达成一个又一个的目标。

但是，我们都是目的，而不只是手段。

对这一点的深刻认识与实践，是幸福之源。

学校应该是一个帮助人的地方

一天之内，有两个家长给我留言，讨论孩子的行为问题，并且，都是通情达理素养很高的家长。焦虑是共同的：怎么办？

无论如何，个性鲜明的学生越来越多了，很难在老师的号令下"齐步走"，每一个细胞都在表达自己。这种表达当然不可能规范与理性，这就带来了许多冲突。结果是，老师痛苦，家长痛苦，孩子痛苦。

我想，学校应该是一个帮助人的地方：帮助老师，帮助家长，帮助学生，并且互相帮助。

一

目前的教育，更多的是筛选和淘汰，本质上是匮乏时代的模型，通过检验智力与意志来对学生进行分类。学校之间的竞争，也因此更多的是生源竞争。如果一个孩子存在严重的情绪问题，老师在他身上付出无数的心血，效果不一定明显，因为这对老师的专业能力要求很高，不是研究考试那么简单。假如这个孩子因为老师发生了巨大的变化，对这个孩子当然非常好，可以说一个好老师就能影响一个孩子的一生，我相信父母也会非常感激。但是，对整个社会来说，这有什么意义呢？你"培养"了多少重点大学的学生？有孩子考上清华北大吗？一俊遮百丑。与其把精力花在这种"问题孩子"身上，不如把他淘汰掉。淘汰不掉的话，就把他边缘化，让他别影响别人。这就是市场的逻辑，但显然不是教育的逻辑。

上级行政部门禁止测试学生，这个方向是对的。但问题是，市场的逻辑和评价机制，自然而然地会推动生源筛选。而且，无论是师范院校的体制，还是一线学校的实践，都没有帮助老师发展真正的教育能力。在医院里，病人会推动医生的专业研究，但在学校里，我们的声音是："你去别的医院吧，我们这里只收治健康的人。"你能想象在医疗领域，最严重的病人，最好的医院不收治，只能进最差的医院吗？

我自己所在的学校，会挑学生吗？

当然也挑，并没有例外。

当然也有劝退，并没有例外。

为什么？我给老师们的解释是，我们目前还没有能力帮助有些孩子。当有些孩子我们实在帮不了的时候，要诚实地跟家长讲清楚，不是孩子没救了，是我们能力不足。而我们的未来，就是利用十二年一贯制，用漫长的岁月，真正地帮助一批孩子。

我们也计划实施分层教学。但分层教学不是为了分快慢班，而是为了更好地帮助学生。我们也在努力地将学生与老师进行匹配，但是匹配的动机，不是歧视，而是帮每一个孩子找到更能够帮助他的人。

二

对学校来说，重要的是，要持续地发展自己帮助孩子的能力。

我经常举例子说，在王志江校长[①]的努力下，国际学校小学部的数学和英语产生了根本性的变化。以数学而言，在传统的教学模式下，孩子们的小学数学看着似乎很好，成绩都挺高，但是进入初中，进入高中，数学是逐渐下滑的。最终，只有20%左右的孩子数学好，多数孩子都被淘汰掉了，数学成了他们的弱项。为什么会有20%数学好的孩子？这跟天赋有关，跟智能类型有关。在自然的状态下，就是这样的淘汰率。

但是，如果在数学学习领域进行早期干预，如果这种干预是科学的和有

---

① 王志江校长，原北京丰台二中校长（曾合作创建新教育小学及新教育初中），后辞职与干国祥、魏智渊等创建南明教育集团（现为贞元教育创始人，开封贞元学校校长），并担任一所国际学校的创校校长（魏智渊为第二任校长，之前担任某实验学校校长）。

效的，那么就可能出现相反的情形，80%左右的学生，最终进入中学，仍然拥有良好的数学学习能力，只有20%左右的学生最终仍然会落后。

这就是教育的力量，专业的力量，是我们从小学开始架构课程所希望达到的。

初中的方向也是如此。如果在初中，学生不经历真正的学习，只是一味地刷题，那么，初中的模式延续到了高中，就会有一批孩子虽然很努力，仍然被淘汰掉。但是，"真正的学习"何其困难！

教学上的问题本身就很难，需要教师团队以日以年地成熟。教育的问题更为困难，因为涉及对人的理解，对人的理解又比对知识的理解复杂得多。

但是无论如何，学校应该成为一个帮助人的地方：

帮助在这里工作的每一位老师，发展卓越的专业能力；

帮助在这里学习的每一位孩子，拥有幸福完整的人生；

帮助每一位孩子背后的家庭，学会和孩子一起共同成长。

还无法达到的时候，就要有恒久的忍耐与卓绝的努力。然后，"相信种子，相信岁月"。

为什么要启动家校工作？

网上流传一篇文章，叫《别逼老师放弃你的孩子》，引发了许多人的共鸣。

这篇文章写得好吗？写得好！写出了许多事实，写出了许多老师的心声。每天工作累得要死，还要看家长脸色，忍受家长的指手画脚。

但是，我想换一个角度，提出几个观点，跟大家作几点探讨。

一、家长不是我们的敌人，世界上没有那么多敌人

我每天往返于实验学校和国际学校之间，我回国际学校的时候，经常碰到家长接孩子，我离开国际学校的时候，有时会碰到家长送孩子。

什么感受呢？

我想说，家长真的太不容易了！去国际学校的那段路，连路灯都没有，家长要忍受多少麻烦！开学初我就提醒老师：要提醒一下新家长两件事，一是那段路没有路灯，有几个路口容易出现交通事故，到那里要特别小心；二是车停在学校外，车里不要放贵重物品，小心被人砸车窗。可是老师，尤其是没养过小孩的老师，往往会表现得很麻木。他们会觉得这些学校外的事，跟自己有什么关系？在我们的潜意识里，我们的悲欢才是世界的中心，我们经常缺乏对家长世界的感知。

但另一方面，我们的内心又充满了委屈与愤怒。我们觉得家长不体谅自己，经常听信自己孩子的片面之词，动辄就情绪激动，或者有些家长，要么习惯于指手画脚，要么根本不配合自己的工作。

这些冲突或潜在的怨抑，怪老师吗？怪家长吗？

都不怪。

根本的原因，是每个人都生活在自己的世界里，很难体会他人的悲欢。

家长固然体会不到老师的辛苦：超时的工作，每天面对这么多性格各异的孩子时面临的挑战。老师又何尝能够体会到家长的辛苦不易？对任何一个家长来说，孩子都是他生命中最重要的人，他所做的一切，都是唯恐孩子受到委屈，试图竭尽全力地保护孩子，这种心情，有错吗？

现在我们实验学校越来越多的老师同时也成了家长，他们每天接送孩子，为孩子每天在学校的表现患得患失，这是好事，他们终于也体验到了家长的滋味。这种同理心，同情心，我认为是教育的重要基础。

有了这些体验，你还会轻易地责怪家长吗？哪怕家长从你的角度看起来，是那么的蛮不讲理。

在我看来，"责怪"本身就是问题的源头。

我对《别逼老师放弃你的孩子》有异议的地方，就在于这篇文章的背后，把老师和家长对立起来。我觉得对于一个成熟而正直的老师来讲，无论家长是怎样的一个人，他都不应该放弃孩子，就像一首晨诵诗歌中所说的：天黑也好，天亮也好，素馨花永远是洁白的。

更重要的是，一旦我们走出自我中心，不再以为家长应该是我们肚子里的蛔虫，那么，我们就会清楚，除了极少数的例外，家长不是我们的敌人，而是我们的盟友，甚至朋友。我们要走向成熟，就要抛弃对抗的思维方式。

在行政会议上，我跟年级主任和部门负责人分享了我的一些体验。一直到30多岁，我还习惯于对抗思维。但近些年，我慢慢地意识到，很多时候，问题不在于别人，而在于自己的思维方式。举个例子，我在实验学校的全体教师当中，没有遇到过一位堪称敌人的"烂人"，我看到的，都是有缺点的好人，就像我一样。那么，我们在一起工作，就要共同研究怎么把事情做好。一旦我们开始觉得，这个人不行，那个人不行，我们的文化就会走向衰败和堕落。

不要把人放在对立面，无论是家长还是同事，包括学生。尝试着站在不同的立场去思考问题，然后努力促成问题的解决。

对我来讲，这是实验学校文化改造的一部分。我们要创建的文化，不应该是一种权力文化加上人情文化，而应该是：基于游戏规则，尊重彼此的主体性和边界，相互尊重却不乏亲密，在合作中彼此成就。

这是我的理想，是我要去的地方。我不敢确保一定能抵达，但我确保自己会努力，并且承诺自己会首先做到。

二、做一间教室的船长，做自己生活的船长

我为什么强调大家要理解家长的不易？除了极少数特例，家长的大部分反应，哪怕在老师看来很生气，实际上也只是一种自然的反应，可能你转换了下角色，也会这样反应。我并不是说这种反应就对。大家可以想象一下，如果不是教师会议，而是家长会议，我会怎么讲？我一定会讲，大家要理解做老师的不容易。我所讲的，一定是相反的。

这是为什么呢？

因为这背后有一种根本的思维方式，或者说我们的文化朝向——不抱怨别人，多反思自己，勇敢而主动地承担起责任，用点滴努力，让世界因自己而更美好。

对我来讲，拥有这样一种姿态，这样一种责任感，这样一颗心，才是真正自由的。

自由是什么？

自由不是"你不对"，自由是"我要做出改变来推动世界的改变"。世界未必因此而改变，但这种努力，仍然是真正的自由。

当我们不再抱怨家长，甚至不再存"是非心"，而是在底线规则的基础上，不断地聆听、引导、协助，那么，我们就能够主导家校关系，我们就有可能成为一间教室里真正的领导者，成为一门学科真正的领导者。如果说一间教室或一门学科是一场远航的话，我们就可能成为真正意义上的船长，这是我们的角色赋予我们的使命。

我们不仅要做一间教室的船长，更应该做自己生活的船长，自己命运

的船长。

我写过一篇文章，叫《校长是学校里最容易高估自己的人》。我这个人，以前特别喜欢评判别人，这是一种疾病。现在一直在改，因此这篇文章里有很深的感慨，但更多的是一种自我反省。说得清楚一点，我怕我在担任校长期间，不断地犯这种毛病，因此，需要通过书写来自我提醒。

这学期和佩佩①有很多的交流，这些交流中包含了很多的自我反省。有些错误，可能就是一小时前刚犯的。在交流中，我又说到了自己的价值观，我说：许多教师都在附近买了房子，他们的命运，已经跟实验学校捆绑在了一起。那么，我们所要创造的学校，就不应该以教师为手段，而应该以教师为目的，应该是"教师第一"的。

那么，什么是"教师第一"呢？

不是"我对你好"——我连许多教师的名字都叫不上来，怎么"对你好"？——而是"我不侵凌你，我会帮助你"。

"我不侵凌你"，是指大家一起生活要有界限感，要有规则意识，不要运动式地管理，不要折腾教师。与人相处有边界，不绑架别人，不用权力要挟别人，才是真正的尊重别人，而不是表面上的人情或礼貌。

"我会帮助你"，是指别人需要帮助的时候，能够全力以赴地提供支持。而别人不需要帮助的时候，不要以"帮助"之名，随意干涉别人的教学自主权乃至于私人生活。

但是做到这一点太难了，这涉及文化的深层改造。

因为要做到这一点，对校长来讲，对年级主任来讲，对部门领导来讲，对教研组长来讲，最重要的实际上不是"替大家着想"，而是建立一种透明、公正、民主的文化。就是说，你不需要"替大家着想"，要紧的，是人人不受委屈，受了委屈，能够当面讲出来，然后以说理的方式加以澄清，无论面对的是同事，还是校长。

但是大家今天会说吗？

---

① 贺佩佩，原实验学校校长助理，现为郑州经开区龙美小学校长。

多数人不会。

这就是文化，大家不想领导对自己有意见，有看法。

而这，正是我们需要改变的东西。改变需要从每一个人做起，但首先要从校长做起，从年级主任和部门领导做起，从教研组长做起。

三、为什么要连接一切？

怎么做？

从学校的角度，我们建立了一个工作程序：

第一步：让信息流动起来，上下左右地流动起来。

所以，我们开始做学生评餐活动，搜集学生对餐厅的意见，接下来还会做教师评餐活动。我们会做大规模的家长问卷调查、教师问卷调查，并且，会使这些促进信息流动的方式固定下来，形成常规。我们这样做的目的，不是要监督谁，而是要保持透明，确保我们获取真实的信息，并将其作为学校发展的重要依据。

第二步：我们会逐渐完善核心规则，将其作为处理事务和彼此关系的依据。

关于家校方面的规则，我们会发给教师，同时会有这方面的连续培训，为教师处理家校关系提供支持。

而几乎在学校的一切方面，我们都会逐渐以清晰的规则和程序来代替随意决策，在规则和程序无法覆盖的地方，则用文化来加以澄清和裁决。

第三步：我们会逐渐形成一种沟通文化和网络，乃至于形成一种生活方式，并越来越趋向于简明。

就是说，人与人之间的关系，应该越来越趋向于简单和舒适。学校里不应该有重重规则，就像高速路上不应该有太多的红灯。当这种网络形成，这种文化也就形成了。

最终，我们的目标是重建生活。

我为什么会重视教师社团？实际上，我重视的是一种生活方式。而社团的走向，越来越成为一种生活方式。

但我知道，比社团更重要、更基础和更根本的生活方式，不是在课余或周末，而应该在日常教育教学的每一天。唯有这种改造，才能让我们一天天地接近我们的理想：过一种幸福完整的教育生活，做一个自我实现着的自由人。

这是我的理想。

它或许永远无法实现。

但如果不朝向它，我就无法忍受校长这个职业。

朝向自组织

——关于学校发展的思考

本文不是想总结过去，而是展望未来——准确地说，是作为一种可能性的未来，以用于探讨。

下面我主要讲三部分，其中第三部分是重点。

首先，我尝试用一个词，一句话，或者几个场景描述一下，实验学校的未来应该是怎样的。

其次，我想简单探讨一下，如果我们想要实现这种未来，最大的阻碍可能是什么。

最后，我想展望一下，如果要实现它，最重要的步骤是什么。

一

如果用一个词来描绘，实验学校的老师们很熟悉，就是"自组织"。

如果用一句话来概括，就是"生活在这里的每一个人都能够'行其所愿'"，或者说"如其所是"。实际上这个理想我从来没有改变过，我以前曾经写过一篇文章，叫《丰台新教育之思》，借助海德格尔的概念，将学校比喻成为"林中空地"，每一个人都在这里"如其所是"地成长。

当我讲"行其所愿""如其所是"的时候，我是指与学校相关的每一个人——教师、学生、家长，当然也包括董事会——如其所是，皆大欢喜。以前我们总觉得，这怎么可能？老师和学生，包括家长，这不是天然的矛盾吗？老师和董事会，不是天然的矛盾吗？我觉得，一个更好的关于学校的构想，可以将大家的需要在更高意义上更为紧密地整合起来，用彼此成就来超越彼此争夺资源。

这看起来有点不切实际，含蓄一点的说法是"理想化"。但生活本来就是朝向理想的，哪怕一个家庭妇女，一大早起来赶往菜市场，她也有一个理想，希望以尽可能便宜的价格，买到尽可能新鲜的蔬菜，这个理想有时候能够实现，有时候不能实现。但哪怕一直未实现，也无损理想的价值与意义。很可能，最常见的是她每天以不便宜但也不那么贵的价格，买到了不是十分新鲜，但还算有点新鲜的蔬菜。

这样讲很抽象，那么，理想的实验学校究竟是一个怎样的形态？我尝试着举几个细节大家来感受一下。

我经常在想，一所学校里，谁是主体？

是校长吗？是老师吗？是学生吗？实际上，在不同的场景中，人的身份在变化，主体也在变化。例如，在一个后勤服务的场景中，从提供服务的角度来讲，主体是被服务者。但是，在大多数学校里，主体是沉默的。

我刚到实验学校的时候，第一次网上下单买东西，结果快递员让我到快递点去取，我问，为什么不能送到学校里？他说门卫不接收快递。然后大热的天，我骑个自行车，吭哧吭哧地满大街找快递点。

我住在学校后面，旁边是教工宿舍楼，我每次扔垃圾时，就扔到宿舍楼前的垃圾桶里，结果，那里有时候有垃圾桶，有时候一连几天没有垃圾桶，我又摸不着规律，经常拎着垃圾出来不知道该扔到哪里。

这两个问题都解决了，为什么？因为校长感受到了不方便，一句话就都解决了。那么，如果是老师感觉到不方便而校长根本就没有意识到呢？那么，谁去解决它？

在企业中类似的问题非常容易解决，因为被服务的对象是客户，客户会主动反馈，服务者会采集反馈，但在学校里，主体是沉默的。不方便就不方便，反正大家都不方便。

那么，我的理想是什么？

是在一所学校里，主体不沉默：学生不沉默，老师不沉默，家长不沉默，中层不沉默。

同时，一旦开口，我们必然以讲理的方式、文明的方式以及符合我们价值观的方式进行沟通，减少各种边际成本，让所有人的利益都尽可能地最大化。

这只是从消极角度来讲的。

从积极角度讲，我希望在这里生活和工作的所有的人，都能够投身于创造之中，最大限度地实现自己的人生价值，真正地"过一种幸福完整的教育生活，做一个自我实现着的自由人"。

二

如果这是我们的理想，那么，是什么在阻碍它的实现？

是董事长，是我。

是他们（指中层领导）。

是生活在实验学校的每一个人。

为什么会是"每一个人"？因为每一个人都是不同领域的主体。一个班主任要为他的教室负责，一位学科老师要为他的学科负责，一个学生要为他的学业负责。在他们能主宰的领域内，他们如何作为？是不是一个秉承某种价值观而行动的自由人？

然而，为什么首先是董事长和我？因为权限越大，责任越大。

因此，真正妨碍我们的，可能是我们原有的内在观念（包括价值观和思维方式）。而要改造这种内在观念，最重要的，乃是一所学校的决心与勇气。

三

关于自组织，董事长和我实际上已经达成了高度的共识。可以说，我们已经在一起共同推动学校变革。

董事长已经将学校托付给了南明教育，托付给了我，我要对实验学校负起第一责任。因此，我一直在问自己，如果我们要继续推动深层变革，最重要的三点可能是什么？

最重要的三点，我认为是：

1. 分权式管理，项目制运作。

2. 明确规则、程序与边界，确立价值观。

3. 连接一切，以确保整体最优化。

先看第一点。

分权式管理，项目化运作，涉及对四个问题的思考：

1. 谁是主体？其实就是谁来决策的问题。

2. 他的权力和责任分别是什么？没有权力的分权，就不是真正的分权。从校长到学生，都应该拥有相应的权力与责任。为什么我们说公立学校的校长更像教导主任？就是因为他们往往决定不了人事。

3. 所有的权力和责任都是有限的，那么，边界在哪里？不同主体相互协作时，边界在哪里？

4. 获得成果后，如何分配成果（包括精神的和物质的）？出现了过错，如何分配责任？

以教师招聘为例：办公室可以收取简历，这是事务性的辅助，年级也可以直接招聘。但是谁来决定一个教师是否聘用？决策者应该是用人部门。后勤用人后勤决策，年级用人年级决策。

这时候，我们会发现一个教师的聘用，涉及四个部门：

办公室负责收简历，以及办理入职手续；

教研组长负责协同年级主任考查专业水平，并给出专业意见，或者说作出学术判断；

年级主任作核心决策；

校长室进行审核，虽然通常会尊重年级主任的意见，但仍然拥有一票否决权。

在这里，大家可以看到边界在哪里，看到如何协作。

再举个例子：教研组长看到一个好教师，很兴奋，但是，要让他进来，就必须有年级愿意接收。那么教研组长为什么还要千方百计地说服年级主任让他进来呢？因为教研组长考虑的是他自己的团队的结构。

所有的决策都有风险，也意味着要担负责任。这个责任有两个层面，一个层面是道德责任，一个层面是荣誉责任。我举个例子：在国际学校，语文教师的招聘我有着极大的决策权，这也意味着我要承担相应的风险。实际上，很难做到每个决策都是正确的。在讨论的过程中，我可以力排众议，说这个谁我对他有信心。当然，王志江校长拥有一票否决权，他可以否决，他也可以不赞成但不行使否决权。那么，这个有争议的教师进入了团队，如果他表现突出，证明了自己是一个出色的教师，那就等于间接地证明了我的眼光，提升了我的荣誉，也无形中增强了我在人事决策方面的权威。相反，如果连续有几个教师我判断失误，那么，就会降低我在人事决策方面的权威，直到我退出决策。这种退出决策不是说别人取消了我的决策权，而是说，虽然行政上拥有决策权，但事实上自己已经不敢行使了，因为丧失了权威。就是说，我已经被证明缺乏眼光。

道德责任是什么意思？

就是说，你不是因为判断力出现问题，而是因为道德出现了问题。例如，你收了一个教师的礼物，然后把一个明明不合格的教师招聘到团队中，这就是道德问题，是可以直接导致丧失行政决策权的恶劣行为。当然，如果你说，这是你的一个亲戚，问能不能进来，学校可以有底线地降低标准，但这也是要符合规则的。

项目化运作很明确，一个年级、一个班级、一个学科，都是一个独立的细胞、独立的项目，而不是没有生命力的被动的螺丝钉。

显然，做到这一点很难。难在哪里呢？难在对人不放心。并且事实上，会有大量的实例证明不放心是对的。不过，在这件事上，我们经常颠倒了因果，一个人如果几乎得不到独立工作的机会，那么，他的能力必然受到限制。能力不足经常是一个结果，而不应该成为不授权的原因。

要改变不放心人的观念，核心就是要容忍错误。人都是通过错误来成长的，不要剥夺任何人犯错的机会。在错误的问题上，我们要防止重大错误，宽容中小错误，不容忍道德错误。重大错误要靠制度和沟通机制来防范，类似于收受礼物这样的则是不能容忍的道德错误，要一票否决，但另外的不动摇学校核心的错误决策，都要当成成长的代价，换言之就是学费。当然，总交学费也不行，信用的银行卡，先要存足够的钱。

自组织的逻辑下，人人都是主体。尽管如此，在大的行政架构上，我们仍然依照扁平化的原则，划分为三级，中间一级由如下部分构成：

年级组、教研组、校长办公室（行政中心）、艺体中心、后勤服务中心。

中心意味着人财物都有一定的分配，至于分配额度，要结合工作范围和学校预算等诸多因素来确定。

四

学校是一个复杂的系统，这个系统是一个生命体，每一个器官、每一个细胞都是完整的，也就是说，都是拥有主体意识的。但是，整个系统如何朝向共同的目标？要维持整个系统健康高效地运行，显然也需要一套高级算法。也就是说，要明确系统内各主体之间的边界，确立规则与程序，并让规则与程序吻合系统的价值观，并不断地处于健康的调整中，以对外部世界作出灵敏的反应。

在这里，我要强调三点：

1. 各主体在上位规则下，确立自己的规则与程序。

2. 主体与主体之间（上下左右），确立边界及沟通规则。

3. 所有的规则与程序，不能违反学校价值观。

这些都比较容易理解。

举个例子：校长不能随随便便地对一个学科教师指手画脚进行管理，尤其是依凭自己的好恶，除非是在教研中作学术探讨。任何人都只有一个直接领导。如果一个人既接受年级主任的直接领导，又接受校长的直接领导，可能就会出现混乱。这就是不同位置中的边界意识。再比如：有时候我出入大门，会发现门卫管理上的一些问题，我不会直接批评门卫，我会把情况反映给范鑫[①]（负责学校安全工作），由范鑫处理或不处理，我会尊重他的判断。不仅是我，健康的学校文化中，任何人都可以自由地反映自己看到的情况。

———————————

[①] 范鑫，现为重庆新学道江北校区校长。

我自己也懂课程，但我不能随便发布命令，让老师这样做那样做。我的权限在哪里？在审订课程计划的时候，一旦课程计划审订过关，我不能在细节上指手画脚。一旦在执行中发现了问题，我有两种办法，一种是以学术讨论的方式提供建议，一种是在行政上发起讨论，在大家达成一致的情况下重新调整课程计划。

这意味着，年级主任、部门负责人、班主任、学科教师，所有人都可以在自己的职责范围内确立规则与程序。然而一旦确立的规则与程序违反了价值观，所有人都可以指出，直接领导可以行政干涉。当然，也会有灰色地带。例如，有些班级，和传统学校一样，有班长、学习委员、体育委员等，等级森严。而这种方式是跟南明教室文化相冲突的，因此在教研中我会提出来，但不太会进行行政干预。但如果你在班级财务管理上违背了价值观，肯定就要干预了。

五

明确了规则、程序与价值观，接下来，我们就要将学校以各种方式连接起来，我经常称之为"连接一切"。

怎么连接？

首先要明确，我们究竟要到哪里去？目标和价值观，通常决定了我们的连接方式。应试教育的连接方式和素质教育的连接方式肯定也是不一样的。因此，每年寒暑假，学校工作计划、部门工作计划、课程计划、班级发展计划的审订是十分重要的，研究的重点应该放在这里。要研究究竟应该做什么，目标定得对不对，而不能在过程中对怎么做过多地干涉。过程中主要是提供支持，包括资源支持和学术支持。

在制度设计的层面，我们要将强制连接与自由连接结合起来。

强制连接指规定好的一套程序。例如，通过常规教研建立学术连接，通过教师发展论坛建立文化连接，通过行政读书会建立行政连接，通过问卷、调研与座谈建立家校连接。这些，是规定动作。除此以外，我们有更多的更自由的丰富的连接。像我们已经有了不少形形色色的连接方式，例如海拔五千①、教师社团等，在年会上，大家也会看到实验学校已经涌现出来的一些自组织的连接方式。

为了确保连接的丰富与高效，我们需要不断地建构一种透明的、公正的、合作的文化。而这种文化的建立，肯定不是发一个通知能解决的，而是依赖于在漫长岁月中的不断反思。就是说，我们必须且只能在不断地连接中学习如何更好地连接。

六

以上所讲的这些，用一个词概括，就是自组织。

为什么我一直想要推进自组织？

有三个原因。

这是知识时代的管理趋势。在这个时代，人不再只是能被几粒米所左右的蚂蚁，越来越多的人，渴望主宰自己的命运，并从工作中获得真正的意义感，而这种意义感必须建立在一定程度的独立工作的前提之下。用我经常引用的一句话来说就是："人是目的，不是手段。"要基业长青，就要确保每个人在共同的愿景下为自己而奋斗。

这也是南明教育的文化一致性的要求。南明文化是自由的文化，是尊重每一个教师主体性的文化。我们不能一边在课堂上给学生讲自由，讲生命意义，但是自己却工作在不自由的状态。用我之前讲过的一句话来说就是，你不能教你不相信且不践行的知识。

最后，也是因为作为校长，我深切地意识到自己的诸多缺陷。跟实验学校的年级主任和这么多老师相比，我似乎是所谓的专家，但我知道自己有太多的不足，更多的时候是互有短长。如果是我，而不是艺体组自身，更了解艺体组的发展方向，那么，这不是我的自大，就是艺体组的悲哀。而以自组

---

① 海拔五千，全称为"海拔五千教师读书会"，是一个由校长倡导，教师自愿报名参加的教师学习组织。

织的方式，我更能够像一个职业校长，不冒险决策自己不懂的事情。更重要的是，我也就有机会从同伴们身上学到更多的东西。

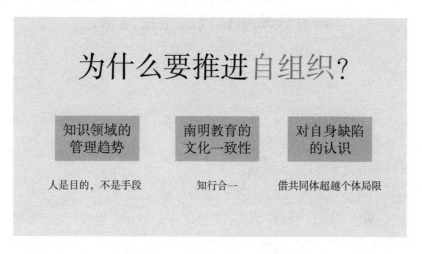

七

以上就是我勾勒的一幅图景，关于实验学校未来的可能性的想象。

从管理的角度，用一个词来概括，就是"自组织"，用一句话来概括，就是希望与学校相关的一切人，包括董事会、教师、学生、家长，都能够"行其所愿"。

我当然知道，这一切听上去挺美，真正化为生活方式是非常困难的。

但是，没有梦想的照耀，哪怕对校长来说，工作也只是一场漫长的劳役。

20年前，当我还是个老师的时候，和许多人一样，我抱怨过许多：工资低，管理粗暴，缺乏公正，各自为战，缺乏学习机会，等等。实际上，这些就是我离开老家的原因。而今天，我不再是当年那个满腹牢骚的小青年，已经成长为一名可以规划一所学校蓝图的校长了。虽然能力有限，战战兢兢，如履薄冰，但是，我知道自己有责任，有使命，去创造一个更好的空间，更好的"林中空地"，让一批批来到实验学校的青年教师，因身处这样的学校而感到骄傲，并且拥有更多的可能性，更好的未来。

如何快速地让一所学校降格？

让一所学校降格很容易，听之任之，久之，"野有蔓草"。但是，如何快速让一所学校降格？这就有讲究了。

最快的方式无疑是：贴标语！

例如，餐厅里贴上"节约光荣，浪费可耻"，楼梯口贴上"行人一律靠右行走"，教室里贴上"好好学习，天天向上"，草坪上也有"请勿践踏"的字样。如果说社会有什么进步的话，那么无非是更委婉了。例如以前贴"小便入池"，今天贴"上前一小步，文明一大步"，就自觉很文明了。全然不知道，自己仍然停留在野蛮时代。

为什么标语与野蛮相连？

因为这些标语的背后，都有一种意识形态或政治学，是在发出一种居高临下的指令，而视生活于其间的人们为需要监督和约束的对象，以所谓文化的方式，坚定地说出"你必须……"。当你吃饭的时候，有人在你耳朵边告诉你"节约光荣，浪费可耻"，你是什么样的感觉？

我们潜意识里讨厌标语，直至视而不见。因为我们潜意识里讨厌被教训，被当成一个操作的对象，而不是一个需要尊重的个体。所以这些标语大抵起不到应有的效果，但作为文化，它们就像雾霾一样，在侵蚀着一所学校的肌体，破坏着文化的内在一致性。那么，明明起不到应有的效果，为什么还要贴这些标语呢？实际上，这只是一种意识形态意义上的宣示，潜在地告诉你："这是我的地盘，这里我做主。"觉得荒谬吗？实际上不荒谬，就是这么回事。领导讲话，无论多么陈词滥调，你也得在下面乖乖地听着。他当然也知道你不喜欢，他要的，就是你不喜欢，仍然不得不装作喜欢的样子。

文明的学校什么样子？

没有标语。当然，并不是学校里没有任何字。例如在南明教育旗下学校，可能就会有"过一种幸福完整的教育生活，做一个自我实现着的自由人"，或"相信种子，相信岁月"，但这不是教训，乃是一种宣告或承诺，明明白白地告诉来访者，我们是谁或我们想要成为谁。

学校里需要的不是标语，而是"引导语"或"提示语"，让任何一个来学校的陌生人，包括在学校里生活的人，知道应该去哪里上洗手间之类的事情。而在每一个具体的生活空间，这些引导语，也只是辅助大家更方便地使用公共空间。毕竟，当一个家长来到学校大厅（假如有的话），他可能希望抬头看到有一个地方写着 Wi-Fi 密码，并不希望看到一条标语：请不要乱扔垃圾。

区别在哪里？

在于标语乃是一个教训系统，而引导语是一个支持系统，前者是主人以不在场的形式在命令，后者乃是提供一种服务。

而对学校的任何公共空间来讲，它的主要功能是服务。学生当然不应该浪费粮食，但是，那是教室之事、教师之事，涉及另一个训练系统。包括如何使用洗手间，都应该是入学教育的内容之一。在应该让学生经历学习的地方，缺乏支持性学习以帮学生适应环境，在不应该学习的地方，又处处充满了训诫，这种怪现象，比比皆是。

标语当然只是一个符码，代表的是一种思维方式。

它未必是标语，可以是——

层出不穷的检查或行政会议。

它未必是标语，还可以是——

一种基于控制而非支持的教育方式。

可惜，教育远远不是那么简单。

团队与团伙

我觉得，许多人分不清楚团队与团伙的区别。他们想要加入的，实际上是团伙，而不是团队；他们想要打造的，以为是团队，其实不过是团伙。

一

南明教育团队对成员，尤其是核心成员甚为苛刻。

在这里，送礼没用，拉关系没用，唯一有用的，是敬事而信。团队倾尽心力为每个人提供支持，从物质的到专业的。但团队同时要求每位成员秉承团队价值观，完成自己对于团队的承诺。

换句话说，如果你是教师，那么，请你言行一致，尽你最大的努力守护好一间教室。你的精力不应该放在与领导或同事的交际上，而应该倾注在学生身上，课程里面。最好让领导看不到你的身影，但是却能听到你的传说——那是学生和家长的口碑。如果你短时间内还不能赢得，请你一直努力，一直努力。我们不会放弃你，但你不应该以另外的方式获取认同。"向世界开出一朵花来"，就是唯一寻求肯定的道路。如果你是行政后勤人员，那么，请你服务领导和服务老师时，不要用两张面孔，而是保持同样的微笑，同样的服务标准。我们不会以你对领导的服务是否周到而定义你的工作，而是要听到同事的口碑。我们经常用一句话来概括，叫"老者安之，朋友信之，少者怀之"，这就是原则。

团队不会要求任何人做超越规则界限的事，不侵凌他人是一个绝对原则。但是，你希望获得更多的支持，只能付出更多的努力，而不能理所当然地认为别人应当帮你。帮助和尊重一样，都是赢得的。

二

许多人不是团队成员，只是团伙成员。

团伙的特点，是"勾结"，无论表面上说得多么温情脉脉，骨子里是以个人利益为核心。团伙成员，往往会走捷径。如果能够通过请客吃饭解决的问题，为什么要付诸努力呢？如果跟领导走得近一点就能获得关注且获取好处，为什么要在远离领导的地方埋头苦干呢？

而对领导来说，就有了"自己人"和其他人的区别，这种区别的结果可想而知。

当团伙以自己的利益为核心的时候，伤害到的，往往是他人的利益，或者努力者的利益，或者更大团队的整体利益。

我反感人文管理、人性管理，就缘于它的基因，乃是"人情管理"，最终将团队的焦点，引向了人际关系。这时候，我们并不关心对方事情做得如何，而是关心对方的为人处世——会不会说话呀，是不是让领导或同事感觉到舒服啊。而对领导来说，是不是关心下属，是不是对别人好之类，似乎成了标准。人文管理或人性管理，最终变成相互取悦的管理模式，我们总觉得让人舒服了，事情就能做好。实际上逻辑是反过来的，事情做好了，所有人才能舒服。只是这种舒服，不是心里舒服，而是成就感带来的自我认同与共同感。

一旦学校文化是这样搭建起来的，对学生负责，对家长负责就只是商业营销，在家长看不到的地方，伤害家长的利益就成了被大家默认的事实。（这是我无法忍受在我的学校里，还存在收取图书回扣问题的原因。）

三

南明团队能产生强大的吸引力，就在于它是团队而不是团伙。

团伙也有吸引力，因为它能安放你的软弱，满足你那点蝇头小利，但是很容易作鸟兽散。但团队不同，团队在遭遇困难的时候会变得高度凝聚，这在南明团队历史上多次发生。最终，无论是课程，还是团队文化，我们都获得了极高的认同。

一批优秀乃至于卓越的教师愿意加盟南明教育，就是因为这是能够发展人的地方。而且，团队会接纳你，只要你为团队负责，团队会为你一直负责，"不抛弃，不放弃"。这种负责的前提，是南明教育对成员既宽容又苛刻。所谓的宽容，是允许你犯错误（当然不能是人格上的错误），尊重你的成长空间。所谓的苛刻，就是会不断地指出你的错误，训练你。有多少人，在南明教育团队中，数年被一直批评，直到有一天，发现自己已经是一个非常出色的教师或专家。

团队的一个特点，就是它有明确的愿景、目标和价值观，并且是超越情境的。没有人能够凌驾在共同的愿景之上，使别人成为他成名或谋利的工具。我们确立了合伙人制度，确立了"教师第一"的原则，明确规定和限制了总校长的工资，所有的一切，都是基于自身文化基因来思考的。

四

屡次被问到一个问题：你怎么对待国际学校的老师和实验学校的老师？

聪明的回答，似乎是"一视同仁"，但我不认为这是一个"手心手背"的问题。同为南明教育旗下学校，无论哪所学校的老师，都应该称为南明教育旗下学校教师，或者南明教师。一个人，不应该因为身处国际学校或实验学校而得到区别对待。但最终，实际呈现出来的结果，可能是我会对国际学校倾注更多的精力，这是为什么？

当我为一名教师倾注很多专业支持的时候，不是因为这名教师在国际学校而不在实验学校，而是因为他赢得了我的支持。

就是说，我有我的内在原则。

假如有两个老师，一个一旦获得了编制，随时打算离开团队，另一个原本就在体制中，放弃了编制加入团队（国际学校有一批为了教育理想而放弃编制的，比例远远大于实验学校），那么，我的精力如果是一笔投资的话，我会投向哪里？我想，答案是不言自明的。

基于自由原则，我永远不会用自己的专业去拯救一位无心发展，只想混工资的老师（好在这样的老师，在实验学校是几乎不存在的，只是极端假设），因为我拯救不了他。

这就是团队的逻辑。没有歧视，每个人永远是自由的。你可以选择保持现状（只要不触碰底线），你也可以选择用自己的努力，赢得支持。

就是说，那些真正在教室里倾注心血为孩子负责，并深刻认同团队价值观的人，必然获得支持，以及额外的奖赏，跟他在哪所学校无关。只是这样的老师，在国际学校已经成为主流而已。

我们已经汇聚了一批优秀人才，我相信，会有更多的人，讨厌团伙，而渴望加入到真正的团队中来。

我能说，我是在发出一个邀请吗？

等你来！

说说收礼这档子事儿

从小时候起，我就通常不给别人送礼。

这并不是说，我从小就"顾大局，有立场"，只是羞怯所致，是短于人际，拙于措辞，扯不到高大上的理由上去。凡是需要送礼解决的问题，我宁可它不解决，以至于到了非常执拗的地步。长此以往，于送礼收礼这件事，就变得非常麻木了。既意识不到有时候办事要送礼，也意识不到帮别人办事要收礼。好在我通常也帮不了别人，这麻烦通常就免了。

中师刚毕业时，因为工作调动等事，其实必然涉及送礼（不过大半没有实施，停留在家人的口头上），我就非常烦恼和烦躁。我心里想的是，为什么办事不能明码标价呢？一手交钱，一手交货，不就省掉了许多麻烦吗？回头想来，这想法当然不切实际。

一

离家这十多年，多多少少，也收了一些礼物。因为我无职无权，所以礼物大半并没有"办事"的嫌疑，而是交往中的润滑剂。例如，外出讲座，主办方馈赠一些本地的特产，人手一份。我作为小人物，也断不能把自己当成大人物，一副清廉的样子说"我不要"，自然而然地入乡随俗。

朋友（多是网上熟悉的网友）来访，也往往会携些小礼物，最多的是一两瓶酒，往往我来做东，拆了，喝了，尽兴。偶尔也会有网友寄些东西过来，嘱咐与研究中心诸友分享。当然，若寄到干干①办公室，就糟糕了，能

————————

① 网名，原名干国祥，曾任新教育研究中心主任，现为南明教育及全人之美课程创始人。

在那里放一年。有时候生人也会带礼物来，名曰拜访，口称久仰，随手留下几瓶酒，心里犹豫一下，也不愿意拂人家的好意。

主要的馈赠，来自小圈子的师友之间。例如朱永新老师，知我好酒，常常给我留酒，另有一些会议礼品，也常常在见面时带给学生们（当然包括我）。在北京时，王志江校长这样一尘不染的人，也时常赠礼于我，有时还不菲。因为视为兄弟，通常来者不拒。还有山东两位兄弟，就不点名了，呵呵！我的圈子，大抵是新教育、网师、研究中心（现在的南明教育）等。

但我没有赠礼于朋友的习惯，这显然不是一种好习惯。无论去哪里，拜访谁，旧友还是新朋，都是空着一双手去，醺而归。

不只如此，我也没有给妻女甚至父母购买礼物的习惯，我承认，这简直是令人发指的。从谈恋爱开始，我就习惯了两手空空。后来时常两地分居，每次回家，基本都是"两袖清风"。想想自己小时候，到周末期待父亲从城里回来，第一件事就是翻他的包，看看有没有惊喜。但我女儿从小就不曾有过这种期待，因为结果毫无悬念。家人偶有抱怨，我就觉得奇怪："超市里什么都有，需要的话自己去买呀！"

二

把送礼当成一个事儿，是从我做校长后开始的。

通常，我都会在学校里设定两条高压线：不得体罚和羞辱孩子；不得收受家长礼物。因为我知道，在某种利害关系中，礼物往往有所负载，并非"小意思"或者"没什么意思"。俗语讲"吃人嘴软，拿人手短"，真真是经验之谈。尤其是刚入职的老师，面皮薄，不知道回绝，偶尔内心还有小小的成就感，觉得这是一种认可，而没有意识到同时是一个陷阱。

对礼物麻木的我，也开始遭遇一些难题。坦率地说，有时候令我相当恼火。

我不可能因为礼物而作出有倾向性的决策，因为这根本就不符合我的思维方式。但是，在熟人圈子里，你无法判断一个礼物的实际含义。所以，在经过一段时间之后，我开始采取相对极端的措施来回应（略去不说）。并且，不赴鸿门宴，也不参与含义明显的见面。实际上，我毕竟不是官员，我所面临的小烦恼，也不会产生法律风险，但是，一件突然出现在自己房间或办公室的礼品，无论有多小，都让我蒙受损失。礼物本身往往并不值钱，但思考怎么处理它，却耗费了大量的时间。我并不擅长处理这些事，直接把礼物交到办公室由他们去处理当然是一条捷径，但这又似乎太伤人。

未必所有的礼物都包含明显的意图，有时候是人情往来，有时候是一种风俗或习惯，但是你无法分辨清楚。所以，我逐渐为自己确立了一些原则：

处于工作关系中，除婚丧嫁娶等正常的人情往来，我不收受自己工作范围内的人的礼物（无论多微小）或宴请；

处于工作关系中，领导可以赠礼于同事，或请同事吃饭，但不应该反过来（用于自律，并不以此要求别的领导，除非有明显证据表明存在交易关系，才用工作纪律去处理）；

朋友永远例外。

而所谓的"朋友永远例外"，有时候也很尴尬。万一老师说"我拿你当朋友"呢？难道你能说别人一定居心叵测？所以，只能说，等哪天我们解除了工作关系再说吧。除非大家先是朋友，然后才有了工作关系。就像我在北京工作时，也接受家长宴请，但三两人而已，已经是很好的朋友。

三

我并非在讲一个校长应有的"廉洁"。毕竟我生活在体制之外，也并不拥有相应的权势，还配不上这个词汇。私立学校的校长，只是一个要非常努力的打工者而已。而是说，这些事会让我非常烦恼，甚至不舒服。我想一个核心原因，是它破坏了我的内在一致性。

人必须严格地区分工作领域与私人领域。在私人领域，可以随心去决定亲疏远近，但在工作领域，则必须保持内在同一性。凡是以工作身份说出来的话，都应该去兑现，万一兑现不了，也必须有一个光明正大的理由，有时候还必须致歉，说明原因并收回。当我说"不得收受家长礼物"的时候，我同时是更严格地要求了自己，不但不收受家长礼物，也不收受教师的礼物。我收受了礼物的话，可能也没有人来追究我，别人甚至不关心或觉得理所当然，但是我会本能地非常厌恶自己，或者至少长期地感觉到不舒服（并非没有这样的时刻），因为我觉得自己没有保持内在一致性。

对于一个领导者来说，长此以往，会削弱自身内在的力量感。

四

这些年的经历，我肯定获得了无数的教训。

教训之一，就是"天下没有免费的午餐"。我爸不是李刚，我更不是富二代，我所有的生活资料以及自尊，都必须靠自己的贡献去换取。而这一点，也是在我女儿读大学后我首先要教给她的。

我们的朋友，远远没有我们想象中那么多。无论你交友多么广泛，你生命中的"重要他人"，永远只能构成一个小圈子。我看到有的人，仿佛普天下都是他的朋友，其实是没有朋友的。这并不意味着人情冷漠，相反，我们要心怀热情地去面对所有与我们相遭遇的人们。就像我现在在实验学校，有一批老师赢得了我的信任，而我也愿意尽自己所能去帮助大家。并且，我从来没有想过，帮助别人可以变成一种交易并索要回报（别人最终也会忘记并且应该忘记你的好）。要帮助别人，就让别人没有负担地去接受帮助；要交易，就明码标价地去交易。

我不是在宣传冷漠，我只是在提醒必要的界限感。

不要只看到界限的负面意义，实际上，一个拥有良好的界限感的社会，是一个更有爱、更自由，也更幸福的社会。

做教师，我们不收礼

南明教育旗下学校，有两条不可动摇的底线规则：

1. 禁止体罚学生。

2. 禁止收受家长礼物。

这是南明教育旗下学校文化改造的一个组成部分。但文化改造不是一个野蛮的强加的过程，也不是一个中和的过程，而是一个借助文化反思，围绕团队愿景，重新梳理资源进行建构的过程。

需要说明的是，从树立底线规则开始改造学校文化，并不意味着学校一定是一个体罚和收礼很盛行的地方，仿佛我们是为了刹住风气而采取极端措施，而是意味着我们必须全方位地（从文化到课程）提升学校的办学品质，从彻底地杜绝体罚和收礼现象开始。

本文主要探讨收礼问题，供大家参考。

一、为什么有人会接受家长的礼物？

所有人都明白，从道理上讲，不能收受家长礼物，这甚至不必再进行解释。但在实际家校关系中，礼物（包括宴请）却始终或隐或显地存在着，并且潜意识中我们都会给予一定的解释以平衡良心的不安，甚至逐步变得心安理得、理所当然直至理直气壮。

对有些不拒绝家长礼物的老师来说，他们会如何来解释自己的收受行为？

1. 礼物很小，只是心意，是良好家校关系中的润滑剂，还扯不到贿赂上去。

2. 我为孩子（甚至某个或某些孩子）付出很多，不仅包括工作时间，还包括业余时间，我超出了工作范围去帮助一个孩子，收受一点礼物是应该的，而且跟我的付出根本不成正比。

3. 我每天辛苦终日，但工资过低，收点礼又怎么了？根本无法抵消我的心理落差。

4. 我也不想收礼，但有时候碍于面子，不会拒绝，又不好意思还回去，怕家长难堪，而且如果过于铁面无情，也会影响到其乐融融的家校关系。

实际上，绝大多数家校之间的送礼行为，都扯不上行贿受贿（涉及明确的交易，并且有一定数额），而只是一种灰色行为，是社会风气在校园中的投射。老师收受了礼物，在多数情况下，也并不代表着"师德败坏"，而只是一种文化、习俗或习惯使然。收受礼物的老师，仍然可能是一个心地善良、工作负责的老师。不排除确实存在道德败坏、贪恋财物的老师，但那只是极个别的例子，并不在本文讨论之列，本文讨论的并非校园中的贪腐行为，而是文化中的雾霾现象。

我们在工作中为孩子们付出了很多，是不是就能成为收受礼物的理由？

"为孩子付出了很多"是一个感性的表达。在南明文化中，首先重视的是游戏规则，即工作中的契约关系。我们倡导敬业精神（未来或许会以类似"工匠精神"这样的词语补充或解释之），但苦劳与功劳是两回事。比苦劳更重要的，是由专业精神和工匠精神联合形成的功劳，即学生可见且显著的发展。这并不是否定苦劳，因为职业态度也非常重要。经常地，当我们强调辛苦的时候，只是一种偷懒的自我辩护，而并非可见的事实。

如果"为孩子付出了很多"，是指确实带来了孩子可见且显著的发展（不乏这样的老师），是不是就应该收受礼物呢？理由是什么？是将溢出部分劳动礼物化、货币化吗？

显然，这不仅在道理上讲不通，更重要的是，降低了这一行为本身的高尚意义，而且是以如此廉价的方式。实际上，在南明旗下学校正在或即将推行的薪酬体系中，给孩子带来可见且显著发展的老师，将获得更高的收入。学校支付给这部分老师高出其他人的部分，是对专业能力、贡献以及人格的综合肯定，而实际上，很可能一件小小的礼物，就破坏了这份肯定。

工资低，更不是收受礼物的潜在理由。

一个官员，不敢以工资低为理由收受贿赂，我们怎么能以此来平衡自己的心理？而且工资的高低，对私立学校来说，是市场的必然结果。因为任何老师和学校，都是自由的合同关系。纵然如此，南明旗下学校的传统，一直是善待老师，是家人般的文化。而南明教育的初衷，也深具理想主义色彩，更不以赚钱为自身发展的首要目标。接下来数年，学校将致力于努力地提升大家的收入水平。但一个负责任的学校，首先是对孩子和家长负责，即我们的每一份增加的收入，都是提升工作品质后的必然回报。若没有这样的尽职尽责，所谓的学校文化，就只是欺瞒社会的花招罢了！

至于某些贪欲膨胀，习惯尽可能少干工作且总是倾向于自我辩护的人，因为在我们学校里只是个例（我在实验学校这一学期，满眼望去，尽是兢兢业业埋头苦干的老师，这是团队的优良传统），不在讨论之列。但我仍然想对这种人说一句：贪欲是人生最人的陷阱，永远得不偿失。

二、为什么不应该收受家长礼物？

我不想讲师德（永远不想讲），因为我觉得一个校长，或者说一个管理者，不应该将师德挂在嘴上。道德，永远是一个人的自我要求，它无法被要求或命令。

上面我所讲的，一言以蔽之：收受家长礼物，违背了职场的游戏规则。

我想进一步讲讲为什么不应该收受家长礼物，或者说，为什么这会成为游戏规则。有三条重要原因：妨碍教育公平；降低老师尊严水平；破坏教育工作内在的一致性。

教师应该热爱学生，这是毫无疑问的，是教师这一职业的特殊性所在。但教师之爱不同于父母之爱，父母之爱具有唯一性，而教师之爱，则必须以公平为基础，是一种理性的爱。如果你收受了家长的礼物，无论你怎么自我辩护，你心灵的天平已经失去了平衡。而对大多数家长来说，让你的天平失去平衡，正是送礼的目的。显然，这对更多的学生和家长来说，是不公平的。

　　一旦丧失了公正，相应地，也就降低了尊严水平。你怎么让教室里的孩子，尤其是知道这件事的孩子发自内心地尊敬你？哪怕其他孩子不知道，至少送礼的家长的孩子知道。哪怕真的"神不知鬼不觉"，自己内心的那种坚定性和自豪感也会动摇，甚至坍塌。更有甚者，你将难以拒绝送礼的家长的要求，从调换座位的小事，一直到各种班级事务。并且，并不是所有家长在送了礼之后，都会守口如瓶。实际上，无论礼物贵贱，都是在用自己的尊严甚至人格作交换，而这交易实在是不值得。能轻易被小恩小惠所打动，也说明了我们的自我形象是多么的卑微。

　　另一个非常重要的理由，是收受礼物会让我们丧失内在的一致性，成为一个言行不一的人。南明教育全人之美课程的一个显著的特点，是将知识视为一个动词，即我们教给孩子的一切，必须是我们理解、相信或朝向的。如果我们所教的，是我们所不相信的，或者与我们践行的原则背道而驰，这就是一种不道德的教育或教学。而南明教育系统又特别强调人格为先，道德人格课程在我们的课程系统中，从某种意义上讲，是第一课程。如果我们的言行屡屡违背底线，那么，我们在课堂上教授道德人格课程的底气和力量从何而来？

　　最后，我想引用我喜欢的童书《特别的女生萨哈拉》里的一段对话与大家分享：

　　"所以，还剩下谁了？每天，他就冲着他的老师生气。那时，很久以前了，老师还是可以打学生的。"波迪小姐叹了口气，"但是当了25年的老师了，她都没打过一个学生，她也不想打这个男孩儿！"

　　"她要爱他！"拉欣达说，"老师拿钱就是要爱学生的。"

　　"老师拿的钱不多，所以他们也不怎么爱学生。"拉里说。波迪小姐惊讶地盯着拉里。"大多数不怎么爱学生。"拉里赶快订正。

　　"这么想很蠢，拉里。老师不是要爱学生才能拿钱的。给人钱叫他为了这些钱去爱你，做——不——到！"波迪小姐解释，"爱学生与其说是老师的主要责任，不如说是一笔额外的奖赏。"

"对我来说这笔额外的奖赏要比主要责任还要重要！"克罗地亚模仿波迪小姐的口气接着说。

"对极了，聪明的克罗地亚。"波迪小姐边说边拿出了"快乐盒子"。克罗地亚吃惊地看着盒子，费了好大的劲才挑出一枚贴纸。"额外的奖赏要凭你自己的意愿。如果你打心眼里乐于工作、爱别人，你所得到的额外奖赏往往是最令你幸福的。"

在南明旗下学校，实际上有一批老师将"爱学生"看成是一笔"额外的奖赏"，而不是收受礼物的借口。部分榜样老师，还经常自掏腰包来建设自己的教室，或资助某些孩子。

实际上，我们相当一部分幸福感，就来自于职业中的这种清洁精神。

三、细则与例外

为了便于执行，我们将这一规则详解如下：

1. 禁止接受家长礼物。礼物范围包括：各种礼物、现金或购物卡（包括充话费等）、微信红包等。

2. 禁止接受家长宴请，无论以何种名义。

3. 节日（春节、中秋节、教师节、元旦等一切节日，包括教师生日）期间禁止接受学生或家长的礼物，包括鲜花。不仅如此，尤其在教师节、中秋节，要针对家长和孩子提前做好不收礼的宣传工作，赢得家长和孩子的理解。

4. 涉及集体购买物品（例如书籍、乐器等），须由家委会操作或授权操作，过程公开透明，严禁借此收取回扣。这种情况一旦被学校发现而不是被年级组发现，年级组也要接受处罚。

当然，可能有种种例外，例外的情形列举如下：

1. 既是家长，又是朋友的情况，礼尚往来基于朋友关系的，不在此列。

主要适用于朋友的孩子在自己班上（或学校）读书的情形，但学校拥有对这种情况的最终裁决权。

2. 以 AA 制的方式聚餐庆祝，或组织活动。在这类活动中，教师费用不得由家长承担或分摊。

3. 学生从学校毕业（或退学、转学），实际的职业关系解除后（师生关系当然永久存在），家长送一切礼物学校都不干涉。

4. 特殊场合的不贵重的象征性礼物可以接受。例如，期末庆典或毕业庆典，可以接受家委会名义的诸如鲜花等象征性礼物。

5. 学生赠送的个人作品或自己制作的小礼物可以接受，例如写绘作品、手工作品等。

6. 个别特殊孩子已经受到特别的大量的额外照顾，包括物质上的，在这样的情况下，也可以象征性地接受家长的心意。

7. 在非常难以拒绝的情况下，教师等值回馈礼物。

上述后两种情况，均需在共同体中通气备存，以避免误会。

最后，我们再讨论一下一种特殊情况的处理：家长以各种巧妙的方式送礼且无法退回、难以退回，或不好意思退回的情形。

针对这种情况，处理程序如下：

1. 向年级主任或学校办公室汇报情况，听取指导意见。

2. 将礼物折算成现金，用于班费、班级图书或绿植采购等项目，然后告知家委会，并在家长群公开致谢，感谢某家长捐赠班级现金若干。

3. 若礼物贵重或老师并不需要，可以交给学校办公室予以收购或校内拍卖，然后将现金交给班级。

其实，很多家长并不相信学校能够做到让老师不收受礼物，这有赖于我们水滴石穿的坚持。唯有这种坚持，才能塑造个人的声誉，最终也能塑造学校的品牌。

自 2016 年春季开始，在我担任校长的学校（即实验学校）里，凡经举报或发现并查实有收礼行为，无论是谁，无论曾经为学校作出过多大的贡献，均解除劳动合同。处于灰色地带难以定性的，学校将会降低当事人的信誉等级，并对工资产生很大的影响。

有人会说，这种地下行为怎么监督？一方面，我们依赖家长和学生进行监督；另一方面，我们会通过对学生的教育，让学生正确认识这种行为的性质。学校将通过国旗下讲话等方式，在学生中广泛宣传。（实际力度还要大得多，不排除将包括禁止体罚在内的两条底线规则张贴于所有教室的做法。）

最后，再说说同事之间的"礼尚往来"。

同事之间的"礼尚往来"，学校不干涉，不然也管得太宽了，但也有"不成文"的规则。所谓不成文，就是不干涉，但又是规则，意谓文化上有一个导向或裁定，但不伴随着任何惩罚。规则主要涉及存在管理关系的人事之间，管理权限越大，越要严格要求自己。例如，校长可以送礼物给老师，但老师不能送礼物给校长，年级主任和各部门领导，原理相同。（本来就是好友，则另当别论。）这方面重要的是文化方向，大家心领神会即可。学校的整个财务系统，也会逐渐作出严格的规定，主要是加强对管理者的限制，以节约资源，用于课程及教师。

四、什么礼物"可以有"？

同时，我们恳请家长们转变观念。

在多数情况下，一个老师，如果愿意接受礼物，并且给予您的孩子以特殊的照顾，这样的老师，应该让您感觉到不安。假如孩子真的受到了照顾，未必是一件好事，因为对孩子的终身发展作用最大的，是同伴环境及教师的整体人格。

对于主动讨要或暗示礼物的老师，毫无疑问，应当予以举报。

一个公正的、相互支持的班级环境，是孩子发展的最好的营养。它不但给予孩子安全感，也能潜意识地形成孩子的公正观念和是非观念，进而影响孩子的整体价值观或道德感。

所以，我们倡导，不要给教师送礼，但是，可以给教室"送礼"。这是两种完全不同的观念。

给教师送礼，是一种收买或交易行为，表面上是对教师的"感谢"，实质是对教师工作甚至人格的否定。而给教室"送礼"，则是对教师工作的支持与肯定，是教师动力的重要来源，而且，会极大地提升孩子在班级里的自我感觉。

尤其是因为观念等原因，各间教室的图书严重不足，这个对班级影响巨大。在南明教育的理念中，是以班级图书角代替学校图书馆的，这与传统学校迥然不同，这里不详细解释，家长仔细思索一下就很容易明白。而教室图书，我们一直主张由家长来配置，这从根本上并不只是一个费用问题（未来国际学校收费虽高，教室图书配置仍然以家长为主力），而代表一种观念。除了大大简化借阅流程的因素外，家长对教室图书的捐赠，乃是一种家校相互编织的重要方式。和一般学校强调竞争不同，我们当然也有良性竞争，但是我们更重视各个层面的合作，本质上是一种共同体文化。在共同体文化中，相互信任本身就是工作的动力（或压力）的重要来源。你无法依赖于监督来让一个老师热爱教室，热爱你的孩子，但是信任，持久的信任，却能够做到。

实际上，家长自愿捐赠教室相关的物资，以及承担义工工作，在发达国家是一种潮流。

所以，什么礼物"可以有"？一切捐赠对象为教室的礼物，都"可以有"。例如：

1. 图书。

2. 绿植。

3. 班级给孩子的奖品。

4. 重大活动的特殊支持。

当然，规则仍然要清楚，捐赠要公开、透明，以避免重复浪费。在这里更重要的是，不要以部分家长的捐赠，给另外一部分经济条件较弱或不弱的家长构成心理压力，成了隐性的"逼捐"，教师应该有这种职业成熟度。

做教师，我们不收礼。

不体罚，不收礼，对学校变革来说，只是万里长征的第一步，而且远不是最核心的部分（核心部分是课程改革，是将孩子的身体、灵魂与心智带往卓越之处）。但是，对实验学校来说，第二个十年，必须从这些基本的规则起步，踏踏实实，一步一个脚印。

亲爱的老师，或许整个社会风气还未尽人意，但我们肩负重任，学校的沦陷，是整个社会最后一片净土的沦陷，守住学校这块阵地，是我们对社会最大的贡献。而且最终我们实际做到的，应该远远大于我们对家长所承诺的。这需要时间，但正如我们的校训所说的："相信种子，相信岁月。"

第二辑

人事：激发每一位成员的工作热情

说说学校的薪酬设计与福利制度

薪酬设计不是一件很容易的事，花了我不少时间。毕竟，再没有什么比钱更敏感的东西了。它关乎文化、人性、公平，是对设计者的极大考验。

一

不同的文化，不同的诉求，薪酬制度的底层逻辑是不同的。有功利主义取向的，追求投资者利益最大化。薪酬制度本身就是一个博弈的结果，以最小的成本，获取最大的收益。有原则主义取向的，追求的是付出与收入之间的"正义"，让学校发展与教师收入保持等比例平衡。

我们学校的取向，注定是原则主义的。所以，薪酬设计的底层逻辑十分简单：共享。

共享是什么含义？即在学校满员或成熟状态下，投资方、办学方以及教师团队的收益比例，是相对稳定的。（当然，这里的稳定，又包含了一套复杂的算法。此外，因为南明团队的非营利性质，实际上不存在赢利，而是追求收支平衡。）未满员和成熟之前，办学方会预先承受一部分成本，以确保教师收益的稳定。这一部分成本，在满员之后（所有年级开齐之后），再逐年消化以至于平衡。换句话说，学校起步之初，教师工资的占比肯定高，等学校成熟了，就会降到合理的水平。

但是，共享的含义，绝不是"平均享受"，平均是最大的不公正。因为不同的老师，对学校的贡献不同。有开车的，有搭车的，甚至还会有拦车的，贡献越大，从收益中切分的蛋糕应该越大，这是符合逻辑的。但是这种分配，还要考虑到"基尼系数"。所以正常情况下，工资越高的人，可能是聘用最合算的人。

收益比例的稳定，确定了教师收益的总盘子，即蛋糕的大小。接下来，就要考虑怎么分蛋糕了。

二

在说分多分少之前，先说说老师的薪资结构。

薪资结构通常由几部分组成：

1. 基本工资。

2. 工作量工资（也有叫课时工资的）。

3. 教龄工资。

这是主要构成部分。基本工资，往往与最低工资标准相联系，是确保生存的，是不能触碰的。因此，在许多请假的情况中，都不涉及扣除这部分工资。工作量工资，则是根据劳动量来进行计费的部分。而教龄工资，则是为稳定性付费，也确保老师的收入能够有一个稳定的增长。

此外，每个人情况不同，还可能有这几部分：

1. 班主任津贴。

2. 岗位津贴（例如教研组长等）。

3. 特殊岗位补助。

此外，还有一些特别的收入，主要是股份（国际学校当然不存在）、奖金和福利。

奖金是针对个别人和个别群体的，是针对特殊或个别工作业绩的奖赏。举个例子，某位老师，在某个领域或某件事上作出了突出的贡献，那么，就有可能发一笔奖金给他。奖金的特点，是一次性的。针对群体的奖金，包括中高考奖、竞赛奖等。奖金不是惯例，哪怕是中高考奖，也与学生的提升率高相关。

福利则是全员共享的。我们想象一下一个企业，某年赚了快钱，利润很高。如果这笔收益不是每年持续的，企业未必敢涨工资，但是，它可以发奖金给贡献大的部分人，同时也可以让全体员工均享成果，全体员工都享受的这种奖励，就不再是奖金，而是福利。例如，发第 13 个月的工资，或者利用节日增加慰问金。

但是，福利不是必须有，更不是必须持续增加甚至保持的。在发展健康正常的情况下，福利也可能成为惯例。但福利的本质，仍然有别于工资。工资是契约，福利则不是。哪怕契约中包含了享受福利的条款，也只是说，如果有福利，可以享受。如果调整了工资，就相当于修改了契约，一定要有清晰的说明并达成共识。但是，如果调整了福利，无论是取消或增加，均没有必要说明。一旦福利成了固定的收益，那等于是全员涨工资，福利的意义就失去了。因为福利本来就是收益中的弹性部分。

在特殊情况下，学校过节可能没有发福利，就是这个原因。不仅如此，借着这样的机会，还需要对福利制度本身有反思和调整。因为在总蛋糕比例不变的情况下，福利制度涉及内部分配的问题。

这中间的关系，有点类似于福利资本主义与市场资本主义之争，是一个由来已久的话题。任何国家或团队，都要在生存与发展之间，福利与竞争之间谋求平衡。天平一旦失衡，团队就会丧失活力，丧失进取，涌现更多的懒人、闲人。

因此，疫情期间，保工资是第一要义。因为保工资，是保生存。并且，保工资首先是保低收入群体的工资，而不是高收入群体的工资。但是，如果要保福利，那么，最终谁来买单？

三

在一篇文章中，我给了成熟教师一个定义。定义成熟教师，实际上是定义学校薪资的基准。

这个基准的确定，是以下几个因素的平衡：

1. 收入因素——学校可用于教师工资的总额。

2. 市场参照——同城学校的薪资标准。

3.岗位稀缺性。

一旦确定后,薪资结构就确定了,"等级分明"。例如,实习教师、未成熟教师、成熟教师、榜样教师、首席教师。

"成熟教师"这个概念之所以重要,是因为它是标准,是尺度。达到了成熟教师的级别,只要不犯低级错误(例如严重的道德问题),就不必担心学校是否签约等问题,工作岗位是稳定的。

在收入(学费)不变的情况下,薪资标准是稳定的。收入(学费)变化,薪资标准会随之变化。但是,变化的幅度是级别越高,幅度越大。这意味着,头部教师的收益,增幅要大得多。

薪资的相对稳定,是为了让大家不要把目光聚焦于此,而是聚焦于学术发展。因为我们在一所学校的收益,不只来自薪资,我们又不是人力市场上的搬运工。我们的收益,同时来自学生和家长的肯定,即成就感,或品牌带来的自我肯定感。我们的收益,也来自成倍增长的机会:教师培训、外出学习、承担学术任务、成为培训师或专家……这另外的收益,可能是学术的,也可能是物质的,更可能是声誉的。

当然,任何学校都可能有例外。

例外有两种可能:一种可能是对契约的遵守。比如,我高薪聘请了一位教师,他的教学水平或贡献,可能还不如一个新教师。尽管如此,我也必须遵守契约。这并非不公正,这是必须的程序正义。一种可能是对人才的爱护或保护。比如,有一位艺术家,他带不了课,凭自身的艺术也没有稳定的收益。但是,学校可能长期地支付较高的工资。一方面,是对艺术的尊重;另一方面,也是我们对社会的义务。何况,艺术家的存在,本身就是对学校的潜在的影响。

四

财务中会有浪费,有不合理,需要调整。调整的过程是个很麻烦的过程,因为只要削减支出,就会有人利益受损,他才不管这利益是不是应得的。这时候，就要考虑一些内在的原则。

我有一个给家长和老师都讲过的简单原则，叫"单一所有人"，这是一个法学上的概念。简单地讲，有些开支，在你家，你会这么做吗？如果不会，那么，这就是浪费。因为你觉得这是学校的，不心疼。如果姑息，就造成了事实上的浪费。公地悲剧本质上也是如此。利益总要进行协调，最终确保整体利益最大化。所以，重要的不是舆论，而是内在的原则。因此，财务一定要紧缩，财务紧缩的目的，是把钱用在刀刃上。否则，所有人受害，尤其是在目前的基于共享的财务设计中。

有些人只站在自己的立场考虑问题，这是自然的。但是，如果不进入对话，不进入相互协调，那是很可悲的。我招聘一个老师，他要讲他原来收入多少，补课收入多少，家长送礼几何，那他肯定来错地方了。学校不允许收受家长礼物都成了他的损失，无耻到这个地步，还敢来应聘？！你选择一所学校，薪资收入只是一部分（虽然是最重要的部分），同时你还有其他潜在的收益，包括工作环境、同事关系、学术发展、子女入学……而作为学校，也会有自己的文化。例如，不会在高考科目与非高考科目、文科与理科之间，制造过大的差异。

五

学校采用年薪月发制，意味着，寒暑假和平时的工资是一样的。

同样，在课时费的问题上，学校也是抓大放小，并不进行精确的计算。少带了课，并不就少发工资，多带了课，并不就多发工资。但是，超过国家课时标准（极少有这种情况），例如本来你应该带两个班的数学，但情况特殊带了三个班的，那么，就要增加一个班的补助作为补偿。

这会引发一部分问题。

假如某门课程，国家标准是带三个班，但是，我带了三个班，其他人都带了两个班，这是否公平？是否应该给我增加补助呢？

这听着有道理，实际上是管理者要注意的陷阱。

"丘也闻有国有家者，不患寡而患不均，不患贫而患不安。"一句"不患寡而患不均"，讲透了人性。作为一个粗通心理学的管理者，我很清楚如何利用人的欲望控制人。你可以用很小一根胡萝卜，让一群人沸腾起来。但是，那是小道，君子不齿。一个长期主义者，要坚守的是自身的价值观，并且，要相信价值观或文化本身的恒久的力量。

　　管理者要注意的是什么呢？

　　一是要注意工作量的相对平衡，减少老师的心理失衡。

　　二是除非特殊情况，否则，不要让超工作量的情况发生。因为老师的精力是有限的，工作量增加了，精力总量并未增加，平均分配到每个学生身上的精力反而大大减少了，甚至是理直气壮地减少了。

　　国际学校的工作量普遍偏轻，但老师们又很辛苦。为何？工作量偏轻的目的，是希望提升品质。毕竟，教育不是体力活。

　　在这种情况下，承担的任务，不可能完全平均，一定有差异，有时候还有很大的差异。差异是怎么造成的？有哪些情况？

　　1.有部分老师能力强，承担的任务很多。可能除了教学任务外，还要承担学校的其他学术任务。

　　2.有部分老师（主要是新老师）需要有一个适应学习期，带课少，是为了让他们有一个学习期。

　　3.有部分老师带课不足，是因为学校没有更多的岗位给他，某种意义上属于师资储备。

　　4.有部分老师带课不足，是因为能力较弱，学校给予时间调整改进。

　　如果是第一类老师抱怨（通常这类老师不抱怨），那么，你配不上学校对你的信任。因为承担任务多，意味着你的潜在收益也大。例如，薪资高或增长机会和空间大，以及未来会赢得更多的机遇和上升空间。

　　为什么不能抱怨新老师带课少？因为他们是团队的未来，要保护和培养。而因为能力不足带课不足的情况，有什么可抱怨的？他们随时可能失去工作，这是给他们调整的窗口期。只有一类情况要注意，就是没有更多的岗位的情况，需要再分配一些任务来平衡。

一旦学校开始按课时来计费，学校的档次就开始下降。你能想象像谷歌这样的公司，开始像砖瓦匠一样计件开工资吗？越是高创造的团队，越无法如此计算。因为不同人的课，含金量还不一样，怎么计算？要再创造出一套算法吗？

每一个"闲言碎语"听着都很有道理，顺着走，最后就会让学校变得无比平庸。有一天，校长开始委屈了，去找自己的老大：

老干啊，想当年，我们跟马玲一起创建南明教育，现在比较一下我们三个人的收入，差距咋就这么大呢？论辛苦程度，你说说谁辛苦？论收入程度，你说说我比不上发达地区一个老师的工资，再这么下去，咱散伙吧！

六

我喜欢讲底层逻辑。

比如，人生的底层逻辑是你到底想要什么。要相信上天是公平的。我一直深感幸运，就是因为我觉得我得到了想要得到的东西，终于在学术上获得了自由，这让我行走于世，觉得踏实而自在。至于工资，我也很满足。我不会跟别人比较，因为那是不幸的根源。

比如，在学校与老师的利益分配上，我坚守稳定的比例，确保总盘子的稳定，而不是能少支付尽量少支付。这样，良心是干净的，是对得起老师的，最大限度地确保了整体利益的最大化，确保了学校是在做教育，而不是做商业。

比如，在内部的分配上，将公平与效率结合起来，将多套逻辑、多个维度整合起来，确保相对公平，确保大家能劳有所得，但注意力的焦点，又不放在琐碎的争斗或斤斤计较上。

最重要的，我认为学校必须是一个民主的地方，是一个可以就这些问题公开讨论的地方。在讨论中，原则总会渐渐地清晰起来，尺码相同的人会越来越多。

组织的使命，是驱动平凡的人做出不平凡的事

学校发展最大的瓶颈是什么？

许多校长会说是人才。这似乎是对的，但是，这样说，就让学校发展成为不可能。因为人才匮乏对绝大多数学校来说，都是一个事实。甚至可以说，在可见的未来，在任何领域，人才永远处于稀缺状态。指望拥有大量的人才来推动学校的发展，最终的结果，一定是原地踏步甚至后退。

对于一所学校来讲，通常需要完成三次变革，每次变革都有一个确定的中心，学校才有可能获得本质的飞跃。这三次变革，可以分别命名为管理变革、课程改革和人才培养。

一、管理变革

变革从管理开始，意味着变革从校长开始。这一轮变革的关键词，是"效率"。

校长到一所学校来，就像新的厨师进入了一个厨房，很可能会发现，厨房里没有多少可用的材料：肉很少，而且不新鲜；蔬菜一个个蔫不拉几；土豆和萝卜太多，堆放得到处都是；调料也只有简单的盐和醋。一个好厨师不会抱怨，而是会对现有的食材进行整理。该放冰箱的放冰箱，该切掉的坏的部分赶紧切掉，该腌制的先腌起来，该晾干的尽快晾干。一日三餐，虽清淡但可口，物尽其用，既安抚好了胃，也节约了资金。

换言之，任何校长所面对的老师，都是一批人力资源。校长首要的工作，是把现有的资源盘活。现有的能量包含两个维度：一是每个个体蕴含的能量；二是整个组织，即个体与个体相互协作蕴含的能量。这些能量又分为

两个层级：较低的层级，是通过良好的管理所带来的能量；较高的层级，是通过积极的领导所激发的主动性形成的能量。对于个体与组织、管理与领导的关系，在处境中灵活微妙地把握和调整，是管理变革的关键。基于这四种要素及其相互关系，在管理变革中，校长需要梳理两方面的重点工作：

1.组织的核心规则。

2.组织的工作流程。

这两方面的重点工作想要落到实处，则要尽量满足两个条件：一是让学校的每一个人，都尽可能参与到规则与流程的制定过程中来。中层需要经历规则制定和反复讨论的全过程，全体教师需要对规则和流程充分地发表意见，对每一条意见都需要诚恳而认真地回应。这个过程，在本质上是一个推敲和宣传的过程，降低了后期执行中的解释成本，也无形中减少了阻力。二是对规则和流程进行试用，在试用的过程中，不断地调整、简化或丰富，以及进化。

凡是改革，必定引发剧烈的冲突。凡是没有引发剧烈的冲突，就意味着改革并没有真正发生。因为改革要么是利益的调整，要么是观念的调整，带来的冲突，是调整的必要前提。对规则和流程进行试用，就是利用一个缓冲期，让各种矛盾充分爆发。矛盾爆发的意义是多重的：一是帮我们反思规则与流程本身可能存在的不完善，以便逐步修正；二是让问题充分地暴露，以便解决，具体到事与人，理顺事，引导人；三是借着问题训练中层班子，让他们通过问题成长。

改革获得中层以及有影响力的教师（包括老教师以及高价值教师）的支持是至关重要的。因此，在发起改革前，与中层达成一致，以及获得有影响力的教师的支持，是特别必要且重要的一环。

一旦变革获得了成效，新的结构就会渐渐稳定下来，整个组织的效益就提升了。在这个过程中，最重要的因素，是顶层设计能力（不然一落地漏洞百出），以及执行力，两者缺一不可。

这一时期，不要聚焦于课程改革。在课程改革方面，主要是抓流程、抓常规、抓闭环，先把基础的效率提起来。而在人才培养方面，主要是激发尽可能多的老师的工作动机，让大家积极地参与到变革中来，愿意为学校的发展而努力。

二、课程改革

管理解决"谁在干"的问题，课程解决"干什么"的问题。如果解决了管理问题，中层愿意拼命，老师愿意出力，组织的效率就会大大提升，成绩也会大幅度地提升，学校就已经可以跻身前 20% 了。

接下来，要解决的就是课程问题。课程改革的基本问题，仍然是效率问题，课程改革的高级问题，是核心素养的问题。

以效率为核心的课程改革，本质上是管理变革在课程领域的延伸。这一过程，主要是通过聚焦教学改革，即"怎么教"来完成的。其要害，涉及如下方面：

1. 知识清单。

2. 学为中心（包括预习或自学系统）。

3. 课堂结构。

4. 作业设计。

5. 过关与测评改革。

实际上，这是对教学诸环节的优化，这种优化包括了环节本身的优化，以及整体结构的优化，以便形成一个高效学习的闭环。如果说在管理变革中，中层起到了决定作用，那么在这一环节中，课程发展中心和教研组长就起到了决定作用。这在本质上，也是教研组长这一角色的变革，从原来的简单地组织备课、教研和常规检查，转变为真正的课程领导者，对自己所在的学科实实在在地负责。

在闭环的建设中，核心仍然是执行力。怎么通过艰苦卓绝的工作，提升全体教师队伍的执行力，确保一项项好的设计，不至于在各种拖延扯皮中变成一地鸡毛，是考验。但是如果成功了，一支有战斗力的教研队伍，基本上就形成了。

课程改革的高级阶段，就需要借助外力了，这是目前名校普遍的瓶颈，即如何通过课程改革，真正地构筑学生的核心素养？（这是全人之美课程的突出的优势）

这个问题，之所以学校自己解决不了，是因为它需要一些前提。以语文学科为例，教师需要经过培训理解——

1.什么是课程？

2.学生的语言能力是如何发展的？

3.什么是读写能力？它是如何化为语文要素的？

4.写作的核心逻辑是什么？如何有效建模？

5.语文知识体系的谱系是什么？如何有效训练？

6.怎么处理人文主题与语文要素的关系问题？

7.阅读与语文教学构成怎样的关系？

……

对这些问题的透彻理解，对语文知识的深入研究，都需要真正有效的培训加以支撑。解决不了这些问题，真正意义上的课程改革，实际上是不可能发生的。所以，课程改革是最难的部分，也是学校仅凭自己的力量无法解决的部分。但是，学校至少可以在效率层面解决课程的初级问题。

三、人才培养

人才培养往往流于形式主义，是因为学校往往缺乏人才培养的能力，习惯于利用现有人才，去帮助新教师适应教学。但是学校里的骨干教师如何提升，却找不到合适的路径。

管理变革和课程改革，本身就是一个人才培养的过程。因为在剧烈的变化中，几乎所有人都会面临新问题，而问题会带动人才的成长。除此之外，人才培养，有一个消极方案，有一个积极方案。

消极方案，是激发人才的自主成长。激发人才自主成长的方式，是创设环境、提供资源、搭建平台。创设环境，主要是指给人才松绑，有些常规管理（例如写教案等），要对真正的人才网开一面，减少对人才的非成长性干扰。在必要的情况下，越是人才，越要减少带课量，而是尽可能地给人才以研究空间，使人才在团队中发挥重大作用。提供资源，主要是指学校里的资源，就像投资一样，不能平均分配，而是在兼顾公平的前提下，要考虑到效率，给人才配置更多的资源。搭建平台，是指给人才创造表现和表达的机会，例如成立名师工作室，推动人才在更高的校外平台上发出自己的声音，包括演讲和上课，以激励人才不断地自我磨砺。

这些是常规策略。一方面减少对人才成长的束缚，一方面通过提供资源和平台，促进人才自我成长。

那么，积极的策略呢？

一是给人才提出有难度的任务，例如解决学校在课程方面的某些重大问题。一个又一个重大问题的解决，能让人才快速地成长。二是为人才量身定制一些学习机会。举些例子：

1. 送出去，参加真正的深度研修。

2. 与国内的优质研究资源建立链接，点对点地深化培养。

3. 送到名校名师那里跟岗学习。

……

在校内，除了新教师例行（但极端重要）的入职培训外，还要尽可能地采用有效的师徒结对，以及课题制，带动整个团队的发展，并在这个过程中，形成内外打通的人才培养体系。

总之，寄希望于大量地引进人才，是不切实际的。校长的使命，就像德鲁克所说的，是通过不断的变革，驱动大量平凡的人，做出不平凡的成绩，并最终涌现出一批不平凡的人。

有一个新老师要辞职

——后疫情时代教师的压力管理

签约季，级部发来信息，有个低段班主任要辞职。

熟悉我的人都知道我的风格，是"不留人"。"我相信你所说的"，并以之为判断的依据。我热爱我的学校，无比相信它的未来。如果你在这里已经工作一段时间了，还没有同样相信，那真的就是尺码不同了。

但这个班主任是新老师，我们学校是她求职的第一所学校，有点"一见杨过误终身"的味道，她一下子被吸引，并且再没有考察过其他学校。这，当然就是尺码相同的人了。不仅如此，她的工作也很被大家认可。

于是，赶紧约过来聊聊，看哪里出现问题了。

一

问题出在家校沟通上。

爆发点是疫情退费（按道理这事与老师无关），有家长对退费数额有异议，于是发动建立小群（在我看来也挺正常）。结果，老师受伤了，觉得自己不被信任。而这件事本身只是一个导火索，牵出了积蓄已久的一些情绪。

新接一个班，老师全身心扑在学生身上。从新手的忙乱不知所措，渐渐发展到了能够比较好地掌控一个班级。并且，在这个过程中，与孩子建立了深厚的情感。"人生若只如初见"，这毕竟是自己带的第一个班。到第一个期末庆典的时候，老师站在讲台上，就已经觉得非常自信了。"这个班就是我的，而邀请来观摩的家长，就是旁观者。"

郁闷的是，所有执行全人之美课程的班主任都是异常繁忙的，而在私立学校，老师们还要花很多的精力去和家长沟通。一个电话，动辄一个小时以上。大大小小的事情，都要事无巨细地耐心解释。而这里面的许多事，实际上并没有沟通的必要，消耗的许多时间，都属于无效的消耗。老师就很郁闷，觉得浪费了许多本应该用于教育教学的宝贵时间。没错，在我们学校，省掉了体制内学校甚至其他私立学校繁琐的检查，但是，家校工作已经是一份沉重的负担。

要命的问题是，在老师渴望支持的时候，感受到的却是家长的挑剔和指责。而这种挑剔和指责，在网课期间，达到了一个高峰。一个原因是网课期间，家长能听到所有老师的课，这样，就有了一个平行比较，拿同年级最成熟的老教师与自己班的新老师比较。然后，有家长心里就不平衡了：同样交了这么贵的学费，凭什么我们班老师就是新老师？

老师最想不明白的是，我全身心地扑在孩子身上，你们有什么话，为什么不能直接跟我沟通，一定要在背后嘀咕，甚至建小群？

老师就委屈了。

老师毕竟也是孩子，回家跟父母一讲，父母赶紧劝，辞职吧，咱家不差那点钱。父母已经劝了一年了，因为自从进了国际学校，家就像个旅店，就是周末回来睡个觉。这么累的工作，不要也罢。

就这么定了！

但老师一到教室，一看到孩子，就舍不得，就想哭。

二

工作累，换个轻松点的？或者，考个编？

这种想法很自然。然而，几乎所有自然的想法都是有问题的，都源自本能而非你的创造性，都把你导向你未必愿意忍受的平庸之境。

有一个事实是，世界上最聪明的一批人（包括盖茨和乔布斯等），都选择了不知疲倦地工作。并且，在他们早已经实现财务自由之后，仍然如此。

这并不是什么高尚或伟大，而是在意识到工作需要我们的同时，必须意识到，我们更需要工作。

很少有人会因为工作忙碌而受到创伤，真正让我们受伤的，是工作的无意义，而无意义又特别忙碌，这是最伤人的。当然，最最伤人的终极惩罚，是不必工作。因为这意味着，你只是个寄生虫而已。你的自我效能感将降到最低。我不建议女人做专职的家庭妇女，原因也在于此。

因此，考虑工作问题，核心不是"轻松"，这经常只是情境中的条件反射。

那么，核心是什么？

核心是"价值"。它能不能给你带来价值，尤其是多重价值？所谓多重价值，就是能够满足从生存直至自我实现需要的价值。我认为，教育具有这个功能。而在全人之美旗下学校，你的成熟速度将是惊人的。

当然，如果你的兴趣不在教育，而在其他领域，那另当别论。

三

怎么解决家校关系中的这些困扰？

从问题解决程序上来讲很明确：（1）弄清楚事实；（2）确立好原则；（3）依据原则分析事实；（4）借以指导自己的认知与行动。

事实是，少数家长，并不能代表多数家长。你觉得家长不支持你，是少数家长塑造了你的感觉，而不是一个事实。真相是，多数家长肯定是支持你的。孩子喜欢学校，热爱老师，学习持续进步，有多少家长还成心跟老师过意不去？

但是，这部分家长往往是沉默的。沉默，并不代表不存在，并不代表没态度。

另一个事实是，这少数家长，绝大多数都不是有意的，而是他们的认知模式和价值观是有问题的。

举个例子，有部分家长，是典型的"斗争思维"，擅长零和博弈。稍有不如意，他们不是和老师沟通，和学校沟通，而是找媒体，找上级，要么举报要么投诉。他们认为，舆论的压力会迫你就范，上级的压力会迫你就范。他们也只有"我的利益"，而没有"我们的利益"。老师，我们班就得最好的，不换我就闹；我家小孩不能受一点委屈，听风就是雨。经常表面一套，夸老师这个好那个好，背后一套，各种小道消息有鼻子有眼。

问题是，大部分家长，还往往被这些家长带了节奏。

老师委屈不委屈？越努力越委屈，越真心越委屈。

好吧，第一条原则是：不委屈。

当你感觉到委屈时，你正处在不成熟状态。因为许多让你委屈的事，是自然的。许多你期待的事，是不自然的。你做得好，家长心安理得，觉得你就应该如此，而你稍有失误，家长就会指责你，这都是非常自然的反应。因为家长活在自己的世界里，自己的逻辑里。相反，如果你做得好，家长肯定你，而你做得不好，只要不是品行问题，家长宽容你，帮助你，这不是自然的反应，说明你遭遇了非常成熟理性的家长，你反过来要感激家长。

第二条原则是：不转嫁。

家长带给你的情绪，不转嫁到工作中去，而要有一种理智的隔断。尤其重要的是，不转嫁到具体孩子身上，这事关职业素养。比如，假如有家长一直找你麻烦，你不能反过来找他孩子的麻烦。否则，你终将变成自己讨厌的人。

第三条原则是：不妥协。

一句话，聆听有道理的部分，不断改进工作，但不让无理要求得逞。因为一旦得逞，就等于鼓励了不合理的诉求以及错误的问题解决方式。

四

我曾写过一篇文章《只有不成熟的人才渴望信任》。

对世界少抱一点希望，对自己和孩子多抱一点希望，会过得更好一点。

我的看法，可能与多数老师（包括校长）相反。我觉得，在家校关系中，真正弱势的，永远是家长。因此，不要只看到家长表面的情绪，要聆听情绪背后深藏着的不安与呼喊。我们是专业人士，多数时候，我们不能情绪化地反应，而应该专业地去理解，去帮家长解决问题。

我经常讲，家长把孩子送到私立学校来，这本身就是信任与期待。我遇到的家长，基本上都善良而理性。有一些家长对学校研究很深，对南明教育的理解，比多数老师似乎还要专业，甚至能辨识清楚，哪些老师或哪些行为不符合南明教育理念。

这并不意味着我是一个好坏不分的人，更与软弱无关。事实上，我是一个骨子里非常强硬的人，生平最讨厌别人威胁我。

我是怎么做的？

感激那些直率地指出存在问题的家长。你一定要清楚，任何家长，清晰理性地指出我们的问题，都承担了一定的潜在风险（毕竟，家长可以选择沉默，或当面不说，背后说），也都包含了对学校的期待。

感激那些经常激励我们的家长。

感激那些虽沉默无言，但用实际行动支持我们的家长。

永远不要觉得这些理所当然。

五

至于困扰我们的家长，与其说是他们困扰我们，不如说是我们自己困扰我们。

至少我，不会被困扰。

许多时候，是心动，不是幡动。

靠什么做到？

1. 遵守游戏规则。

2. 恕。

如此而已。我们自己遵守游戏规则，不侵凌别人，这是免祸之道，也是自由之途。对别人的越界、贪婪或狭隘，多一些有底线的宽容。

当然，并非毫无差别。

例如，我与家长冲突再激烈，我不会影响到他的孩子，我仍然会悉心教育，这是孩子应得的。而那些信任我们的家长，我们总愿意为他们的孩子付出更多，那是他们赢得的。做到这一点，就守住了做人的底线。

六

作为校长，我不讳言我总是对新老师寄予了很高的期待。并且我觉得，学校里的前浪们，都要保护好后浪，支持他们。

我注意到一点区别。

刚入职的新老师，普遍更为自我，更愿意和孩子待在一起，而不喜欢与家长过多地沟通。相比之下，老教师与家长沟通则非常有经验。

遇到这种情况，怎么办？

学校当然要有相应的辅导，帮助新老师练习沟通。但是，我觉得比家校沟通更重要的，是珍视和鼓励新老师成为一个更为自由的自己，而不是一个重视家校关系的自己。因为我能够明显地感觉到，新老师往往更为自我，或者说，更像一个个人，而不是一个社会人。我认为，这是值得珍视的现象。

毕竟，家校沟通也占用时间，应该缩至最短时间。

老师的精力，应该更多地用于和孩子们在一起，而不是照顾家长的感受。学校从管理上，也要适应这一特点，不要把新老师，都变成过去的老教师。

而很多家长也很难意识到新老师的可贵。

事实上，许多人一辈子带过的最好的班，就是第一届。

防止家校互害，需要所有人的共同努力

一

这是一则网上的新闻——

5月30日早上，广州市民刘某发布长文反映广州市方圆实验小学一名教师涉嫌体罚学生致吐血，引发舆论广泛关注。广州白云警方介入调查后，事情的真相终于浮出水面：发帖人刘某承认其女儿因遭体罚吐血、凌晨2时被老师威胁殴打、送老师6万元等情节，系其为扩大影响而故意编造的谎言，照片展示的衣服"血迹"实为化妆品和水，其女儿目前精神状态良好。接诊刘某女儿的医院也证实，就诊过程中患者及其家属均未提及哮喘病史和吐血的情况，刘某目前亦无法提供其女儿哮喘诊断的有关病历证明。

我不敢说，没有丧心病狂的老师，但是，在今天这种环境下，老师也好，学校也好，明显地违规，是小概率事件，也是作死的行为。同样地，像刘某这样的家长，也是奇葩，是少数。大多数家长，事实上也很尊师重教。至少我从教近30年，家长给我留下的，基本上都是美好的回忆。但是，这不是一个概率问题。杀人犯出现的概率虽低，足以让整个社会胆战心惊。因此这样的事件，事实上伤害的，是整个社会。事件反转之前，伤害的是教师群体，这是标签效应；事件反转之后，伤害的是家长群体，这也是标签效应。结果是，整个社会，为少数人的愚蠢和贪婪付出了沉重的代价。指责有用吗？没什么用，标签化后反复的相互指责，促成的是互害社会。而防止家校互害，则需要所有人的努力。

二

我遇到各种各样的家长，尤其是在私立学校。大多数家长，跟我互不认识，并无交集。因为家长太忙了，忙到无暇管孩子，这也是送到私立学校的重要原因。因此，学校不要整天说什么家长是第一责任人，而是要接过责任，努力在可能的范围内把孩子教好，让家长放心。有些家长很满意，甚至很惊喜，觉得三万块钱学费的学校，胜过北上广十几万学费的学校（此刻，我旁边的抽屉里，还有几封家长的感谢信）。有的家长不满意，常常反映学校的一些问题，从某个老师的问题，到早餐吃鸡蛋还是鹌鹑蛋，或门卫处搞乱了包裹，公寓老师嚷学生了，等等。我有许多家长的微信，家长每次指出学校的问题，我都很感激，因为这是帮助学校发展的最好的方式之一。也有孩子在学校没有得到相应的发展，家长很焦虑，我也很着急，就跟着一起研究问题，有时能解决，有时不能解决。最内疚的是，有时候家长还会一边焦虑地说孩子的情况，一边说老师们很尽力，是自己孩子有问题。每逢这时候，都会有一种强烈的责任感和巨大的内心压力。所以，家长和我讨论孩子的问题，我从来不会说没有时间。学校为孩子而设，孩子需要帮助就是优先任务。

三

会不会遇到有恶意的家长？当然会遇到。有个家长，来学校处理一件事（应该是学生意外受伤吧），直接就带了几个人来，其中就有做自媒体的，赤裸裸地威胁：一句话，让我满意了，什么事也没有，不让我满意，我就通过本地自媒体跟你搞事。谣言一张嘴，真相跑断腿，你怕不怕？也有的大事小事闷不作声，先打电话到有关部门进行举报，或者四处散播谣言：南明教育撤出国际学校了；中考我们的孩子没有报名资格（现在第一届中考生已经高一了）；学校不办高中了……闭着眼睛你都知道，来来回回就是那么几个家长——精力旺盛，长于串联。而太多的事情，稍微了解一下，给校长打个电话，就清清楚楚了。学校就是这样发展起来的，一天比一天好。而我知道，我们学校，是本地被举报最少的学校之一。

四

虽然列举了这么多，这些事情，仍然是小概率事件。多数时候，学校仍是岁月静好，老师们很努力，孩子们在成长。但是，这些小概率的事件，影响又是超乎想象的。疫情期间，我网上开讲，也有不少国际学校的家长在听。我就觉得很不安，因为讲座毕竟是收费的，而在我的潜意识里，我应该向自己学校的家长全程免费。我不习惯用钉钉群，想建 CCtalk 国际家长群，甚至南明旗下学校家长群。至少每个月讲一次没问题吧？如果同步讲课程，不是能够促进家长对课程的理解吗？想法一出来，就遭到不下五个人的反对。"魏校长，你的想法很好。不过，家长五花八门，你讲得越多，越容易留下把柄。有时候你的话也会被断章取义，多一事不如少一事……"我自己梦想中的家校关系，是一个深度联结的社群，我甚至希望，只要在国际学校待过的孩子，能够一生中都以某种方式保持联系，相互滋养。但现实的情况是，你的许多想法和努力（包括想把寒暑假利用起来）在有的家长那里，都觉得是应该的，他交了学费，你理所当然地应该讨好他。对于一个教育研究者来说，是不是有些尴尬呢？

五

我是一个骨子里讨厌别人威胁我的人，不管以何种方式。如果是以前的话，我会作出毫不留情的反击。但是人到中年，对人对事，多了一些谅解，或者说悲悯。所以，我很重视修炼自身。我的价值，就是我的护城河。我努力地理解身边的每一个人，报以必要的善意。同时，我也愿意回报那些信任我的人，以真诚的努力。但无论如何，作为教育者，我们不应该是那个总在抱怨的人，而应该是捍卫游戏规则的人，捍卫自身价值观的人，不要总让会闹的孩子有糖吃。防止家校互害，学校应该是主导的力量。除了必要的自我保护外，学校应该更多地促成家委会系统的建设，让家校工作有一个沟通对话的平台，让老师也好，家长也好，都逐渐回归问题解决程序。这时候会发现，80%的所谓冲突，都是误解。而我们以相互伤害的方式对待对方，是因为我们的斗争思维，以及深藏于内心的恐惧感。回到爱，回到信任，回到理性。我们如何相处，如何解决问题，就是对孩子最好的示范。

谁是校长面前的"红人"？

有人的地方就有是非，关系就会分为亲疏远近，就会出现各种分散聚合的小团伙。作为校长，面临的也必然是一个庞大的关系网络，并且无法置身于网络之外。

那么，一个职业化的校长，应该如何面对和处理这些问题？

一

好的人际关系，总是倾向于相互支持与滋养。

坏的人际关系，总是倾向于相互交易与捆绑。

前者是企图让人自由。

后者是企图让人舒服。

学校里之所以存在一些扭曲的关系，往往是因为游戏规则不清晰，暗箱操作的空间太大，从而导致了人际关系上的一些弊端。例如，如果调整工资是依照校长的好恶，而不是有明确的多数人可以接受的规则，那么，与校长搞好关系就成了一件十分重要的事情。如果学校里缺乏公开透明的沟通机制和文化，那么，不同的公正理解之间就缺乏对话的机会，感觉不公正就会成为一种普遍心理。

有些校长管理人，就是故意大权独揽，顺我者昌，逆我者亡，用胡萝卜来调动人的积极性，然而在我看来，这是一种野蛮的落后的管理方式。

很多时候，大家感觉到在单位很累，甚至不得不戴着面具生活，往往就是因为人际关系过于复杂。你不关注吧，会被排挤、孤立，利益受损；你关注吧，感觉到降低了自己的身价甚至自尊。在这种情况下，通过制度和强有力的监督落实，让人际关系回归清澈是基础工作。

有些校长，会批评有些老师的所谓"情商"。在我看来，情商不高的老师，往往工作更好。有些人工作不给力，就是情商太高了。一个人既要做人，又要做事，必然是难的。那么，作为校长，你喜欢一个擅长做人的老师，还是一个擅长做事的老师？情商的问题，只有在突破工作规则的情况下才需要被关注，比如在合作中辱骂别人等。除了这些极端的例子，一个人性格古怪，或脾气很坏，但在学校里能够被宽容，我觉得这样的学校，其文化才是充分健康的。

二

老师之间会自然地形成各种圈子，这很正常。

在这里有相互交叉的几种可能：一是建立在私人关系上的友谊圈，这是一种健康的关系。下了班，总得有人能陪你逛街聊天喝酒吧？心里郁闷时，总得有兄弟或闺蜜可以一吐真言吧？二是公私不分的小团伙，这是一种不健康的关系。将私人好恶、利益交换等与工作捆绑在一起，以此形成某种势力，到了一定程度，就会对学校管理形成不好的影响，甚至乌烟瘴气。三是在共同工作中形成的团队，这是一种学校应该着力构建的关系。也就是大家在工作中形成相互负责、相互默契的关系，使得工作中的沟通成本或人际成本降到了最低。团队成员可能私人关系很好，也可能在私人领域没有交集，即彼此不干涉对方的私人生活。无论哪种情况，都很健康。

友谊圈属于私人领域，不在校长关注之列。但是小团伙要坚决打击，打击的方式就是拆散利益链。而团队建设，则需要通过共同的工作任务，在民主的工作过程中逐渐磨合而成。

作为老师，也要警惕团伙关系。团伙关系往往有某种依附性，貌似有依靠或能获取一些短期利益，实际上代价很大、成本很高。因为无论从哪个角度讲，简洁的关系，清爽的关系，没有捆绑的关系，所带来的幸福感，更加稳固和强大。

不过，这很难，因为不同的人的心理素质，对人际的理解和敏感度不一样。有些人很在意别人的议论，活得很不舒展，很容易产生爱怨情仇，结果浪费了太多的精力与时间。而我的观点是，你越在乎那些并不重要的议论，你越会受其控制。你不在乎它，其实并没有什么损失，哪怕有暂时的损失，从长远来看，你也是受益者。因为相对于你的专业成长乃至于生命发展，这些流言蜚语实际上是需要消除的噪点。

三

那么，校长呢？

校长也可能身处这三种类型的关系，孤家寡人的有，团伙型的有，团队型的也有。

在西方的企业中，不少人明确地提出，如果你是 CEO，那么孤独就是你的宿命。因为你必须与团队中所有人保持一定的距离，以防止可能的不公正，或让下属感觉到的不公正。甚至曾经的朋友，如果转成工作关系，都必须小心翼翼地保持距离，将公与私划分清楚。

我的意见是，校长不能是团伙成员，成为某种意义上的"老大"。我更倾向于将自己看成是"职业经理人"，有着明确边界的职业者。

校长必须拥有自己的团队。这个团队，拥有鲜明的文化一致性，并且具有高执行力。它可能是由中层构成，也可能会有榜样教师以及其他对学校作出重大贡献的成员。这些人最能代表学校的方向。在这里，不存在一个"一视同仁"的说法，一视同仁是针对游戏规则而言的，是在消极自由的意义上讲的，实际上校长的资源，包括注意力资源，必然地要流向高价值区。毕竟，在高价值教师身上的投资，回报是显著的，"你不可能叫醒一个装睡的人"，那为什么不在奔跑的人身上注入能量呢？

这就是我经常讲的，"没热情就守好常规，有热情就共同奋战"，那些热情洋溢地和你共同奋战的人，才真正地构成了你的团队。

四

校长有自己的私人圈子吗？

我认为肯定是有的。毕竟校长也是人，也有喜怒哀乐，而且这私人圈子中，可能有一部分人就是自己的老师。但对我来说，能进入我的私人圈子的，首先应该有共同的价值观和热情，是竭尽全力使学校变得更好的人。

重要的仍然是公私分明，即在私人感情和工作关系中划一道界限，并且要特别防止徇私行为。

职业化的处事公允的校长，会遵守游戏规则。但是，不代表着私人关系不会对工作产生影响。这影响有时候是正面的，例如因为私人关系，工作沟通会更顺畅，圈子里的人也更努力。有时候就未必了，因为校长在判断的时候，信息源很重要，跟校长沟通比较多的人，他们提供的信息往往就会对校长产生更多的影响，从而在一定程度上左右他的判断。

这实际上根本就无法免除。不但无法免除，校长也会经常询问信赖的人，以获取一些更真实的信息。但是，校长的成熟就表现在，他应该知道如何获得更客观和全面的信息。例如，问卷调查，或向不同样本的人群了解情况，避免只关注同类型或观点的人导致事实变形。

重要的是，学校应该有透明的通道，任何人不必与校长发展关系后才有机会表达自己的意见。毕竟，学校里也必然会有一批人，刻意避免与校长发展关系。倘若如此，就要养成主动沟通的习惯，你希望校长知道的，不妨告诉他。毕竟他的注意力有限，你不能指望他成为你肚子里的蛔虫，一定知道你的需要或努力。

与校长有私人关系的，一定是校长身边的"红人"吗？

未必。

校长一定会有在意的人，对他们的一举一动都会比较关注，他们的意见也会优先引起重视，那一定不是因为他们与校长的私人关系，而是因为他们自身拥有的价值。以被误解的公平为由，忽视这批人，是校长不应该犯的错误。

这些人不但应该成为校长的"红人"，也应该成为一所学校的"红人"。

五

回到我自身，实际上，我是一个不擅长与别人建立私人关系的人。

我从小性格特别内向，因此建立起来的关系，大多都是工作关系。而在私人领域，朋友少但是非常牢靠，因为建立一段彼此信任的无功利的私人关系，太难了，甚至是一场冒险。

但是，内向的人大多敏感而富有同情心，实际上容易在工作场合中产生感情，进而将为别人负责变成自身的一种责任。

但我厌恶团伙，厌恶私人关系中的利益交换行为。

我喜欢私人交往的无利害，无拘无束地聊天，痛痛快快地饮酒，让生命在某一刻可以放下负担。

我致力于工作中的团队关系，享受一群人为了一个共同的目标奋战的过程。如果这个过程中，渗透了太多的阴谋算计，太多的利益纠葛，那么，无论我有多少收益，这所学校都不是久居之所。

这也是我珍惜南明团队的理由，也是最近五年来，我幸福指数比较高的根本原因。

为什么经常迟到的人不值得相信？

我对迟到问题很敏感。

迟到对于我是个小概率事件，哪怕做了校长，我也经常是在约定的会议或见面中最早到达的人，我觉得这不能简单地归结为个人风格的问题。

经常迟到的人，有几种可能：

1. 他潜意识里在排斥这场会议或这次见面，这在学生迟到现象中特别常见。你不要看他今天上学迟到，第二天要春游的话，他可能半夜就爬起来："妈，现在几点了？天亮了没有？"

2. 他潜意识里不重视这场会议。不，说错了，是不重视工作本身，或者与他见面的这个人。无论一个人嘴上说得多花哨，他的身体总是诚实的。

3. 他的生命缺乏紧张感，整个人是散漫的，无法有效地调动自己的能量。因为按时到会，按时到岗，按时赴约，意味着郑重地对待一件事、一个人。缺乏紧张感，往往说明他缺乏全局感和控制感，是例行公事般地对待工作。举个例子，有的老师会早早到教室，因为他知道有的学生会早到，他想的是完整的工作，而不是从铃声开端的工作。有的老师经常迟到，他根本觉察不到他的迟到在学生那里的影响，因为他并不重视工作本身，也就训练不起职业敏感。

所以，我无法信任一个经常迟到的人。我觉得，职业训练也要从抓按时到岗、按时开会开始。（别误解，我同时反对考勤。）这并不是什么奇怪的想法，而是因为人的有些细微行为，实际上反映出的是这个人的深层同一性。

你不会信任一个经常撒谎的人，你也不要相信一个经常迟到的人。

有两种例外：

一种是有些人以故意地迟到，来显示自身的重要性。这往往是领导，他很享受所有人等他的感觉，我不评论。

一种是极端专注或有创造力的人，他们往往因为高度专注，无法分配更多注意力到常规事务上，所以经常会忘记时间。这种人要理解，要爱护，但这种人也能够一眼识别出来。

如果你要教育自己的学生或孩子，不要从讲大道理开始，从小事训练起。

例如，诚信。

例如，不迟到。

我怀疑你是不是真的想解决问题

一

我注意到一个现象。

在工作中，当你试图指出一个人或一个部门的问题时，对方往往会将关注的焦点放在指出问题的人身上：

感受到的事实——他认为我有问题。

形成的情绪——你在否定我！

接下来的反应则有多种可能：

1. 迎合与掩盖：领导（假如是在这种关系中的话）认为我有问题？我怎么才能让领导感觉到我没有问题呢？——走向选择性表达或展示，掩饰自己认为领导可能会不满意的部分。

2. 沮丧：我不行，我连这点事都做不好。

3. 逃避：尽量不让这件事进入他的视野。例如，不让他听我的课，他就不会有评价，就避免了负面评价的可能。

4. 自我辩护：（1）你看到的不是事实。（2）你只看到了部分真相，但更重要的你没看到。（3）你的评价尺度有问题，实际上我们做得已经足够好了。（4）其他人可不是这样看的。（5）这件事比你想象中的棘手多了。（6）你缺乏相关背景，你的评价不靠谱……

5. 反击：（1）你又没参与，是我们在卖命，你只知道指手画脚，站着说话不腰疼，有本事你亲自做一下试试。（2）我们很辛苦，加班到几点你知道吗？（3）你说错了。（4）你总在指责别人，你自己做得就很好？你也有那么多漏洞，你不知道吗？不要动不动指责别人。

这是未经训练过的职场人本能的反应，或者说，是绝大多数人的自然反应。

二

我们总是期待职场上多一些"问题解决者"，他们是这样反应的：

感受到的事实——他认为我有问题。

形成的情绪——他很关心我；他在这方面相当专业，我必须认真倾听；他在这方面并不专业，不过，姑且听听；他在这方面并不专业，不太可能提出有价值的意见，我表示一下感谢和尊重就可以了，不必真的去听。

接下来的反应：

1. 能详细地说一说，据您观察，我们在做这件事情的过程中，哪些方面存在问题吗？

2. 他的信息源可能来自哪里？有哪些是我们忽略掉的？他的判断标准是什么？

3. 如果认识不同，那么，是什么导致了这种不同？专业背景？价值取向？信息来源？

4. 感谢、反思与调整；感谢、澄清与坚持。

三

为什么"问题解决者"极少呢？

原因是非常复杂的，可能分别或同时涉及观念、价值、个性、专业能力和职业态度。但是，有一个原因十分值得注意，即有些人并不像自己想象的那样"真的想解决问题"。换句话说，当一个人对自己负责的工作并无强烈的责任感时，经常就会出现这种现象。

他会讲人情，"你有什么资格评价别人"之类的心灵鸡汤会引发他强烈的共鸣。因为类似的鸡汤，都不是以解决问题为导向的，而是以自我防卫为基础的。

四

我是一个典型的"吹毛求疵者"。

虽然一直在努力地改正，但彻底消除是不太可能了。当我一旦看到工作中的漏洞，或者我以为的漏洞时，会不自觉地带有责备的语气。我自己也知道，这很容易引发别人的自我防卫意识。

那么，我怎么办？

我是这么处理的：在我的团队中，我说话会保留直接的风格。我也会洞察别人的情绪，但是，如果频频引发了自我防卫，我认为，不是简单地需要我调整，而是这个人不能重用或大用。简单地说，这个人不是一个问题解决者。假设我修炼到可以非常悦耳地谈论问题，就能带动他成为高效的问题解决者？我认为不可能。而且他永远无法控制别人的情绪反应，他要成为出色的人，必须学会对别人的情绪加以处理，我一直也是这么做的。

不在我的工作范围内，但在大团队的范围内，我通常也会直率地批评。实际上，这批评许多时候是错的，但批评或讨论往往就是这样。批评或讨论与决策不同，是允许出现各种错误的，更无法防止情绪的发生，美国国会都无法例外。但是，如果批评或讨论始终得不到回应，或者一直被情绪化地对待，或者引发自我防卫，那么，问题就不在别人，而在我。简洁地说，别人并不需要你的意见，你最好闭嘴。反过来，如果需要我的意见，就请接纳我的情绪。因为我不是有意要带情绪的，它是潜意识地跟随了我，是我有缺陷的人格的一部分。

至于团队之外，偶尔我仍然会评论甚至嘲讽（多针对公共事件），但我已经越来越多地保持沉默了。

那么对于类似家长这样的合作伙伴呢？我认为，不但要认真地讨论问题，还要在情绪上加以克制。就是说，不但要付出专业上的诚恳，还要有情绪上的自我管理。我想，我在努力中。

五

　　总结一下。

　　我期待自己最终能在自己的团队中创造出一种文化：以不直接进行人身攻击为底线，让相互批评与坦率讨论成为一种习惯。不把批评当成一种干涉，因为批评者不会代替你去决策。为此，我甚至需要发展出相应的平台与技术，并不断地在文化上加以申明和练习。

不适合的员工，是组织肌肉中的刺

招聘是一件很难的事，谁也无法确保招聘到的都是适合的人，即所谓"尺码相同"。而一个不适合的员工，就像团队肌肉中的一根刺，往往非常触目。而对于管理者来说，问题只在于：什么时候拔掉它，以及以什么样的理由和方式拔掉它？

一

什么是组织中的刺？

不同的人定义不同，不同的时候定义不同。例如，才能低者居高位，就是组织中的刺。他一个人，可以阻碍整个部门或一个团队的发展进程。但是，把他放在适合自己的岗位，他就不再是组织中的刺，而可能成了组织中积极的部分。那么，客观地讲，他本身并不是刺，是团队领导人员安排不合适，客观地使他成了刺。

我所谓的"组织中的刺"，委婉地说，就是组织中的文化不适者。

文化不适者分为两类。一类是他的职业愿景，与组织的愿景是严重冲突的。例如，组织的使命，是通过持续的专业精进，提升学生的学业成就，以及道德人格水平。他的兴趣，却完全在公共领域，热衷于批判社会，而对专业本身完全无感。对组织来说，一个人的政治倾向是个人的事，除非越过了某条界限成了违法行为，否则与组织无关。但是，如果你的生命能量，大部分运用于此，在专业研究上却十分的无兴趣更无努力，那么，这就是文化不适者。哪怕他承诺努力，最终也很难在专业上取得高成就。一类是存在着严重的职业道德问题，他甚至专业还是比较强的，但是，他不认同组织文化

（实际上可能一切积极的文化他都不认同），也不愿意为组织的使命全身心地付出。本文所讲的组织中的刺，主要是指这类人。

他的工作缺乏主动性，从来不会想着如何"把信送给加西亚"，就像活动木偶，拨一下，转一下，不拨了，就不动了。他想的不是承担某一个学科或某一个岗位，诚实而勤奋地用自己的汗水，赢得孩子的热爱、同事的尊敬、家长的信任、团队的认可。相反，他的全部智慧都用于如何能够以最小的代价，获得最丰厚的个人利益。

他的问题还不只在于此，他同时是文化的破坏者。家长里短、流言蜚语……他不只是在用语言，他在运用包括身体语言在内的一切方式传递负面信息。换言之，他有一种坚定的内在价值观，一种贯彻得非常彻底的"个人主义"（我承认这是对个人主义的误解或污蔑）。他甚至谈不上精致，只是"粗俗的利己主义者"。

毫无疑问，组织中的刺，会无形中成为组织的焦点。

二

如何对待组织中的刺？

寄希望于他的改变，只是并不现实的一厢情愿，在某种意义上，也是领导者的一种自大。人是不可改变的，除非他开始有内在的觉醒。

当然，可以直接拔掉组织中的刺，即解聘。这是最方便的解决问题的方法，有一些刺需要立即拔掉（例如他在重要岗位上），不然很容易伤害到组织的心脏。这时候，拔得越早，对组织的危害越小。但是，更多的时候，组织中的刺虽然有危害，但不至于伤害根本，那么这时候，如何对待组织中的刺？

这个问题我想了多年。

毒刺当然要立即拔掉，然而，真的必须立即拔掉所有组织中的刺吗？在这里，领导者必须思考两个问题。

第一个问题：当你拔刺的时候，组织中其他人会怎么看？

不恰当地拔掉一根刺，组织中的其他人很可能会有不安全感。因为他们并不一定能够很清晰地意识到组织的尺度，也不知道"刺"的定义是什么。他们中难免有人会想：下一个会不会是我？我应该如何做才能避免被拔？就是说，识别组织中的刺，靠的是无数细节堆积起来的感觉，但是，要拔掉组织中的刺，则要大量地搜集证据，并且确保完全依照游戏规则。即给出的所有理由要充分而无可辩驳，这既是让"刺"被拔得明白，更是为了让组织中所有人都明白原因。也就是说，拔得不好，刺消失了，疼痛却还在。

第二个问题：当你拔刺的时候，有没有想过"刺"的感受？

"刺"本身就带有贬义。因为这里讲的"刺"，是涉及职业态度和道德人格的，而无关专业水平，即本身就是一种价值评判。纵然如此，也要尊重"刺"的权益与感受。即以游戏规则对待之，而不过多地评价他的价值取向。这样做不是为了取悦他，或者减少摩擦，而是因为我们有自己的价值观和待人方式。

三

一开始管理团队时，很容易黑白分明，嫉恶如仇。组织中有刺？当然得拔掉！但后来，就慢慢地有了耐心。"水至清则无鱼"，组织中的刺，确实可能伤及文化，但也可能成就文化。就是说，未必完全是坏事，在拔刺之前，未尝不可以发挥刺的积极意义。

"伊甸园"情结对组织是有害的，伊甸园里出现蛇，才是发展的开端。因为是蛇，带来了整个伊甸园的觉醒。

这根刺，首先刺醒的是管理者，让我们保持反思和警觉，并不断地对组织的健康问题进行评估。这种评估能减少麻木，带来对组织的积极作为。同时，这根刺也是一面镜子，每一个成员，都通过对待刺的态度、与刺的关系而显现了自己。这样，也便于管理者进行信任评估。

不要怕刺会毁掉文化（除非能量极大的毒刺，那是要立即拔除的），能被轻易毁掉的文化都是脆弱的。刺的存在，在合适的情况下，反而有可能构成对文化的强化。因为它能够增强你对文化的意识，自觉地培育和强化。回想这几年的管理经历，团队中的刺，对我增长管理能力的贡献是非常巨大的。因为你会花不少时间去思考它，这促进了对人性的理解，对规则及文化的理解。而通过解决这些问题，极大地提升了管理能力。

所以，不一定要第一时间拔掉刺。

因为，你需要时间确认这是一根刺，而不是仅仅与你性格不投。你需要以正确的姿势拔刺，这得有一个采集证据和理解游戏规则的过程。你需要让刺在组织中留一会儿，以观察不同的人对刺的反应。

四

谈论组织中的刺，对有些人来讲，不是一件舒服的事。你怎么轻易管人家叫"刺"呢？你怎么确保你的判断是准确的？

首先，最重要的，并不是"判断准确"，而是谁在判断。你做领导，就要负责做出判断并采取行动，重要的不是你的每一个判断必须完全正确，而是你要为你的所有判断承担责任。一个组织的繁忙或衰败，就是由无数判断（尤其是关键判断）的质量构成的。这意味着，如果组织因刺而衰亡了，你不能责怪刺，你只能自己承受后果。因为你有权力拔刺，但是你没有。

其次，当我们讨论刺的时候，并不是在评价一个人的能力。一个人能力不够，责任并不在他，而在于领导，你在招聘人员的时候犯了错误，你得承受这个错误的后果。用人不当，问题主要不在被用的人，而在用人的人。能力不足者，并不是我所谓的"刺"。因为我并不觉得一个人在大学或研究院里能学到多少东西，漫长的职业生涯，有足够的时间重新学习，并且效率会非常高。但是，如果一个人本身是刺，根本没有学习的意愿，没有为组织负责的态度，那么，他就是一粒煮熟的种子，看不到希望。

应试教育背景下，因为喝狼奶，刺很多。计划经济背景下成长起来的父母，也很难教导出能适应市场经济伦理的孩子。这也引发了我对于教育的思考。我们要培养的，是诚实、勤奋、有责任感的社会成员，而不要将教育过分地功利化，培养出一批批带刺的狼。

一个成为刺的毕业生，他已经很难意识到，诚实、善良与勤奋，是这个世界新的通行证，而因为是刺，无论他在哪里工作，他的人生很可能会充满荆棘。

从简历到面试：我们是如何招聘教师的？

在南明教育团队中，我负责人力资源，主要任务有两个：

1. 招聘到合适的教师。

2. 对招聘到的教师进行培训，直到送他们到合适的岗位。

实际上，不同的团队，拥有不同的文化，对成员的素养也有不同的要求。对双方来说，适合的，才是最好的。如果不适合，对双方都是灾难。对应聘的应届大学生来说，不要总因为最难就业年之类的新闻而恐慌，真正影响你就业满意度的不是统计数字，而是你的实力和就业判断力。比这一切更重要的，是你的理想。

对，我用了"理想"这个看起来很滑稽的词。其实它无非是说，顺着心的方向走，而不是顺着外部的潮流走。

有人说："如果你不主动追求你想要的，你一定要花同样的精力，去应付生活塞给你的。"当你把收入水平排在第一位时，往往不得不花费很多精力去"应付生活"而不是"创造自我"。

我愿意引用马斯洛的一句话来概括："一位作曲家必须作曲，一位画家必须绘画，一位诗人必须写诗，否则他始终无法安静。一个人能够成为什么，他就必须成为什么，他必须忠实于他自己的本性。"

所以，我们的招聘启事标题是：寻找尺码相同的人。

一、发出招聘启事

大多数招聘启事都是公文化或公式化的，可能在学校看来，根本不缺简历，又招不了几个人，犯不着在这上面下功夫。有一些招聘启事做得很炫，一看就是精通策划的高手的杰作，但学校的实际运作，未必能与策划文案相配。

我也在尽量地扩大招聘启事的影响面，尽可能地想让更多的人了解到我们这个团队的存在。毕竟，我们想要寻找的人，可能也在苦苦地寻找我们，我们要创造更多让他们找到我们的机会。在这种情况下，公式化的招聘启事，会让我们可能与在寻找我们的人擦肩而过，而言过其实的策划，又不符合我们的文化，我们甚至缺乏这样的策划人才。毕竟，我们是一家教育研究机构，教育研究尤其是课程开发才是我们的长处。

所以，我们的招聘启事显得不合时宜（或者说不符合宣传原理）地冗长，详细地介绍了我们的特点，我们需要什么样的人，甚至告诉别人，我们不需要什么样的人。

简要地说，我们需要这样的人：

1. 喜欢教育，就想跟孩子在一起，觉得这样才快乐，人生才有意义的人。

2. 热爱所教学科，有动力终生在此领域孜孜不倦地探索的人（我们甚至曾经表达为：做所教学科的传教士）。

有人说了，开玩笑，哪所学校招聘时，不喜欢这样的人？

但我们的特点在于，我们能创造最适合这类人生存的环境（文化）。甚至可以自负或夸张地说，很难找到像我们这样适合他们生存的团队。

至少，我们能做到并已经做到了以下几点：

1. 去行政化，给热爱教育的人以最大可能的空间。没有各种乱七八糟的会议来烦你，没有那么多教案要写，总结要交，也没有将人分为三六九等的评比。

2. 高度成熟的课程，使每一个新教师从职业之初，就站在很高的起点上。不再是面对几本枯燥的教材，而是面对丰富的富有挑战的课程。而且，作为实实在在落实素质教育的团队，这里没有通常学校的所谓的应试压力。

3. 高端深邃的教师培训体系，确保教师始终处于持续发展之中。在这里，有各种专家引领的共读，从哲学、心理学、教育学、课程理论，直到各个学科，乃至人类经典的方方面面，让职业学习化。团队的愿景，不是培养一批成熟教师，而是培养出大批专家型教师，能在理论与实践之间游刃有余。

4.自由、民主、平等并且简洁的人际关系。学校是一个学术共同体，是一个教育教学的实验室，是一个大家一起切磋琢磨的可以自由呼吸的地方，是一个家园。

总之，学校不是由一批应试机器组成的工厂，而是由知识型伙伴组成的团队。像艺术和体育，在我们团队，绝对不是处于从属的地位，而是处于中心的地位，或者说，学校是多中心的。

心动吗？

且慢。

它必然是高压力的环境。一切强调创造力的环境，都是高压力的。所以如果只是寻找一份清闲的工作，别人的天堂，可能是你的地狱。如果你在大学已经逍遥了四年，研究生又逍遥了两三年，那么，这个环境肯定不适合你了。

二、简历初审

【投递简历】

怎么投递简历，在招聘启事上已经写得很清楚了，甚至包括了文件命名、邮件命名，以及提醒要将所有文件压缩成一个包。

大约有三分之一的应聘者，能基本符合命名格式要求。

好吧，其实不到三分之一……甚至，还经常遇到忘记添加附件的。

【个人简历】

个人简历一般都很公式化（这也好，一目了然，总要有公式化部分）。

但是，挑简历样本，要挑一个好一点的，有的简历，竟然没说明自己究竟应聘哪个学科的教师，这让我如何是好？都没办法分类。

还遇到过两份简历（同学校同专业），除了格式相同，最后一小栏自我描述部分文字完全相同："我来自农村……"

亲，你们沟通过没有？

【求职信】

很多人没有求职信，实际上，求职信是非常重要的。

简历（如果属实的话）就好像一张体检表，上面标明你的视力、听力、血压等等相对客观化的数据，但是求职信能让人了解你的意愿和方向。因此，求职信能够提升简历通过率。有两份同学校同专业的相似背景的简历，一个通过初审，一个没通过，差别就在于通过初审的多了一份求职信。

但许多人的求职信也是公文化的，张口"贵公司"（我们是学校好不好），闭口"贵校"（我们有注册名称好不好），一看就是遍撒英雄帖的。你能不能修改一下名称？再进一步，能不能修改一下内容？哪怕是个别措辞？你修改的地方越多，越能得到用人单位的重视。不要总弄得像发"通稿"，你以为你是新华社啊！

有个应聘者的求职信写得很稚嫩，但是很动人。她介绍了自己的一些经历，里面穿插了与孩子们一起学习的一些照片，字里行间透露着对孩子的喜爱。

我回绝了一个应聘者，她的求职信没标题，没排版，甚至结尾没标点，总共 153 个字。

【特殊要求】

简历和求职信几乎是求职必备（当然还包括证书之类的照片），但除此之外，不同的单位会有一些不同的要求，会看重一些额外的东西或经历（例如义工经历）。我们比较重视应聘者的阅读史（或学习史）。

可以想象，提交详细阅读史的应聘者，很容易过初审关。

至少我，会把初审放得比较宽，尤其不会把学历看得太重要（这与一般招聘单位颇不一样）。

我认为英雄不论出处，工作能力谁强，跟毕业学校没有必然联系。甚至，我不太重视专业是不是对口。但我回绝一些简历的借口仍然是"专业不对口"，真实原因是，既然专业不对口，你就应该证明（至少说明）你适合这个岗位。

三、复审及面试

复审只是二次筛选，相对简单。因为简历是陆续提交的，所以初审会比较宽泛。如果初审通过的人太多，就会通过复审再进行一轮筛选。筛选通过者就会进入关键环节：面试。

为什么面试是关键环节？

根据以往经验，简历和实际水平的差距，往往太大了！有些简历一般的人，其实很不错，有些简历吓人的人，其实很一般，甚至根本不能用。

面试会分为笔试和谈话，谈话比笔试结果更重要。

笔试题目不多，是一些基本能力的考查，试题设计通常比较精巧，四两拨千斤地考查应聘者的学科理解力、学术视野以及教育观念。如果是语文老师，还会增加考查朗诵的环节。

谈话考查的关键有：

1. 个性气质。

2. 兴趣爱好。

3. 专业能力。

4. 求职意图。

有人以为从事教育，就应该性格外向，实际上，因为我们是团队协作，更重视不同性格之间的搭配。而且认为性格内向的人不适合教书，就是根深蒂固的没有任何依据的偏见。性格内向的人，往往比性格外向的人工作更负责，并且，常常学术水平更高。虽然他们在职业生涯之初可能会遭遇一些困难，但他们中的许多人，是学校的潜力股。一旦他们的天性获得解放，不可小看。

兴趣爱好的检测也很重要，因为教师影响学生靠的是整体人格，教师是在与学生共同生活，教师的兴趣爱好包括品位对学生的影响是不言而喻的。

专业能力考查学术潜质，基本上，很少有人能逃得过我的火眼金睛。没别的，毕竟我们团队从创建之初到现在，已有十几年历程。

求职意图，看是否热爱教育，还是仅仅为了一份工作。或者，虽然只是为了一份工作，但很适合做教师，也会予以考虑。

实际上，从你接到面试电话的那一刻起，你就已经进入面试了。你踏进校门的一举一动，都在面试的范围之内。有一年，我甚至将老师安排在等候室进行观察，看哪些面试者在玩手机，哪些是在阅读（等候室里放了与学校有关的书籍和材料）。也会注意面试者对学校是不是有兴趣。

当然，也会给面试者以提问机会，真实而真诚地回答他们想要进一步了解的问题。

面试结束后，通常不出 24 小时就会有结果。面试通过者，会有 50% 以上的机会被录用。

合适的面试者，甚至不用试讲就会被直接录用。（我自己许多年前应聘西安中学，就是闯过几重关，最后没安排试讲被直接录用的，当然最终放弃了。）在我短暂的招聘经历中，有两个人是没试讲被录用的，一个叫王亚玲，一个叫张春燕。

我对参加面试者的建议只有两个字：真诚。

掩饰自己是没有意义的，不如素面朝天。招聘单位有时候可以原谅能力不足，但无法原谅哪怕一丁点儿谎言。

四、试讲

我先说我当年第一次应聘的经历吧。

作为中师生，我从陕西省教育学院毕业，到乾县一中去应聘。我相信我的专业能力是一流的，但我的性格内向，并不是一个在陌生的环境中立刻能表现出自己能力的人。当时试讲，给的题目是《五人墓碑记》，准备得很充分，但最终没能驾驭课堂，甚至没搞明白什么时候下课（因为是在暑假试讲），几乎是逃下讲台的，也没去问过试讲结果如何。

但过了几天，李景军校长托人通知我去学校。他告诉我：你的课讲得很糟糕，但你被录用了，因为你虽然课讲得不好，但看得出你的学术能力很强。

后来事实证明他是正确的。（自恋一把）

我想说的是，当团队招聘的是应聘毕业生的时候，对上课能力能有多高的要求？重点不是一节课上得是否顺利，而是通过这节课观察你的特征。

这特征包括：

1. 表达能力。

2. 授课倾向。

3. 沟通方式。

4. 驾驭能力。

你不必同时满足这些条件，但你最好在某个方面让别人印象深刻。天底下没有十全十美的人，你要通过这节课充分地表现你的特质，哪怕只是 PPT 做得漂亮。不是模仿别人的课，而是让自己的上课方式与自己的天性尽可能地保持一致。

例如，如果你擅长组织沟通，你就展现你的组织沟通能力。如果你擅长学术，你就展现自己细腻地分析知识的能力。没必要去迎合什么课改理论，让自己的课符合这个法那个法。重要的，是你的课给别人的感觉，尤其是生命在场的感觉。

当然，这里有太多的细节要处理，包括与上课老师的提前沟通，PPT 的调试，等等。一个小小的失误毁了一节试讲的例子很多。

五、录用

每一个环节的结果，我们都会尽快通知应聘者，包括初审没通过的应聘者。因为我们了解应聘者的心情，及早回绝，也免除了一份等待。不仅如此，有时候我还会给初审没通过者解释原因，帮他们另投简历时避免低级错误。

一旦录用，除非极特殊的情况（例如发现简历有假等），一般就是确认了。

我们的原则是，一旦今天通知你被录取，明天来了一个比你优秀很多的人，也不会顶替掉你。尊重人，对人负责，这本身就是我们的文化。

但是，因为极少有人（我们遇到仅数例）只是投我们团队，一般都是投了许多单位以增加成功率，所以经常会出现这样的情况：被我们录取的应聘者，同时被其他可能地理位置更好的单位录取，然后他就毁约了。这有时候造成一些悲剧，因为我们可能为了他，拒绝了另外的优秀的真心想来的求职者，毁约后再回头找，人家已经和其他单位签约了。但尽管如此，我们仍然要坚持"宁可天下人负我，我不负天下人"的原则。因为单位对于毁约是有承受力的，而作为个体，如果被单位毁约，承受力是非常有限的。因为到了毁约的时间，招聘的黄金季节往往过去了。一个不尊重应聘者的团队，怎么会说自己的团队是尊重成员的呢？

这里也有许多故事。

因为我们在录用之后，往往会开展较长时间的岗前培训（我们极端重视培训）。

在培训中，出现过两例毁约，因为看到我们的团队工作压力很大，非常辛苦，觉得不是自己想要的生活。也出现过原本计划毁约，但是被团队吸引，尤其是被课程与文化吸引，而放弃毁约加盟团队的。

曾经有一个非常出色的应聘者，在签约之际拒绝了。她说，你们的课程太好了，很令我向往，但我希望过一种轻松舒适的生活，所以我向你们致敬，但不能下决心加入你们的团队。后来她加入了国内非常有名的一所公立学校，但不久又后悔了，因为她发现那里的文化，并不是她想要的。

所以，考虑清楚你的愿望很重要。

六、为什么选择我们？

一般学校或团队，总希望录到顶尖的人才。

我们当然也希望录到足够优秀的人才，但作为创业团队，我们还不能给出很高的薪水。更重要的是，我们不认为薪水能吸引到我们需要的人才。我们更重视对人的培养，而不是执念于所谓的顶尖人才。

我们有别于一般学校，包括一般私立学校的地方很多，但是有两点特别值得注意：

一是我们虽为私立学校，但是团队的底子，是深具理想主义情怀和学术追求的公益组织，并不以赚钱为团队的第一目标，甚至连第二、第三目标都算不上。因此我们的格局，并不是要把学校变成血汗工厂，而是让投资方、南明教育团队、全体教师成为合伙人。[①] 合伙人的意思，是共同分享学校发展所带来的利益。这一方面表现为，我们会在教师发展方面投入相当比例的利润；另一方面表现为，大家共同享有学校发展的红利，最终使教师的平均工资，抵达私立学校的最高一级水平（这当然要数年来完成）。在我们的模式中，校长的工资反而受到了限制，与榜样教师的工资相差不大，这在一般私立学校是不可能的。我们更重视团队的力量。

二是我们提供了非常好的发展机遇。除了本身拥有很好的课程和成熟的经验外，一方面，我们特别重视教师培训，有学术能力的教师，甚至未来能享受学术年假；另一方面，这是一个没有官僚气息的扁平化组织，任何人都

---

① 事实证明，我们还是幼稚了，所以办学很成功，合作却失败了，尤其在学校开始赢利后。在中国，董事长与校长的矛盾由来已久，很多董事长毁约，是因为他们真正要的不是教育，而是收益，真正要的不是合作者，而是家臣。

可能脱颖而出承担重任。

这有点像广告或者就是广告，但我们有这个信心汇聚人才，汇聚有梦想的年轻人。

因为，大家都觉得中国教育不够好，那么，除了批判，是该有人动手做点什么了。

第三辑

管理：多一事不如少一事

最少管理：让学校成为学习型组织

学校成为学习型组织，这是学校的题中之义。但是学校事实上一直是一个官僚组织，或者说在模仿官僚组织，不断地在完成上级部门下达的指令。这指令，不仅包括了学业指标，而且日趋多元，承载着越来越多的功能：消防、普法、禁毒、节水、防疫、交通安全、食品安全、消费维权……学校早已经不是宁静之地，而成了社会各种矛盾冲突的承载者。"双减"背景下，学校的处境更为复杂。

改革一直在反复，不断地在扩大校长自主权，以及加强对校长的领导之间反复循环。但是无论如何，校长都是不能抱怨或躺平的一类人。当校长抱怨或躺平之际，我们就放弃了自己的领导力。校长是教育系统最应该具备领导力的群体，而真正的领导力，本身就意味着在艰难的处境下，率领团队取得成就。

当今时代，整个社会正处于日新月异的变化之中，学校的变革，是最缓慢的，学校的组织进化，是远远落后于时代的，但这正是有想法的校长可以有作为的地方。而朝向未来的学校，必定不是官僚结构，而应该是学习型组织。那么，怎么在目前的条件下，促进学校朝向学习型组织？这是一个挑战。

一、培植小型组织让每一个细胞充满活力

（一）

官僚体系的突出特点，是层级化，上传下达。学习型组织的突出特征，

则是扁平化，或者也可以说，是分布式，去中心化。换句话说，学校内部有若干个独立运行的灵活性极强的小型组织，它们被以各种不同的方式连接起来。这种连接，是一种支撑性的连接。

学校组织管理上的细胞，有一个最佳的人数与结构。一旦人数不足，结构缺失，就无法有效地完成任务。一旦人数过多，结构复杂，那么，沟通成本就会非常高，从而导致结构臃肿不堪，结构中就会出现消极怠工人员，成为组织的拖累。

那么一个小型组织，最佳人数是多少呢？

相关研究表明，3～7人最为合适。

这种小型组织的好处，是大家高度熟悉与默契。组织中任何一个人的缺席，都会有人迅速补位。同时，任何人的懈怠，都能够被组织中其他人迅速觉察，并引发组织内部的群体压力。这样，就减轻了管理层的负担，小型组织的结构中，会自然地产生彼此之间的约束力。尤其是，因为小型组织的属性，要完成工作，必须以合作取代竞争，这也促进了组织的良性发展。

那么，在一个小型学校中，这类小型组织，有哪些呢？

1.班集体：由语数外老师，再加上一名分配到本班的艺体老师或行政后勤老师，组成3～4人的小型组织，对本班负责。数学和英语老师可以同时加入两个班集体中。

2.教研组：可以根据尽量不超过7个人的原则以及工作内容进行划分。如果每个年级四个班，则可以划分为低段教研组、中段教研组和高段教研组，每段独立成为一个小型组织。

3.后勤组：由3～7人组成。如果人数多，可以继续分化为餐厅组、公寓组、保安组。

4.行政组：由3人组成（包括兼职），负责内外的协调、大型活动的组织、接待、公众号等事宜。

如果学校更大一些，还可以继续分化：校长办公室、学生管理处或德育处、教研处、宣传接待组……

（二）

那么，这些小型组织，是如何运作的呢？

以教研组为例：假如低段语文组，包括一、二年级，由3～7个人组成，那么他们就要为低段学生的语文学习整体负责，并且有一位组长负责领导。他们需要做什么工作呢？

1.以学期为单位，制订工作及课程计划，并经过审定同意。计划中包含了课程目标、教学内容、教研安排、测评方案、教学进度表等内容。

2.负责组织每周一次的常规教研，以及临时加入的教研。

3.组织本阶段学生的语文活动，例如讲故事大赛、诗歌朗诵会、听写过关、期末测评及庆典等。

4.负责本组的外出学习、共读等。

这些，是相对独立完成的。好处是明显的，既能够有效地落实工作及课程计划，又能够根据学生的发展，灵活调整，不断地激发创造性的想法并随时落实。而且，因为不是全体语文组的活动，调课相对比较容易。

那么，怎么处理低段语文组与整体语文组的关系呢？

因为教学内容和学生对象不同，大组频繁教研的效益实际上已经下降了。这时候，大组的意义在哪儿？在于促进各小组之间有价值的交流。

比如，大组的教研活动，可以设定为每个月一次，每次半天或两节课。教研活动可以由以下内容构成：

1.各小组分享本组一个月来的工作进展（不超过10分钟或18分钟），形成一种详略分明的分享结构，重在介绍突出的经验以供借鉴。同时，提出困惑用于讨论。

2.课程展示，或研课。用课堂来展示本组的课程进展，可以是晨诵课、整本书共读课、语文课等等，用这种方法来进行分享和交流。也可以是相关的经验介绍，比如如何教生字，如何批改作文，等等。

这样的好处是，既小团队齐心协力、共同作战，又大团队相互启发、彼此借鉴。而且，因为这是一种分享机制，每个团队每个月，都要分享自己团队过去一个月来最有价值的部分，无形中，就形成了一种压力，这种压力会迫使大家不断地创造。

二、最少管理将小型组织链接起来

在学校层面，就要思考几个问题：

1. 如何寻找和确定小型组织的领导？
2. 怎样持续维护小型组织的工作热情？
3. 如何处理小型组织之间的关系？
4. 小型组织蜂起，校长做什么？

（一）

校长最发愁的，可能就是人才不足，尤其是管理人才。然而，人才不足，是所有组织共同存在的问题。组织的使命，并不在于"得天下英才而用之"，而在于让组织内部源源不断地生长出人才。许多学校，大量地引进名师、专家，结果办得很平庸。优秀的校长，要善于用最普通的材料，做出最好吃的饭菜。

"三人行，必有我师焉"，一个小型组织，就是一个紧密链接在一起的生态系统。在这个生态系统中，不同的人，会迅速地选择和适应自己的角色，形成生态位。有人是唐僧，有人是悟空，也有人是八戒或沙僧。很多时候，不是先有了人才，才有了岗位，而是先有了岗位，才生长出人才。

就是说，校长要从小型组织中，选择最有领导力潜质的人来担任领导。这个人，并不一定是学术水平最高的，而是能够把大家团结在一起的，比如有亲和力、意志力、奉献精神、条理性、人格魅力……找到这样的种子，而不是成熟的人才，然后让他在合适的土壤中自我进化。

那么，怎么避免小型组织的领导者不负责任，甚至躺平呢？

授权、支持与反馈。

充分授权，是避免一个人躺平的最好的方式，这是人性。人渴望自主，一旦获得了自主，工作的动机就大大地增强了。但是仅仅有自主还不够，如果频繁地失败，或者遭遇团队成员的冷嘲热讽，那么，放弃就是大概率的事件。所以，伴随着授权，还要有必要的指导与支持。这个支持，也包含了系统对人的支持。整个围绕着小型组织的系统，不应该是指令式的，而应该是支持式的，或者说服务式的。

比如，小型组织要打印一个东西，还需要看人脸色，或者获得批准，那么，这就意味着它没有获得相应的资源。

反馈包含了评价与展示两部分。评价往往是自动生成的，由数据决定，而且评价伴随的奖励，是以团队为主的。更重要的是展示，即让优秀团队的经验，在更大的平台上被看见。这样，就能够不断地形成良性循环。

（二）

组织小型化后，如何处理小型组织之间的关系呢？

答案很简单，用功能连接起来。就像人体这个组织，是由许多功能模块组成的，学校要在设计制度时，将小型组织之间的关系梳理清楚。

学校的所有组织，整体上可以分为四大功能模块。

一是大脑部分，主要是由校长及校长办公室来担当。这个部分的功能，负责学校的发展方向、文化与制度、小型组织领导人选、小型组织的工作计划审定与评估、宣传与接待、财务等，并且，解决任何一部分可能出现的严重问题。

二是学术部分，即以教研组为核心的系统。这个系统，是为了确保教学质量，确保课程的设计与落实，是学校的心脏部分。

三是德育部分，即由相关中层管理者、德育处、班主任组成的系统，主要是解决学校各个层面的学生管理问题与道德人格发展。

四是后勤部分，即由公寓、餐厅、安保、后勤等组成的系统，主要是为其他组织的工作提供后勤保障。

举个例子，低段教研组要举办一个讲故事大赛，在工作群里提出计划，计划中会有后勤支持，例如奖品购买、会场布置等。只要在预算内，后勤就要无条件地执行。如果超出了预算，或者与其他活动出现场地冲突，行政组（隶属于校长及校长办公室系统，在小型学校里，就是校长或校长办公室）就会及时地提出异议，进行沟通或协调。

换句话讲，后勤是规则之内的执行系统，不能随便提出异议。后勤遇到执行不了的任务（比如资源或人手不足），也要通过行政组进行协调处理，而不能直接驳回，甚至对教研组指手画脚。

一旦磨合成熟，做事就顺畅了，各个组织也都有自己的成就感。如果组织相对比较大，就会更复杂一些，比如分为级部，但是运行的逻辑是一样的。

（三）

那么，校长的作用是什么？

方向的确定者，文化的守护者，问题的解决者。

学校朝哪里去？我们需要有怎样的使命、愿景、价值观？什么是学校的核心价值？我们要建构怎样的组织？我们如何对待彼此？这些都是校长要思考的。当然，这不只是校长要思考的，是全体教师都要思考和讨论的，但毕竟，校长是最终的决策者。

学校层面的"共同生活"，往往是由校长或校长办公室决定的。例如，升旗仪式、全体教师会议、开学典礼、毕业典礼，以及一些涉及全校的大型活动，包括教师节等，这些都是文化场合，需要非常慎重地设计和表达。

以全体教师会议为例，尽量不要或者坚决不要用全体教师会议来传达文件或行政指令，行政事务尽可能分级分类传达，以及利用工作群。重要指令，要求收到后回复。全体教师会议，主要的功能是文化功能，是凝聚共识。

1.教师演讲，或组织、部门负责人演讲，内容以展示成就为主。例如，一个成功的课程，一次成功的"问题学生"转化经历，个人的飞速成长，怎么组织教研活动，怎么和家长沟通，管理的经验教训等。

2.经典共读。主要以教育学经典为主，用于在观念层面让全校达成共识。书要选择相对薄的，或者可以读节选以及文章。校长亲自解读最好，也可请专家解读，校长做总结，将经典传递的观念与学校实际紧密结合起来。

同时，校长也是问题解决者。哪个小型组织出现问题了，组织负责人不称职或者需要帮助，校长就协同研究工作，梳理事务，直到走上正轨，这也是一个支持和培训组织负责人的过程，包括发现负责人不合适及时调整。特别好的小型组织，也要深入进去研究经验，介绍给全校其他组织，也整合进校长自身的经验中去。

三、最少管理背后的制度逻辑

管理之弊，大半在于走不出"一抓就死，一放就乱"的循环。最少管理背后，实际上是自组织的逻辑。这个逻辑，由一系列的关键要素组成：

1. 基础框架（底线）：维持学校最低运转的基本规则与权力关系。

2. 小型组织：组织运行和保持活力的最小工作单位。

3. 校长办公室：全局把握，并审定小型组织的计划，以及进行评估。

基础框架，是为了确保整个组织运行的流畅度；小型组织群，是一个相互交织支持，又独立工作的逻辑分明的核心工作单元；校长或校长办公室，是全局把握协调，下达任务，以及审定小型组织工作计划并进行评估的部门。

校长办公室是一个全新的组织，相当于是一个服务于校长决策的智囊团队，由学校各项工作中最专业的人联合组成。比如最懂语文、数学、英语以及艺体课程的人，最懂德育工作和后勤管理的人。这些人可能也是部分小型组织的负责人，同时兼任校长办公室成员。这样，就能够保障决策与评估的科学性。

传统的组织架构，弊端在哪儿？

一是外行领导内行。真正的专业人才的主动性没有被激发起来，组织缺乏活力。

比如学校里最懂语文教学的人是谁？可能是语文教研组长（假设），但是，语文教研组长并不真正对语文组负责，而是对年级主任、教学副校长甚至是教导主任负责。他左右不了语文课程计划，也没有权限对本组成员的教学效果和专业发展负责。这样，他很容易沦为"联络员"，做一些事务性的工作，比如提交相关资料、组织教研活动等。他无法真正地为语文组的课程与教学结果负责，也没有人要他负责。

在这种情况下，领导方评估的不是组长，而是个体。这就导致了评估的单一化，例如依赖于考试成绩等指标。这样，课程改革的步伐就会非常缓慢，经常取决于领导意志。比如一会儿搞小组学习，一会儿搞自学改革，教研组长往往还成了改革的阻力之一。

二是资源配置权力化，而没有流动到最需要的地方。

比如语文组要做个活动，可能需要行政、后勤、安保等一系列部门的支持，但是，语文组并没有调配这些部门的权限。于是，活动就必须由校长室发起，语文组负责执行。这样一来，语文组本身组织活动的积极性就下降了。因为哪怕到后勤处拿一张纸，你凭啥？在许多学校，后勤差不多也算管理层了，经常对一线指手画脚，动不动就要索赔，早就丧失了服务功能。

当一个本来在本领域很专业的人才或小型团队（比如教研组），既没有权限，也得不到资源支持的时候，自然就只能被动工作，为利益驱动而工作，而很难发挥自身的创造性。这导致了校长的工作变得复杂了，还要考虑如何激发积极性，如何改进评价方案等。最终一个学校的相对高效率，往往只是机械效率，比如说应试效率，而不是真正的有意义的效率。

当然，最少管理是有成本的。

这个成本，主要是对混乱度一定程度的容忍。因为自组织一定伴随着一定程度的甚至是必要的混乱，这也是活力的成本。组织需要更多的沟通协调，更持久的磨合。在管理上，也更依赖于智慧，依赖于判断力而不是程序。

尤其在开始阶段，学校并不拥有大批成熟人才，在授权之初，必要的帮助指导，率先涌现出来的榜样的示范启发，都是非常重要的。但无论如何，校长劳力劳心，事事掌控，并不是学习型组织的有效路径。

学校应该如何开会？

越是简单的工作，越不需要预先谋划；越是复杂的工作，越需要提前充分地、全盘地思考，能够写下来自己的思考，更为重要，并且还要有定期复盘和再计划的意识与行动。若是没有充分的全盘的思考，就容易陷入忙乱之中，但工作却没有成效，还容易变得粗暴。反之，十个手指弹钢琴，错落有致。

而会议，则是谋划与落实之间的中间环节，是把设想与行动连接起来的中介。然而，学校要不要开会？为什么要开会？什么时候开会，什么时候不开会？会议有哪些类型？怎么开会更为高效？疫情时代怎么召开线上会议？校长如何发言？这些，都需要慎重思考。

一、学校里为什么要开会？

学校里会议的类型，是多种多样的，镶嵌在组织的各类事件中。这些会议的类型通常包括（与学生相关的会议不在其列，比如升旗仪式之类）：

1.例会。

例会是学校固定节奏的阶段性的常规会议，主要目的是将学校的各个部门各项工作连接起来，进行必要的信息沟通，包括学校及部门间的信息沟通、重大事件通报等。例会包括了行政例会，以及全体教师会议。为了确保例会的效率，提升例会的价值功能，还可以在例会中融入经验分享。比如，一个合理的全体教师例会模型可能是：

（1）办公室主任或副校长主持，宣布流程，会议总时长1小时或1.5小时。

（2）各个部门汇报工作，并对工作汇报作出时间限制，例如5分钟或10分钟以内，视学校部门数量而定，有特殊需求可以提前申请延时。

（3）某个部门负责人，或者某几位教师，做重点分享。主要分享经验教训，以经验为主，时间可以略长。假如是教师轮流分享，每次3～5人，时间可以是10～40分钟不等，视经验本身的价值而定。比如常规性的轮流分享，可以每人10分钟，少数经验特别有价值的，可以增加到20～40分钟。

（4）校长站在学校文化的高度，对会议内容进行总结，并提出期待。

会议的频次，以两周至一个月一次为宜，可以在固定的时间段，与其他会议或活动间周穿插进行。

行政例会，主要是信息分享、重大问题的研究与决策、行政学习，视情况灵活决定或形成常规。

2. 大型会议。

除例会外，学校还有一些大型的会议，往往是仪式或总结性的，非常重要。比如：

（1）开学会议。

（2）学期总结会议（有时候还有期中总结会议）。

（3）课程会议（各组汇报课程或总结课程）。

（4）节日会议（例如教师节）。

（5）家委会会议。

（6）其他会议（例如离退休教师欢送会等）。

这类会议，内容设计和时间控制特别重要，除少数例外，要相对程式化。比如，开学会议，需要有一个校长的学期工作报告，详细地阐述学校的发展战略、重大部署、核心动作、学校文化等，让全体教师清楚学校的愿景、工作重点以及文化。这个学期工作报告，通常要用整个假期来思考和写作。学期末的会议，则对学期初的工作汇报进行回顾，对照学期的工作进行深度总结，分享经验，反思教训，明确下一步的目标。

3. 教研及共读会议。

教研及共读会议，主要是学科组层面的（当然部门内，包括后勤部门，也可以安排教研与共读，这甚至非常重要）。研究是学校的立身之本，这类会议，对学校非常重要，要相对密集与常规。

在频率上，建议每周安排一次教研，一次共读，每次时长两节课为宜。

如果学校较大，教研可以分为大教研和小教研。大教研可以与小教研间周轮流进行，也可以每个月三次小教研和一次大教研。大小教研的内容安排不同，小教研主要分年级或学段进行（视学校规模而定），主要研究备课，大教研则偏重于主题研究与展示，比如语文同样是复述单元，数学同样是计算单元，在不同年级层次不同，就可以利用大教研系统解决。大小教研的主题，全部在开学初课程会议上确定，尽量减少随机教研（尽管实际上总有例外发生）。因为教研是服务于教学的，教学计划已经确定了，教研相对也是确定的。讲生成之类的，都是缺乏全盘思考的借口，工作要尽可能避免随机性，追求确定性，这样成果也容易确定。

共读则要筛选学科老师最重要的专业书籍，包括相对通俗的和相对经典的，并建立起有效的共读程序，确保所有人从中受益。读哪些书比怎么读更重要，最好不要漫不经心地确定，而是反复咨询相关领域内的专家，谨慎决定，并形成学校自身的书单。其中好的图书，不妨三五年重读一次，积淀下来，就成为学校的学术资源。

教研和共读，关键是设立流程、优化内容，然后持续迭代。关于这件重要工作，需要另文详述。一般来讲，除非突发重大事件，否则，不要随意中断或取消教研与共读。

不止如此，校长要经常参与教研和共读，或者指定副校长或其他中层领导对口参与，比如教学校长。一方面是了解信息，谋求改进；另一方面是找出做得好的典型，鼓励总结经验，在全体会议上分享，让经验在内部流通。

4. 班主任工作会议。

班主任会议，建议每个月开一次。否则，又有教研又有共读，每周会议负担很重。每个月一次的班主任会议，主要应该以问题研究和经验分享为主，让优秀班主任的经验，通过班主任会议得以发扬。

也可以把班主任会议当成学习会议，每学期确定 8 ~ 10 个主题，请有经验的班主任进行分享，或者请外部专家来作讲座、对话以及进行"问题学生"诊疗。班主任会议涉及的主题，往往包括开学初的秩序建设、班级管理与文化、"问题学生"诊疗、班主任的自我修养等核心话题。

5. 专题会议。

各种主题会议或突发会议，涉及迎检、防疫、重大公共卫生或安全事件、危机事件等。

需要说明的是，学校里不要动辄开会，要减少随机性，以降低对教学的干扰，让大家能够找到自己的节奏。有一些情形，不必开会。平时的各类通知、信息、日常沟通，涉及全体或部门的，在相应的工作群里以设定的程序发布或公告。会议上不要讲琐事，能通过工作群解决的决不在会议上讲，这是非常重要的原则。否则，会冲淡会议主题，让会议变得乏味，而且，老师们也记不住这些内容。有些学校，甚至声称"基本不开会"，这虽然极端了一些，但是有道理的。

主要的会议，通常是在开学初就确定下来了。每一类会议，都有相应的主持人或负责人。这样，开学初安排好后，就可以将会议填入校历，甚至贴在每一间办公室，并设置会议提醒。这样，所有的会议就有可能准备充分，井然有序。当然，相应的作息时间表和课程表，也会因此而调整。

二、如何提升会议的效率？

会议效率非常重要，这不但是一所学校是否高效的"显示器"，也关乎大家对会议的态度，是期待还是厌倦。

而要提升会议的效率，就要从以下三方面入手：

1. 会议的规则。

学校所有的会议，规则应该保持一致。无法保持一致的特殊会议，再加入例外规则。这样，久而久之，大家就会养成习惯，深入骨髓，就减少了维护会议的成本。规则应该特别简洁，要与学校的文化与人性高度契合，不要反文化，不要反人性。

例如，我们可以设计这样简明的规则：

（1）请提前 5 分钟到达会场，会议将准点开始，主持人开始讲话时，未入座即视为迟到。考勤由各部门负责人进行统计，并在会议开始前后在群里实时上报（有固定的上报格式），因故不能参加会议，要提前在工作群里请假说明。

（2）会议期间，手机请设置为静音或振动状态，除拍照外，请勿使用手机接听电话，或中途离开会场以及早退。

（3）若出现下列情形之一者，请于 24 小时内，用规定格式在工作群里说明原因：迟到、缺席、早退、中途离开；会议中间接听电话或电话铃响；其他不恰当的行为（比如同事冲突等）。

（4）值周领导不受上述规则限制，可以随时接听电话以及离退场，并且不必在群里说明。

这个规则，不妨先用电子问卷请老师们审查并提问，达成一致意见后落实。一开始会伴随着一些解释与沟通，久之就习惯了。

这个规则的优点，是不伴随着惩罚，而更强调自律。每一位违规的老师，需要在相应的群（取决于会议是哪个层面的）里公开澄清。这样，老师有机会说明原因，同时其他与会者也会公开看到。这样，就会形成一种公共的压力，迫使老师自律，也有助于透明文化的形成。这比惩罚要健康得多，也更符合文化方向。

此外，根据学校的情况，可以将座位固定下来，然后每个月或每学期轮换一次。相同部门或者组，坐在同一个区域，这样，便于统计。

假如老师经常性违规呢？

经常性违规，意味着经常性地在群里进行说明。久之，就会损害老师的公众形象。从我自己的管理实践来看，这样的事，从来没有出现过。万一出现了，学校再定点聚焦，找老师私下谈话，点对点地解决。总之，不能够因为个别人，而让所有人承受繁琐的规则。

这样也方便老师解决一些问题，比如班级有突发事件，哪怕仅仅是快递电话，所需要的不是限制老师的行动，而是通过公开的相互协调，确保达到一种优化和平衡。

规则在开始阶段，需要有专人去维护。比如，有的老师违规了，但是会议后1个小时内还没有在群里公开说明，相关领导就需要私下善意地提醒。这个提醒不包含任何指责，仅仅是请求协助，并说明公开说明的意义。久之，大家就养成了习惯。

2.会议的程序。

会议就像一篇文章，程序就是结构与层次，而会议内容就是主题与具体安排。程序能够确保会议的效率。会议的程序，根据会议的内容，会有一定的差别。这里仅仅根据一般情况，简述一下其中的要点。

一般的会议程序是这样的：

（1）发布会议通知。

会议通知的目的有两个，一是确保信息快速有效触达，二是确保相关人员提前做好准备。后一条不需要说，是要提前进行沟通的。前一条是程序性的，要视会议的重要程度，以及大家对时间的敏感程度而定。在一般情况下，建议发两遍通知。第一遍，在会议前一天发出通知，说明会议的时间、地点、主题以及注意事项，并且，加上会议特有的标识，比如用方括号加关键词的方式标明。如果很重要，是临时性的，则要求回复"收到"；如果是例会，则要特意注明"请勿回复"，以免构成群信息污染。当然，钉钉群有一个非常大的好处，就是可以看到对方是否阅读，这是可以加以利用的功能。到会议当天，再提前一小时或在清晨予以提醒，并且注明"请勿回复"。一个诀窍是，除非突发事件，否则，所有会议发布的时间是确定的，有规律的，在固定时间发布，有利于形成心理预期，老师也不用整天盯着工作群，唯恐错过信息。而且，学校要有专门的通知群，只用来发通知，这样，通知也不会被其他信息湮没。

（2）主持人宣布会议开始，并说明会议主题，以及规则与程序。

如果是常规会议，并且使用PPT，那么，会议的规则与程序，不必每次都讲，而是建立一个会议模板。在每次会议前，可以播放或自动播放会议规则与程序，并插入与学校文化相符合的音乐，来参加会议的人可以一眼看到。会议开始时，点击进入下一页，音乐停止。这种仪式感非常重要。

（3）相关人员按次序发言。

不同会议，发言的次序不同。并且，有些会议发言次序是固定的，有些会议发言次序是刻意轮换的，以示公平，更多的会议是变与不变的组合，例如校长总是最后发言，这是不变的，但各个部门或教师的发言，则不断地在调整。如果是教研会议，就往往要安排新手教师先发言，老教师再发言，组长最后发言，这样效率最高。当然，这并不是一成不变的，处境中可以灵活调整。并且，不是每一次所有人都必须发言，这要根据与会人员与主题的相关度来决定，以追求会议效益的最大化。

有时候，会有主讲人，那么就要留给主讲人充分的时间。

（4）自由讨论。

许多会议，会留出自由讨论时间。主持人可以就自由讨论不断地与大家互动，逐渐形成默契，减少麦霸的出现、非理性发言，以及冷场。这个过程，本身就是一个专业发展的过程，大家一起练习对话，不断地提升自己的思维水平和语言修养。

（5）主讲人总结或/和主持人总结。

总结是对会议内容的梳理。主持人同时可以对开会本身进行总结，以巩固文化，包括对有价值的部分进行概括提炼，以及对存在的无效部分进行必要的提醒，这是进化的必由之路。

（6）形成会议总结文本。

会议可以有专门的记录者（也可以轮流承担记录任务，或者由主持人负责记录），按规定的格式来记录，并在会议结束后 24 小时内，在相应的工作群上传会议记录，永久性可查询，同时归档。会议记录除了标注常规信息（时间、地点、主持人、主讲人、参与者、缺席者、会议主题等）外，主要可以用清单的方式记录，比如议题清单，会议共识清单，接下来要执行的任务清单，等等。可以利用钉钉的相关功能，随时记录并整理。如果开启钉钉记录，还可以生成录音或录音转文字记录，作为附件，以备查询。会议结果的执行落实也很重要，要生成一个落实清单，有时间表及责任人，直接填入对方的日志（比如我用钉钉，相关工作，同事会填入我的日志中）。此外，每次会议还要有人拍照，照片直接上传到工作群相应的位置，比如钉钉的"全员圈"。

程序建设后，根据具体的情况，不断地优化。在程序中，最重要的，是对时间的敬畏，对程序的敬畏。这是一种事务的紧张感，本身是一种文化。小处不认真，大处就认真不起来，这是不可不慎重的，尤其是学校文化散漫的情况下，从小事做起尤其重要。有时候，这种文化的建设，就是在小事的较真甚至冲突中完成的。

3. 培养好的组织者与主持人。

现在学校里的会议组织者与主持人，更像联络人和报幕员，是在以螺丝钉精神安排会议，而不是以问题解决者的身份在掌控会议。这不是我们希望看到的，但是，只要不聚焦，不解决，这个问题就会一直存在。就像鞋子不合脚，结果整个人都受到影响了。

要解决这个问题，最重要的是三点：关注会议的组织与主持；研究并分享会议的组织与主持；对会议的组织与主持进行反馈。

关注会议的组织与主持，会让会议的组织者与主持人，脱离"我不知道我不知道"的状态，进入"我知道我不知道"的状态，从而意识到自己要对会议的成败负责，要在会议之前有充分的准备。

有了这个意识，再研究会议的组织与主持流程，以及不同会议组织与主持流程的差异。在这方面，可以浏览相关文章或研究，甚至有专人负责研究并培训大家。然后列出会议组织与主持的清单，供大家参考。就会议的组织与主持过程，给出基本流程，以确保底线。然后，大家在基本流程的基础上自行修改，转化为自己的会议风格。这样，会议组织者与主持人，就会关心会议，研究会议，会议组织得成功就开心，会议组织得有故障就沮丧并反思，这就形成了一种改进的力量。

在这个背景下，校长可以定期或不定期地（更多的时候是一种敏感）对会议组织与主持工作进行反馈。比如，一次会议非常成功，可以在工作群里写一段话，描述对这次会议的感受，并指出在组织与主持方面，哪些是感觉特别好，特别有效，且自己也受到启发的。当然，也可以提出改进的建议。如果会议的组织与主持连续出现问题，比如准备不足，临场没有章法，环节有漏洞，不会说话和沟通，那么，也可以给出书面的（通过沟通工具）或私下的意见或建议。当然，如果团队文化是公开透明的，所有与会者有公开分享的习惯，当然是最好的，但这对一般学校来讲，不易形成。

在这个过程中，好的组织者与主持人会涌现。然后，让他们每学期分享一两次，或者培训其他人甚至所有人。这样的好处，不是具体培训了什么，而是引发了大家对会议组织本身的关注。这种关注，会带来改进。因为每一个人都明白学校在乎这个，都会想办法不出漏洞，甚至融入创造性。久之，就会带来成就感和持续改进。甚至，学校会冒出一批好的组织者与主持人。这对学校的文化，有着明显的作用。

最后，再简略地讲几句在线会议的注意事项。

一是要确保网络通畅，并有应急方案。这一点，非常重要，需要组织者与主持人，或者网络负责人的精心准备和高度配合。每次出现设备和网络问题，都要反思改进，必要时，要找相关人员严肃谈话（比如网络负责人），连续出现非不可抗拒的故障，就要视为工作事故，绝不能够姑息。

二是人数不多的会议，所有人必须打开视频，这作为基本规则。除了少数会议，这甚至可以作为通行的规则。如果是不要求打开视频的会议，主要相关人，例如领导，则必须打开视频。在绝大多数时候，校长必须打开视频。

三是视频资料要保存，并有专人及时生成和整理会议资料。形成的共识或决定，要以文字的形式在群里发布。

三、校长如何发表会议讲话？

我们想象一下，在会议中，谁是主角？谁为中心？

一定是教师，以及教师中的优秀者、卓越者。当然，也包括好的行政人员，包括行政领导。校长的任务，是"使显现"。使优秀的工作成果显现，也使存在的问题显现，使工作业绩显现，也使学校文化显现。到底显现什么，完全取决于会议的性质。如果是教研会议，重要的是使问题显现；如果是分享交流会，重要的是使成果显现；如果是庆典会议，重要的是使文化显现。一旦错位，会议就没有成效。比如：教研本应该聚焦问题，但大家都把问题隐藏起来，刻意展示自己擅长的一面；分享交流会要展示成果，结果变成了对人的评判；庆典会议要显现文化，结果成了校长的风光时刻。凡此种种，都要非常警惕。一旦会议偏离了本质，偏离了本来的样子，就要坚决地予以纠正。

在大多数的会议中，校长都不是主角，不是中心，而是标准建立者、过程观察者和文化守护者。但这种守护是隐性的，以预防底线被突破。会议中出现的问题，许多时候，要靠私下与相关人员的沟通来解决。涉及与所有人相关的，才需要公开发言。公开发言往往代表着一种反馈与分享，让大家进一步明确方向。

在大多数不是以校长为主导的会议中，校长的发言，都带有反馈和总结性质。简明扼要、画龙点睛的本领，是校长必须修炼的，并且要成为一种自动反应。为什么校长往往会具有这个本领？因为校长平时思考的问题，多与全局相关，这就带来看问题的宽广的视角，能够跳出问题来界定问题，在反馈和点评中，就容易赋予工作以意义，以及修正工作方向与分寸。

在这里，低调谦逊、以事为本，非常重要。要形成一种固定的话语习惯，一种会议语法，每次修改的，只是内容。这样，有利于提升语言修养、思维水平和文化自觉。然后，对自己的发言时长，有一个大致的控制。多数时候，控制在5分钟以内。当然，因为会议性质不同，例外很多。但要明白一个道理，校长越没有想清楚一件事，关于这件事说的话就会越多。想明白了，表达往往简洁了。迅速抓住要害，结构化表达，而不追求面面俱到，是很重要的。

有些会议，校长是主角，很少，比如学校工作报告，一部分的庆典表彰会议，等等。这时候，精心的准备是非常重要的，因为校长在公开场合的每一次表现，都会影响到自己的权威，以及学校文化。一个啰里啰唆，语无伦次，抓不住重点，长于指责，非常粗暴或者口号化的校长，怎么可能赢得别人的尊重？

我们可以把校长的会议讲话分为两种：一种是开场或总结；一种是主题讲话。前一种讲话，校长不是会议的中心；后一种讲话，校长是会议的中心。

那么，校长的讲话，核心要注意些什么？如何修炼？

1. 开场或总结。

开场或总结，最重要的是简明扼要，切忌长篇大论。因为许多发言是随机的，你坐在那里参加会议，主持人忽然说"下面请校长讲几句"，呼啦啦掌声就响起来了，你不能说"我不讲，我没有准备"。实际上，你要随时处于待机状态，这就是校长必备的素质。你拥有随机但精彩地发言的能力，是因为你对学校的整体思考是成熟的，可以很容易地迁移到不同的场景中。

开场讲话，有一个基本的结构：

（1）感谢。

（2）揭示会议意义。

（3）表达期待。

感谢的时候，需要建立一个顺序，这往往与学校文化有关。有上级领导参与，或者有外校老师参与，要先感谢；如果只是本校内部会议，要先感谢老师，再感谢中层，最后是组织者与主持人。当然，多数会议，是没有感谢副校长和中层领导这个环节的，除非他们在会议中扮演了重要的角色，或者是组织者与主持人。

揭示会议意义是至关重要的。因为大多数人并不会从全局角度理解会议，总觉得会议是一个麻烦，更依赖于常规而工作。这时候，赋予会议以意义就非常重要。赋予意义的能力，是校长的关键能力之一。

比如开学初的课程交流会，校长有一个开场发言，不能讲过去的不足，不能讲要注意的种种细节，而要高屋建瓴地揭示课程，以及课程交流在学校工作中的重要地位。例如：

（1）在一所学校中，文化是环境，人（师生）是目的，而课程，则是最重要的道路。

（2）课程是一所学校仅次于人格培养的最难的部分，需要全体教师，把最重要的时间和精力投注在这个地方；但是，一个人的力量终究是有限的，所以，从谋划到落实再到分享，需要高质量的协作。课程会议的价值，就在于树立目标，让接下来一个学期的工作，有明显的方向、价值观与基本路径，是非常重要的。

（3）作为校长，我代表学校行政服务团队，将会把课程方面的相关需要，当成是优先任务，并确保资源倾斜。

这样的表达结构，就非常清晰。

最后，表达期待是非常重要的，期待必须是高期待，只有高期待，才赋予会议，或者会议研究的事项以价值感。期待在本质上，是从愿景或目标对会议尤其是会议研究的工作进行有活力的展望。

当校长带着热爱去表达的时候，感染力就形成了。

总结的结构，与开场的结构是一样的，不同的是提示会议意义，变成了总结会议成果或价值。如果主持人负责总结成果，校长就负责揭示价值。同时，通过表达期待形成落实压力，无形中也促进了会议成果的落地。

比如，同样是课程会议，校长的总结，可能是这样的（当然，这不是唯一的方式）：

（1）今天的会议，让我非常地激动和振奋。感谢战友们，感谢主持人。

（2）我觉得，今天的会议有三个重要成果：一是解决了学校课程框架的问题，我们第一次从学校整体发展的角度，思考了不同学科课程的框架及其相互关系，这让更为深度的协作成为可能；二是各个学科有了明确的课程目标和实施路径，而不是停留在理念层面，这让我们对接下来的课程落地充满了憧憬，对师生可能的变化产生了想象；三是会议本身是高效的，真诚的，开放的，发言或许有不成熟之处，但是大家如此坦诚而深刻地反思问题，这才是一门学科，一所学校的生命力所在，只要上路了，就不怕路远。

（3）我期待接下来，这次会议的成果，能够转化到各组的教研中去，我也会积极地跟进和学习，相信一学期下来，我们一定会生成一批活生生的案例。我们不妨先约定好期末的课程总结会议，到时候再聆听大家的发言，一定很精彩。当然，不精彩也没有关系，前面说了，重要的是诚恳，我们只要真诚地在探索，不藏着掖着，那么，所有的弯路或错误，都是团队成长的营养。

（4）感谢大家，拜托大家，祝福大家。

2. 主题讲话。

主题讲话是浓墨重彩的，要花非常长的时间来准备，盛装出场。

主题讲话的价值，并不在于讲话本身，而在于借助讲话，校长完成了对学校文化、全盘工作以及某个方面工作的深度思考。比如，你要在后勤工作会议上讲话，这个讲话，一定是高屋建瓴的，是对后勤工作的全面思考，涉及后勤工作的意义、后勤工作的框架与要点等核心内容。

在课程会议上，如果有主题发言，而不像上述所讲的，只是总结与概括，也同样如此。

学校工作报告，更是一篇大文章。而庆典的场合，例如教师节发言，当然是对学校文化的高度概括，公开地表达学校如何理解和看待教师。

主题讲话的关键，并不是讲话稿怎么写，而是校长多大程度上深度地理解这个主题，这是校长最重要的修炼之一。这类会议，就是校长的课程，校长的课堂，校长也要用一辈子来备自己的课啊。

这节课怎么备？

就是观察与体验、思考与反思、阅读与对话。除了对学校工作全方位地观察与体验、思考与反思，阅读与对话是非常重要的。校长要保持宽广的视野，而且不要局限在教育领域，要对整个社会发展，各行各业，尤其是企业等领域，有一种广泛的了解，从中汲取营养。也要经常处于和不同行业，包括其他优秀的教育管理者不断地对话之中。这些主题，实际上本来就在心里一直酝酿，就像十月怀胎，会议发言，只是把它"生出来"而已。

一句话，与经典对话，并从广泛的社会生活中汲取有价值的营养，以丰富自身。

如果聚焦形式的话（无论是语言表达形式还是思想形式），也可以借助一些书籍，形成自己的一些基本工具。比如，对我来说，类似于《麦肯锡方法》《清单革命》这样的书就非常重要。这帮助我养成了一种习惯，用清单将事情或想法罗列下来，并依据重要程度排序，然后运用麦肯锡方法筛选要点，并且完成观点的结构化，再用金字塔原理清晰地表达出来。

校长的领导力实际上也来自于此。毕竟领导力，就是"使众人行"，使命、愿景、价值观并不是空洞的，是实实在在的东西，必须通过校长，在某一刻清晰地显现或表达。

所以，开会这件事，实在不是什么小事情。

让我们来谈谈门卫吧

某天早晨，开车从后门进入学校，结果发现门卫处似乎没人，灯也黑着，不知道是不是还在睡觉。铁门虚掩着，我只好下车，拉开铁门，再开车进去。在开车进入学校之前，我特意看了一下手机，正好 6 点半。

我在想，这个时间，为什么后门处没有人，或者门卫处灯还黑着？

一

在通常的状态下，我们会自然地有一个结论：后门的门卫是不负责任的。

这是管理上的一个陷阱。我们发现了一个所谓的问题，然后再为这个问题找一个责任人。而在这个过程中，又很容易给人下定义，觉得工作态度有问题，这是一种十分简单化的思维。实际上，大多数人都是"常人"，具有常人所具备的缺点，例如懒散、因循守旧等，但也具有常人所具备的优点，例如善良、知恩图报等。而在职场上，不能预设别人是你肚子里的蛔虫，一举一动都符合你的需要。确实有这样的人，就像电影《实习生》里的那个叫本的人，但那绝对是人才级别的。大多数人，在没有明显规定的地方，都会按自己的理解行事，这也意味着遵循自己的本能行事。

所以，在这种情况下，就需要检查工作程序。

早晨进入学校的人分几批？最早的一批，是食堂工作人员，在 5 点半左右进入学校。6 点半左右，应该是教师逐渐进入学校的时间。那就意味着，要确保这两个点进入校园的人员和车辆通行无阻。

那么，是不是意味着门卫必须在 5 点之后，就得守在后门处呢？

当然不是。管理上要尽可能节约人力，所谓不折腾，门卫也需要充分地休息。那么，就需要有一个程序设计，既确保通行，又尽可能保证门卫休息，并且，这套程序是所有人都清楚的。

例如，每天早晨 5 点 10 分左右，打开铁门，但是虚掩着。食堂工作人员出入时（以电动车为主），自行打开并拉上。6 点 10 分左右，门卫开始在岗，听到喇叭声就开门。

那么，怎么确保门卫执行规则呢？用手机设置闹钟即可。（保卫处甚至可以经常检查手机闹钟的设置，或偶尔进行实地检查。）

遇到特殊情况怎么办？例如半夜三更有急事出入学校。首先，要告知所有老师校门上锁和打开的时间。其次，遇到特殊情况，如果"敲门都不应"，则可以直接拨打门卫电话，电话可以贴在门一侧，也可以放在工作群文件中。

如果每学期，有一两次针对保卫工作的问卷调查（电子问卷很方便，而且可以和其他问卷调查合并进行），征求大家对门卫工作的意见和建议，就更完善了。如果日常就能够将一些想法、意见及时在服务群中交流，那就成了一种文化，有助于促进门卫工作的不断提升。保卫处的职责，就是在门卫和老师之间建立起桥梁，听取双方的意见，不断地协调，形成程序。

如果缺乏明确的程序，那么，就容易相互抱怨。门卫抱怨老师不守规则，包括没有礼貌，老师抱怨门卫不负责任。本来检查一下程序就能解决的问题，最终变成了人的问题，就成了死结。而其实，大家都是常人，都是好人。

二

我出入国际学校，也有诸多困惑。

因为天天出入，又跟门卫打招呼，对门卫的好感多多。但是，不方便也是经常的。例如，我周末也有早早进办公室办公的习惯（我在国际学校保留了一间办公室），有时候四五点就要去办公，但是周末这么早惊扰门卫总不合适吧？于是要了一把钥匙。但有一次钥匙落在教学楼里了，我就起得比较晚，7点左右了，想着门应该开了吧？

结果没有。就去敲门卫（前门）室，敲了许久，没人。

碰巧很冷，回去吧？已经出来了，就原地徘徊。我心里想，大门口怎么能没人呢？

大约20分钟后，门卫匆匆来了，应该是睡得比较沉吧。

大门和后门没人的情况是经常发生的，有时候（尤其是周末）开车出入，都不知道走哪个门好。经常走到后门，没人，又绕到大门，心里怎么都不会痛快。后来问别人，有时候是去烧锅炉了，有时候是去吃饭了。

因为经常思考管理工作，我就在想，这其实是一个简单问题，完全可以通过程序解决。

平时和周末，教学楼门开关的时间应该是固定的，要么告知全体师生，要么在教学楼口有标识，上面写明开关的时间，大家就会对此有预期。

大门处应该始终有人，周末如果要节约人力，就将后门关闭，不予开放。同时，在后门放一块牌子予以说明。误走后门的人一看牌子，就知道怎么回事。退一万步讲，周末整所学校只有一个门卫，也未尝不可，你要吃饭，就在门口放一个牌子，上面说明门卫因吃饭离开10分钟，请耐心等待，若有急事请拨打电话 ***********。牌子是设计好的，门卫只要离开去巡视，放在那里就行了。

然而，我不是一次两次遇到这个问题，而这个问题一直没有解决，作为国际学校教师家属，我应该怎么反应？

这就涉及另一个话题。

三

我需要一个渠道。

例如，如果我在后勤群里描述一下自己的遭遇，然后后勤部门的负责人，在方便的时候调查一下，然后找出解决方案，减少此类事情以后发生的概率，那么，我就等于推动了学校进步。

不要笑，进步绝大多数时候，就是这样点点滴滴地发生的。

但我没有说，我选择了私下抱怨和公开沉默。

因为没有任何迹象表明，学校鼓励这种行为。这就造成了一种担心：别人会不会觉得你太多事了？会不会觉得，不就等一会儿嘛，就受不了了？会不会觉得，你对我们的工作不满吗？会不会想，你也是个校长，学校办得有多好？就没漏洞吗？怎么眼里看到的都是别人的问题？

别忘了，我是国际学校教师家属，但我还有一个身份，是南明教育集团总校长。如果我都选择了私下抱怨和公开沉默，那么，更多的老师呢？更多的家长呢？更多的孩子呢？

可能有人会说，谁阻止你提意见了？你怎么想象力这么丰富呢？

我做校长，对这种现象十分敏感，然而，冰冻三尺，非一日之寒。在我自己学校的工作群中，我鼓励关于后勤问题公开讨论，也是为了从文化上撕开一个口子。进步是，什么东西坏了，哪里需要修理，后勤群里报一声，反应非常及时（一个原因是，这些是公开的）。但这只是表面现象，更深的文化的改变，需要更久的时间。

我举个例子：

在我所在的学校里，有老师在群里作了一个温馨提醒，是关于后勤的。另外一个老师有一点小小的意见，也提了出来。结果是，没有结果，无人回应。

调查了一下：第一个问题，因为是温馨提示，觉得无须回应；第二个问题，私下里已经作了回应。

我先说第二个问题。凡是公开提出的，就必须公开回应，为什么要私下回应？骨子里，我们都会对一切批评或建议持抵触的态度，因为我们习惯于认为，批评或建议，就是对自己工作的否定。而我们的一切反应，包括沉默，都在释放一个信息：我不欢迎你提出意见和建议。这对学校文化的消解作用是巨大的。

你可以说，根本不是这回事啊，我很欢迎大家批评啊。

问题不是你说出来的是什么，而是别人感觉到的是什么。文化从本质上讲，就是要塑造别人的感觉。如果你不理会别人的意见，如果对别人的意见总是采取消极的态度，自我辩护，那么，谁会提意见？谁会有安全感？

四

所以，我希望我的团队意识到这一点。我以前教书的时候，信马由缰，知识性错误是十分多的，包括读错字音。我就诚恳地跟学生说，回答问题要举手，但是，指出我的错误无须举手，直接站起来说。

果然有学生就在某节课上站起来，指出了我的一个错误。然而，我并没有错，是他错了。但我很激动，过去拥抱了他。我说，谢谢你，你是真正关心我的人。

我写这篇文章之前，国际学校的张砷镓老师给我留言：魏老师，下周二早上 10 点 20 分小石头的编程课，我想邀请你来教研，从学科之外的角度给一点指导意见，不知方便否？

张砷镓在我眼里是个大牛（可自行百度），他给我最深的印象，就是学习力。他教不同年级的学生学编程，包括一年级的，不断地琢磨课程，不断地调整，又不断地、真诚地邀请同事们去听课，给出意见。而他的编程课，已经十分受学生们喜欢。

记得有一次他写了一篇文章，给我看，我赞美了几句。他立即说，我不是要听赞美，我是诚恳地希望你给出意见。

顿时觉得心心相印。

我们都不乏张狂，但骨子里，都是学习者。

在我看来，一个部门，一所学校，要保持学习力，保持不断地自我进化，就要打开自己，保持开放，建立真正流畅的系统，将与自己关系密切的人连接起来，使所有人都成为自身发展的建设性力量。

在这一点上，我自己做得还不够好。写下来，也是为了提醒自己，以及我的团队。

学生经常划伤教师的车辆，这事儿怎么避免？

我们是一所拥有 3000 多学生的大学校，教师的车辆停在校内。然而，经常会有小朋友（主要是低段孩子）有意无意地划伤教师的车辆。忍无可忍了，教师就开始向学校反映。

怎么办？

可以在升旗仪式上，由领导出面，向全体学生疾言厉色，三令五申："一旦抓到，绝不姑息！"

可以召开班主任会议，要求各班管好自己的学生，一旦再发现并抓住，班主任负连带责任。

可以就此事开展主题班会，对学生进行道德教育（有的学校称之为"暮省"）。

可以加强重点时段的巡查，逮着一个，立即示众，杀一儆百。

一

第一种管理，叫运动式管理。

运动式管理的特点是：一人生病，全家吃药。有些时候，那个生病的人竟然也就好了。但在大多数情况下，运动式管理成本高，效益低，经常毫无作用，有时候还会起到反作用。

为什么运动式管理，会"成本高、效益低"呢？

因为运动式管理本质上是权力导向的，而不是解决问题导向的。因此，它不尝试理解问题，并消除问题产生的根源，而有赖于保持高成本的所谓"高压态势"，将本应该用于非常时期的策略常态化，这样，就消耗了大量的资源。

那么，运动式管理能消除"划车事件"吗？

概率不高。因为运动式管理的效率，取决于监督成本。无论多么疾言厉色，对于犯错的孩子来讲，都只是一个博弈过程。如果你发现不了我，抓不住我，你奈我何？有老师在的时候我不划，但没老师在的时候，如果评估环境是安全的，我划了又怎样？

而且，还存在一种可能。运动式管理有可能激发某些孩子挑战和反抗权力的意识。实际上，孩子普遍能够从无收益的坏事中获得自由感。他要的不是实际利益，而是"我可以不听你的，你能拿我怎样"的感觉。管理者越是愤怒，越是气急败坏，他们越是开心。

而对管理来说，如果三令五申，仍然解决不了问题，管理者的权威就会受损，就会逐渐成为被管理者眼中的"纸老虎"。许多领导在声嘶力竭讲话的时候，下面该干嘛干嘛，就属于这种情形。

二

第二种管理，叫连坐式管理。

连坐式管理的特点是：孩子生病，家长吃药。连坐式管理有一定的作用，但是危害极大。因为老师责任过重，就会趋向于自保或压力下移。你不是安全事故一票否决吗？那么我的对策就是，下课也不让孩子出教室玩，除非上厕所。

连坐式管理的问题在哪里呢？

在学校里，任何人的责任都应该是有限度，有边界的。一个班级相对于学校，应当是一家"有限责任公司"，而不能成为"无限责任公司"。校长或学校的任何部门，不应该推卸自己的责任，让班主任不堪重负。

以划车事件为例，解决问题的主体应该是学校，而不应该转嫁给班主任。要求班主任以协助者的身份配合学校的工作，跟简单化地推卸给班主任，是完全不同的两个概念。

为什么这不在班主任的责任范围内？

因为划车这种行为，与班主任工作没有直接关联（顶多有间接关联），是属于不可控的个体行为。班主任的管理责任，与学生个人应当承担的个体责任之间，是有清晰的界限的。例如，一个学生在体育课上受伤了，是老师的责任吗？如果老师教学程序发生错误或不合理，例如没有必要的热身，或者组织不善，或者没有及时清理场上可以致伤的物品，那么，老师就负有管理责任。如果老师的所有行为符合规范，学生仍然受伤了，那么就属于不可控因素，不能追究老师的无限责任。

所以，连坐式管理大大地增加了老师的负担，让老师动辄得咎，防不胜防。一所学校长期如此管理，我会送校长八个字：一将无能，累死千军。

三

第三种管理，叫道德化管理。

道德化管理的特点是：本应吃药，却讲养生。道德主义者的逻辑是，解决了人的问题，事的问题就解决了。学生打架了？得做做思想工作。学生早恋了？得做做思想工作。车辆被划了？得做做思想工作……

实际上，道德与管理之间是有边界的。道德教育更像是一项长线工程，着眼于长远乃至于人的一生，而管理则倾向于当下立即解决问题。当然，好的管理，会考虑人的因素，将长远目标与当下目标结合起来以避免短视，而好的道德教育，也往往会融入管理以避免空洞。但是，这两者毕竟是有区别的。我们经常在需要道德教育的时候采用管理手段，例如针对学生恋爱；我们经常在需要管理介入的时候采用道德教育的方式，例如划车事件。

管理特别讲究效率。车辆违章，摄像头或交警会作记录，然后通知车主去交罚款，而不会把车主找到交管所来谈心。这就是管理与教育的区别。管理中也包含了教育的成分——"相关后果法"，但不是道德化的。

在划车事件中，道德化管理会产生什么效果？

什么效果都没有。那些永远也不会划别人车的孩子，一遍一遍地听你讲大道理。那些会划别人车的孩子，通常不会对你的大道理产生感觉。因为这些道德对他们来说，无法产生真正的共鸣，而划车带来的快感却是真实的。

道德化教育的结果，是损害了道德本身的力量，让孩子丧失对德性的敬畏。

因为老师也缺乏对德性的敬畏，无形中把道德变成棍子、工具，而不是引导学生的崇高力量。

四

第四种管理，叫猫鼠式管理。

猫鼠式管理的特点是：全家生病，一人吃药。在四种管理中，这种管理相对而言是最有效的。它遵循的是"严打"的思路，即在管理者与划车者的博弈中，大大地增加划车的风险成本，从而达到抑制划车行为的目的。

但是猫鼠式管理仍然建立在权力关系之上，而不是一种民主的管理模型。在民主的管理模型中，一旦划车行为被发现，不应该被"严打"，否则就类似"选择性执法"，而是要让孩子接受"等值的惩罚"。就是说，一个孩子犯了错误，对他的惩罚应该是合理的，有边界的，不能是无限的。

"无限的惩罚"会损害孩子的德性，孩子很难真正地接受自己的错误并加以改进，反而会怨恨：那么多人都划了，为什么只惩罚我？我只是运气不好而已！只不过划了个车，为什么惩罚就这么重？学校还讲不讲道理？

更重要的是，"严打"的思路，必然伴随着"示众"。而"示众"会严重地伤害一个孩子，或者让他抬不起头，或者让他变得满不在乎甚至无耻。

另外，猫鼠式管理，也很难杜绝划车事件的发生。要知道，有些孩子，会很享受猫鼠游戏：我就喜欢看你气急败坏，又拿我没有办法的样子！

这些孩子，能够享受权力游戏中"以弱戏强"的快乐，甚至乐此不疲。一旦他的成就感来源于此，管理者的麻烦就来了。因为你在明处，他在暗处，他占了优势。

五

那么，我怎么解决这个问题？

方法极其简单：我让后勤在老师停车的地方安装摄像头。

之后，再也没有老师反馈过车子被划。当然，这未必代表真没出现过，但你不反馈，就不是问题。

就是说，对我来说，划车事件首先是个管理问题，而不是教育问题。而在管理问题上，首要的不是出了问题怎么办，而是如何防范问题的出现。而在防范问题方面，首要的，是创设问题不容易发生的环境。安装摄像头就是一个办法，自从有了摄像头后，安装有摄像头的街道，犯罪行为已经大大地减少了。

类似的例子很多：如果孩子总从学校往外跑，要教育的人不是孩子，而是门卫；如果孩子总在某个地方受伤，那么，不是要跟孩子讲安全常识，而是要改进设施本身；如果一项制度违反者众，屡禁不绝，那么，要调整制度而不是加大惩罚力度……

有人讲，我们没有安装摄像头的条件，怎么办？

可以尝试如下策略：

将教师停车区与学生活动区适度隔离，这样可以减少车辆被划的机会；

将教师停车区放置在教师活动频繁的区域，这样可以增加无形中的监督力量，提高划车者的风险成本；

研究学生划车的规律，尤其是时间规律，然后在划车高发时段进行有设计的重点盯守，最好全方位地覆盖两周以上，在这个时间段内，不让一例划车事件逃离惩罚，直到所有潜在的划车者都打消侥幸心理。

总之，学校管理是很复杂的，哪怕是一件小事，也往往涉及一所学校的文化、管理哲学，以及管理者的问题解决技巧，小处不可随便啊。

怎么解决开会迟到和玩手机的问题？

做领导，当然喜欢有秩序的会场：没有迟到早退；没有进进出出；没有人玩手机；所有人保持专注……

可惜，理想很丰满，现实很骨感。于是，脸上有点挂不住了，就难免大会小会地强调纪律，批评"有些同志"。怎么解决这个问题？

下面我会介绍一种方法，不过，我觉得最好配合两个前提：尽量不开会，开短会；尽量保证会议内容的有效和精彩。

这篇文章，只是从会议的组织形式角度来探讨会议组织问题。

一

要解决这个问题，我们先要问自己一个问题：为什么会有迟到和玩手机现象？（为节约篇幅，主要讨论迟到。）

我们尝试列举一些答案：

1. 有些人作风散漫，习惯性迟到。

2. 有些人碰巧有事拖延，结果迟到了。

3. 有些人不知道会议时间，导致迟到。

4. 有些人知道会议不会准时召开，所以迟到。

5. 有些人目无领导，觉得"反正你也不能把我怎么样"，所以不在乎迟到。

6. 对会议内容不感兴趣，没必要遵守时间。

……

通常情况下，会议组织者（例如校长）会如何理解和应对呢？

会议组织者首先会感觉到不舒服，潜意识里觉得受到了忽视或挑战，然后很容易归咎为某些人素质差。因而，采取的措施也多为：

1. 不厌其烦地在会议上强调纪律。

2. 不点名地批评。

3. 点名批评或进行考勤，并与绩效之类相联系。

前两种措施基本上是没有什么效果的，反而容易降低领导的权威。第三种措施是有效的，但是伤害到了文化。

那么，如何解决这个问题？

我们可以尝试将所有原因归为两类：程序原因和个人原因。程序原因，主要是程序设置不当导致迟到。个人原因，主要包括两种情况：一种是非故意性迟到，例如碰巧有事拖延了；一种是习惯性迟到，根本不在乎开会这件事。

根据我的经验，80% 此类问题，都是程序与规则设置不当导致的。而人的问题，基本上也可以依赖程序与规则加以解决。

二

以下是我在部分会议中采用的规则：

1. 准时参加会议；

2. 会议中请勿使用手机等电子产品且调至静音状态（值班领导例外）；

3. 若迟到、早退、中途出入、接听电话，请于会议结束后 24 小时内，在工作群中公开说明原因。

实际效果证明，这三条规则十分有效。为什么呢？

首先，它清晰地传递了要求，并且，这要求是关键性的，可评估和反馈的。如果确定几条诸如"请保持专注"或"请勿交头接耳"之类的规则，就坏了。为什么？因为这很难评估和反馈，就难免形同虚设。而既成为规则，又无法评估和反馈，就会损害规则的力量，进而损害领导的权威。规则的确定，应该是"完全穷尽，互不重叠"原则与"奥卡姆剃刀"原则的结合，既全面又极简。

其次，反馈十分清晰，而且充分体现了"对事不对人"的原则。考勤和罚款，都容易降低人的责任感。但是，24小时内在工作群中的公开说明，则会强化违规者的责任感。而且，容易使违规者面临比较健康的群体压力，更有利于文化的形成。最重要的是，这还给各种例外留够了空间。例如，有一些情况导致的迟到、中途出入或接听电话，当事人公开说明原因，很容易获得所有人的谅解，这也让与会者感觉到自由，规则不至于僵化。

更重要的是，在这些规则中，有明确的要求，但是没有针对人的严厉的惩罚或选择性执法。规则面前，人人平等。

那么，有人犯规，但不在工作群中说明原因怎么办？

会议组织者在24小时内私下提醒或沟通，既保全了当事人的面子，又维护了规则。

那么，有人编造理由，怎么办？

因为只是要求公开说明，并不伴随惩罚，所以公开编造理由的动机会减弱，变得没必要。其次，万一公开编造理由，也只是小概率事件，系统应予以容忍，而屡次编造，哪怕被识破一次，也会让编造者付出信任成本，所以，这也基本上很难发生。

会不会有人屡次迟到，屡次在群里说明？

这个……如果你懂点心理学的话，你觉得会吗？

这个规则可以不断地根据实际情况调整。例如，我在另外一些场合，根本不禁止手机的使用，因为手机也是工具：拍照、记录、搜索……（当然，要区分是用于工作还是游戏，还可以有另外的游戏规则。）

再例如，在有些场合，我会加一条规则：请按照到场的先后顺序，先坐满前排。或者加这样的规则：请新教师先坐满前排，嘉宾和旁听者坐在新教师后面。

许多会议的混乱，是要求不明导致的。反过来怪罪与会者不是你肚子里的蛔虫，岂不怪哉？

三

以上讲规则，除规则外，还有程序。

规则是什么可以做，什么不可以做；程序则说明，先做什么，后做什么。无论是规则还是程序，在设计的时候都必须洞悉人性。

例如，你在工作群中发了一条通知：下周三下午 2 点开会。

那么，你可能会犯一连串的错误：

1. 信息不完整。例如在哪里开会？哪些人参加？会议内容是什么？是否需要带笔记本？是否需要提前准备？总之，80% 的会议通知本身就是不合格的。

2. 你没有确认所有人都收到信息。有时候需要逐一确认，有时候需要分级确认，有时候不需要确认而是习惯，各种情况要分清楚。

3. 不是所有人都能牢牢地记住会议通知，毕竟这要占据大脑带宽，有些人在开会的那天就忘记了。

……

诸如此类，任何一个漏洞，都可能导致会议迟到或准备不足。

因此，你需要根据实际情况，设计一个程序。

例如：

1. 发一个完整的会议通知，涵盖核心要素。

2. 会议的前一天，或当天，再发一次"温馨提示"。

3. 准时开会。

如果有人迟到，而会议内容又十分重要，我们很容易延迟会议召开的时间，这样，迟到者反而受益，早到者利益受损，这就是不合理的行政行为。正确的做法是，无论多少人到场，准时开会。会议结束后，请迟到的人留下来，不做任何批评，而是将会议开头的重点给他们再讲一讲，相当于补课。这样，下次恐怕他们也不好意思迟到了。

当然，根据会议目的和需要，还可以设置多种程序，例如发言顺序、会议记录的处理等。

四

即使明白了上述道理，并采取了这些措施，并不代表会议问题就解决了。实际上，开会本身，也需要进行训练，好在这种训练的收益是明显的。

如何训练？

把开始的几次会议当成练习期，每次会议，都对规则本身进行解释。会议结束后，再进行总结（当场或通过工作群）。如果不尽如人意，不要轻易地批评指责，而当成我们还处在学习的途中；如果做得大体不差，就积极反馈，并指出可以进一步改进的地方。等到大家都习惯了，再进入到维持阶段。

当然，每一种会议设计背后，都有一种文化因素。会议文化不可能脱离团队文化。我的设计是基于一种自组织的、相互信任与激励的文化。如果有的领导是高控制型的，或者习惯了颐指气使，手里有的是鞭子，那么我的做法就不适合他了，而他或许有更有效率的和更适合他的方法。

管理中的人与事

针对家长和教师，我进行过比较大规模的问卷调查。用数据取代直觉，是我在管理工作中非常重要的原则。而对能够在匿名的问卷调查中坦率地指出学校问题的家长或教师，我总是深怀感激。一所学校，需要持续不断地自我进化，而进化，总是取决于对不断涌现出来的问题的反思和纠正。

问卷调查和交流中，有几例指向学校的财务工作，主要是"报销难"，而这是我以前不曾知道的。

那么，报销难在哪里呢？

1. 找不到财务人员，经常空跑（这种情况少但是有）。

2. 经常被指出发票不合格等情况，导致反复跑财务室，十分生气。

3. 有时会被告知财务室没有钱，改日再来领取。

总之，似乎并不愿意跟财务人员打交道。

一

那么，怎么理解这个问题？

问题可能出在老师这里，财务人员的职责，就是确保财务合法，对票务进行审核，正是他们的本职工作。财务人员要经常跑银行，不在学校也属于正常。而一旦报销的数额较大，改日领取也很合理，因为学校不能存储大量现金。如果要报销的钱比较多，财务人员肯定需要去银行取钱后再报销。这里面的麻烦，只是正常财务流程中的成本。

问题可能出在财务人员这里，财务室也属于行政部门，这从本质上也是一个服务部门，应该在规则范围内，尽可能地满足老师的要求，不能让老师不断地空跑。毕竟，老师也要上课，工作非常繁忙。

我怎么思考这个问题？

我习惯于将人与事分开来加以考虑。

在这类事情中，老师和财务，各有各的立场与感受，也各有一套自己的说法，很容易走向相互责备，这是许多问题难以解决的根源。因为矛头一旦指向人，问题便难以解决，成了"你死我活"。

于是，我将思考的焦点指向事而非人。我必须首先假设，人是没有问题的，都希望把工作做好，但是事务本身没有被梳理。

我对问题进行了重新分解，将问题变成了一组有待解决的小问题：

1. 如何确保发票合格？

2. 如何确保每次都能找到财务人员？

3. 如何确保每次都能成功报销？

我跟财务人员一起研究了如何解决这三个问题，我给出了具体的建议：

1. 确保发票合格，有两种办法，一是财务预审或提前告知所有人财务关于发票的规定，二是让校长或相关部门签字时完成预审。例如，没有领导签字，无法报销。我在签字时，顺便就看一下发票是否合格。这样避免了老师再到财务室碰壁。而如果我签字了，财务室应该在第一时间直接找我，现场解决这个问题，我也能够从中习得经验。

2. 确保财务人员在岗，有两个可以同时操作的步骤：财务人员请假，无论是公事私事，均在学校服务群中说明，回到工作岗位时再说明一下，一目了然；约定几个老师比较方便，财务人员也方便的时间点，推荐老师在这些时间点前来报销票据，形成常规后效率就会比较高。

3. 确保每次都能成功报销，可以设置一个金额，超过这个金额，可以当面或通过电话、微信与财务进行预约，然后按预约的时间去报销。

这当然只是我的建议，未必符合实际情况，我请财务自行研究，并编写一则"温馨提示"，发到学校的通知群。这并不代表以后就不会出现问题，但是只要出现问题，做些解释和规范工作，久之，大家就习惯了。

二

我想说明的是，在管理中，许多所谓人的问题，本质上都是事的问题。人与人之间的争执，多数时候，也要从事上去解决，即划定边界和明确规则。一旦边界和规则不明，人的操作空间就有了，误解就产生了，事的问题就变成了人的问题，最终会演化为关系问题。

如果解决了事的问题，那么接下来，仍然要思考人的问题。人的问题在很大程度上，是个文化问题。

举个例子，程序无法解决态度问题。

而在人的问题中，最重要的是职业素养问题与团队文化问题。

职业素养问题的关键，是将私人领域与工作领域划清界限，这很不符合中国人的习惯，但是对于高效的团队来说，我认为很重要。

"凡事有交代，件件有着落，事事有回应"，这就是一种职业素养。

不将私人领域的喜怒哀乐带到工作场景中，这也是一种职业素养。

然而最难的，还是将私人关系与工作关系进行区分，不要让同事利用私人关系去解决工作问题。在工作中，最让人难受的事，就是你去一个部门（例如办公室）办事，你跟部门领导包括办事人员关系好，事情就顺利，关系不好，就各种借口和软钉子，你抓又抓不住把柄，这就是所谓的"办公室政治"。最后你没有办法，只能在人情上做一些投资，至少知道有些人是不要得罪的。这样工作，焉能舒心？这就像古代武将打仗，回来后还得看文官的脸色，不然得不到相应的资源，这就是"政治"。

久之，行政是服务就成了空话。

团队文化更为根本，是我们相互对待对方的方式，是相互成全、相互支持呢，还是各人自扫门前雪，甚至是"你死我活"？

以财务为例，多说几句，多走几步，以自己的专业服务老师，减少老师的折腾，有时候未必就是分内之事，而是一种文化熏染下的相互关心，这是无法用制度要求的。

那么，怎么解决职业素养和团队文化的问题？

校长是关键，学校里的每一个主体都是关键。

文化不是说出来的，而是在相互对待中被体验到的。校长如何对待老师，老师就更倾向于（而非一定）如何对待学生。每一次以正确的方式解决一件事情，就是一次文化的传播。

此外，通过共读进行澄清，通过仪式性的场合进行自我宣告，也是很好的方式，虽然不是最重要的。

作为成人，我们一生中的许多时光，都是在单位里度过。如何理解"人事"，最终创造一种幸福完整的职场生活，不是一件小事，值得为此努力。

怎么看待教师使用手机的问题？

手机是一个极端高效的工具，本身并无所谓好坏。就好像你在史前社会，拥有一把锋利的刀，它可以杀敌，可以劈柴，不过，如果你无法驾驭好它，就可能伤害到自己人，乃至于自己。

关于学生使用手机的忧虑已经很多了，并且，不少学校和家庭也在采取措施。然而，在工作环境中，教师如何使用手机，也是一个很大的问题。毕竟，"只许州官放火，不许百姓点灯"，这是没有办法让学生服气的。而怎么看待教师使用手机的问题，这也是管理面临的挑战。

挑战的核心是私人领域与工作领域的划分。毕竟，手机融二者为一体，同时在这两方面发挥着重大的影响。

这当然对管理提出了挑战。而这个挑战，主要不是技术问题。举个例子，你可以采用技术手段，对工作期间的手机使用进行大数据性质的监控，从而区分手机究竟是在发挥什么功能。不过，这是不是有点恐怖？

因此，从管理的角度，思考教师手机使用的问题，主要包括以下三个维度：

1. 规则：制定部分重要场合手机使用规定。

2. 文化：为手机使用提供建议，交流手机使用的经验。

3. 自律：让工作／生活场景中的手机使用，成为个人品牌／教养的组成部分。

一、规则：工作场景中手机使用的基本要求

规则实际上很简单，就是两条：

1. 在上课期间、教研及共读期间、会议期间，请将自己的手机调至静音或振动状态，并且，非工作需要请勿使用，工作需要包含了手机录音、摄像、拍照。

2. 在这三种情况下，若涉及接听电话，以及其他明显使用手机且可能导致误解的行为，则应于事先或事后适当的时机给予说明。部分人员或部分场景达成默契，则不用每次说明。

上课期间、教研及共读期间、会议期间，原则上不应该使用手机，原因不必多解释。如果过程中使用手机录音、摄像、拍照，这些明显的操作，其他人一看就明白，也不用事后加以说明。

要说明的是例外情况。

例如，不得不接的电话，可能是你一直在等的一个重要电话，或者一个问题没弄明白，需要现场用手机查一下相关的资料，等等。如果事先或事后予以说明，那么，所有相关人员都会感觉到自己被充分尊重。

例如，教师对学生说：十分抱歉，这个电话对我十分重要，我必须接一下。那么，学生的感觉会如何？再例如，正开会，你的手机突然响起，所有人都看着你。如果会议结束后，你在相关的工作群中简短地致歉，说因为刚才粗心，手机没有处在静音状态，下不为例，那么，伙伴们的感觉会如何？

规则是为了确保效率，而过多不必要的解释同样也会妨碍效率，哪怕解释，也需要遵循最少必要原则。所以，还有一些地方依赖的是默契，即不解释大家也明白，以及解释一次，以后就都不用解释大家就明白。

例如，学校里的值班人员（或许还包括招生人员），就在一定程度上，可以随时接听电话（当然仍然需要静音或振动状态，以及离开会场接听），久之，就成了一种默契。

如果解释是多余的，就不必解释，这就是默契。

二、文化：达成一个团队手机使用的共识

我仍然要重提一个原则：满足需要，但不助长欲望。

就是说，在手机使用方面，无论是管理或文化，都不是以控制为目的，而是以成全为目的。或者说，是为了最大限度地发挥手机的价值，又避免手机可能带来的危害。

所以，一个好的团队，会逐渐形成在不同工作场景中手机使用的最佳策略，并形成默契。例如，在学校剧场看演出的时候，手机的使用就没有必要那么严格，而应该可以自由地拍照、摄像、发朋友圈，与同事、朋友以及家长及时分享。

那么，在听课的场景中呢？我习惯于在听课的场景中频繁使用手机，因为我往往一边听课一边备课。但是，在同事或学生看来，或许就会认为校长一直在玩手机。而如果有合适的机会予以说明，那么，就能够被充分地理解。此外，如果规定听课时不得使用手机，就不是一条好规定。

有些场合是应该坚决杜绝玩手机的，无论你多无聊，例如监考的时候。

有些场合，则要慎重使用手机，这无关规定，而关乎教师个人形象，或者说品牌塑造。例如，在上晚自习时，学生们在安静地学习，老师在讲台上玩手机，时不时露出会心的微笑……而这些都被学生看在眼里，我们无形中构筑了自我形象。在这种情况下，不使用手机，而代之以阅读、思考或写作，就是一种更好的办法。如果你要使用手机写作，那么，找机会跟学生一次性说明，就可以获得理解了。我在高中教书的时候，因为带三个班语文，几乎每天晚上都有晚自习，我就在教室里阅读。实际上一开始是读不进去的，但是也假装在读书，一段时间以后，逐渐适应并读进去了。而我知道更重要的是，你读书的姿态，对学生就是最好的示范。

三、自律：如何避免被手机绑架？

教师如何使用手机，尤其是学生在场的情况下如何使用手机，事关个人形象或品牌，上面已经约略述及。

那么，教师如何避免陷溺于手机之中，伤害到了工作效率及生活品质？

文武之道，一张一弛。我对于有些人对抖音的讨伐十分反感。毕竟，中国人的快乐总体偏少，你觉得低俗的快乐，那也是真正的快乐，而且，也未必就是那么低俗。对手机的使用，如果一定要有意义，有价值，那也是对人的异化。毕竟，活着首先是要有趣，其次才是有意义，有趣先于（而不是高于）有意义。

而自律，首先是内心划一道线，将工作场景与生活场景分开。如果你喜欢在工作场景中玩抖音，让别人怎么想？

除了明确的边界感，将手机使用数据化，一直是我习惯的方式。例如，每天能够看到自己当天的手机使用情况，包括使用时长以及用途，就很容易变得自律。你可以设定心理底线，比如以每天使用手机不超过 2 小时为底线。那么，超出 2 小时的话，就会促使你第二天进行调整。

当然，这已经与管理无关了。

概括一下，学校关于手机使用，就像关于出勤纪律一样，需要设置少量的规则作为底线。而更多的时候，手机使用需要一个团队在相互提醒和分享中形成默契，进而成为一种文化。而这种文化的目的，指向教养、个人及团队品牌，以及更为幸福完整的生活。

漫谈国际学校的教师管理

我希望塑造一个更强大的国际学校，甚至，强大得多。这大约是接下来两年的最重要的工作。我们的课程已经空前强大了，那么，为什么不招募一些高手，或者潜在的高手，来稳扎稳打地把一所学校推向高峰呢？

还好，我运气奇佳，不但有一批高手加盟，而且，大家还组建成一个团队，汇聚了更多的人才。当然，也有人说，等学校再发展几年，到了顶峰时期，再加盟好啦，我心里想，那时候会有你的位置吗？也有人先决定了，又退缩了，我心里想，你再也不会有进入南明教育的机会了。

以上是闲话。这篇文章，主要想说说我对教师管理的一些看法。

一

一所学校，总因为某种目的而出现。在我看来，其本质，就是创造一种生活。这种生活，是为一群家长和孩子所认同的，是为一群教师所认同的。例如，"过一种幸福完整的教育生活，做一个自我实现着的自由人"，可能就是一种高度概括化的描述。

让我稍嫌庸俗地描述——

1.学生在这里过得快乐，但会变得更强大，会有更好的成绩，更会有更高的和全面的素养。

2.教师在这里享有充分的教学自由，拥有无限可能的创造空间。

3.远离官僚体制，构建学习型组织，这里的文化应该基于公正、自由，是一种高效且极简的自组织形态。

现在当然还存在诸多问题，离愿景尚远，但只要方向正确，终将抵达。

二

那么，校长何为？

创造这样的空间，确保它以自己的方式健康地运行，且不再依赖于校长。

我会防止两种倾向：一是违背团队文化的独断专行，二是陷溺于人情的优柔寡断。

分三步走。逻辑上分三步，实际上可能是同时进行的——

1. 为每一个岗位找到合适的人。

2. 确保合适的人精通合适的课程。

3. 提供物质及教研支持促进各个共同体持续地自我进化。

差不多这么讲吧，每三年为一个阶段，有一支相对稳定的团队。先确保这支团队里，每个人都是合适的，是"尺码相同"的，包括人格是合适的，态度是合适的，专业是合适的。例如新教师（引进的教师不算新教师）入职，设立一年或几年的试用期以相互选择。这有点像结婚，虽然要慎重，但嫁错了娶错了也是正常现象。因此，要有试婚，给双方以无条件反悔的机会。

在这里，有这么两种情况。

一种是压根儿就三观不合，彼此根本不认同。这可能包括了人格上的一些问题，更可能包括了气质的差异。相处时间愈久，双方越痛苦，那还是……散了吧。

一种是三观尚可，能力不足。这就要判断了：能修炼出来吗？能修炼出来，就给予更多的合法延缓期进行修炼。如果修炼难度太大，或者根本就修炼不出来，那么学校里还有适合的岗位吗？此之谓转岗。当然，没有合适的岗位，另说。

三

那么问题来了：判断老师的标准到底是什么？

有三条标准：

1. 学生认可。

2. 学业达标。

3. 文化契合。

逐渐地，应该建立一套制度，用一个小组来判断，并将判断的基础，建立在相关权威评议及问卷调查等的基础上。

例如，要判断一个语文老师是否合格，就要利用问卷调查（学校常规）的数据，学生实际发展的情况（成绩只是一个参照，不是主要部分），组长及高相关同伴的评议等。

这么做的目的，是给彼此以安全感。

毕竟，学校没有必要反复考评老师，一旦确认为适合，那么，就安心地想着怎么把日子过好，把娃养好。

四

这一关，绝大多数老师都可以轻松渡过。

那么，接下来怎么办？用一堆繁琐的数据来考评且发绩效或奖金？或者大锅饭？

对我来讲，只有一个原则：公正。

换句话说，为学校作出最多贡献的人，应该获得奖赏，包括薪资与尊重。

所以，不会有繁琐的考评，也不会过于精确地计算代课量。但是，为每一位老师自身的价值买单。换句话说，我们鼓励老师树立自己的品牌。

老师可以晋级：新教师、成熟教师、榜样教师、首席教师。新教师处于试用阶段，成熟教师是主体，榜样教师是指在管理或教学方面堪称榜样的人，而首席教师则是为学校作出创造性贡献的人。

榜样教师的评定，权力在校长室或校务委员会。

首席教师的评定，权力在南明教育总部，即三位总校长同时认可。

五

在稳定教师队伍的同时，各年级、各阶段的课程，将同步优化和深化。

在实现并超越国家课程的基础上，逐渐确立南明教育的课程标准，并将课程内容清单化、清晰化，既有规定动作，也为教师的个人创造预留空间。

简单地讲——

1. 明确各年级各段的课程目标和教学内容。

2. 形成实现这些目标的教学框架、推荐技巧，并构建稳定的测评系统。

3. 为确保上述两条，构建成熟而高效的教研及共读系统。

标准化与创造性，始终是一对矛盾。在这里，我们取中庸之道，允许创造性的偏离，但时时用标准化来平衡。

假以时日，我相信，无论是职业化或专业化，优秀的教师将在这里成批涌现。

六

那么问题来了：谁在推动这些？

校长吗？

是又不是。

是，是说需要有校长为之奠基；不是，是说最终不是校长来完成这一切，而是组织内的各个部分，以自组织的方式，既独立决策又相互沟通，最终完成这一切，并确保不断地进化。

在这里，行政有行政的职能，确保一切极简，并且自己不被看见；教研有教研的职能，确保方向正确，智慧能在不同的成员之间流动。

这是理想，但我们终将实现它。

孩子有捡起垃圾的义务吗？

一位朋友留言，问了这么一个问题：

一直有一个工作上的事困扰着我。我校学生由城乡接合部生源构成，一部分学生行为习惯不够好。长期以来，学校校园里，尤其是餐厅楼梯上，长期有学生随手乱丢纸团、奶盒等。抓不到扔的人。我们曾发起"我是校园美容师"活动，号召大家都来捡，校长带头，我也一直带头，响应的学生也有，但正面引导、正面管教思想奏效甚微。

我一直思考这个问题：扔垃圾是学生的陋习、顽疾，如何直接作用于存在问题的学生，帮他们逐步克服陋习？我在想，这个问题似乎带有普遍性，如何在学校教育中富有教育性地进行德育活动设计，求得良效？

我给的建议是，增加垃圾桶数量，并摆在合适的位置。如果想要抓乱扔垃圾的学生，就增加摄像头。

这个问题一直没有解决有多方面的原因，其中一个重要原因是，管理者将管理与教育混淆了。明明是一个管理问题，却试图以教育的方式加以解决，而这是学校管理中常见的错误。

从管理的角度，要解决一个问题，就要逐一排查问题成因并消除它。例如，学生乱扔垃圾的原因可能是什么？乱扔的高发区域在哪里？为什么在这里？通常原因可能是：

1.垃圾桶数量不够，摆放不合理，处理垃圾不方便，就容易随手乱扔。也就是说，基础设施是诱因。

2.清洁人员数量偏少，或清洁安排不合理。也就是说，清洁人员可能没有尽到责任。

3.学校缺乏应有的生活训练，没有教会学生处理垃圾的方法，并进行重复练习。也就是说，应该有人教会学生怎么处理垃圾。

4.只是会议强调，但没有对乱扔垃圾的情况严格进行监督和处罚。也就是说，要在错误行为和后果之间建立因果关系。

5.学生习惯差，教养不足，没有垃圾入箱的习惯。也就是说，要对学生进行相应的教育。

这五条，是依重要程度依次排列的。基本上，解决了前三条，乱扔垃圾的情况就可能基本上解决了，再加上第四条，就万无一失了。

设想一下，如果在餐厅收盘子的地方就有一个垃圾桶，专门收餐巾纸和牛奶盒之类，然后在餐厅出口处又有垃圾桶，那么，乱扔垃圾的现象，我估计至少减少一半。而学生入学后，如果班主任再进行一段时间的程序训练，教学生如何处理垃圾，甚至保持一段时间的监督和示范，那么，这个问题就解决得差不多了。再有一些零星的垃圾，清洁人员及时处理就可以了。清洁人员的清洁时间，要与学生的活动时间保持协调。这样，学生就很少看到垃圾，也避免了破窗效应。

解决了前两条，如果还有问题，那么会集中在少数学生甚至个别学生那里，就要进行监督和伏击（甚至安装摄像头，不过未必有必要），一旦发现后，就要进行严肃处理，并让全体学生知晓（可以隐去被处理学生的名字，但是事情及处理过程要尽可能清晰）。

我举个例子，如果你不是校长或相关领导，而是市长，你要解决垃圾问题，会靠做市民的思想工作吗？

校长带头捡垃圾，这当然很好。如果全体教师有捡垃圾的意识，更好。因为这是一种示范，而且应该一直坚持下去。

但是，你的榜样是感染人的，不是要求人的。教育的目的，是激发学生内在的教养，但是，学生不捡垃圾，也没有什么问题。如果学生必须得捡垃圾，那么，捡垃圾这种行为就不是一种自由行为，不是一种美德，而成了一种强迫，一种形式主义。

而这种榜样，对那些教养程度高的学生的作用，远远大于对那些教养程度低的学生的作用。而乱扔垃圾的，往往是后者。就像有些老师喜欢讲道理，鼓励学生认真学习，最终的结果，是认真学习的学生更认真了，不认真学习的学生对你的话是免疫的。对不认真学习的学生最好的方式不是讲道理，而是提出明确的任务并进行反馈。

将管理与教育混淆，是学校教育中非常突出的一个问题。

例如，我们讲到班级管理，这本来是一个管理问题，但经常被不恰当地当成教育问题来解决。如果班级存在卫生问题，怎么办？有的老师会开班会，批评全体同学没有卫生意识，强调卫生对一个班级的重要意义，呼吁更多的学生发现垃圾及时处理，更不要乱扔垃圾。而这种批评教育往往是无效的。真正有用的，是完善班级卫生制度，确保值日生尽职，并设置恰当的值日流程，同时完善教室设施，教给学生处理垃圾问题的方法，等等。（纪律问题以此类推）

管理往往处理的是公共问题，而教育往往处理的是个人问题。

公共问题当然跟个人有关，个人教养提高了，公共问题的发生率就降低了。但是，不能以处理个人问题的方式去处理公共问题。病了，得吃药，这时候讲养生，有点远水解不了近渴。

另外补充一点：

我所在的学校，也存在乱扔垃圾的问题。如果我也去捡垃圾，那么，我从宿舍走到办公室，至少得弯几次腰。所以，我不捡。我们加强了清洁工作，将校园垃圾控制在一定的幅度内，但从来没有把零垃圾当成目标。甚至卫生问题，至今也没有成为我们的优先目标。

为什么？时机不成熟，管理成本尤其是维护成本过高。作为一所十分拥挤的大型学校，又规定了家长要进学校接孩子，那么，岂止垃圾问题，校园吸烟问题（主要是家长吸烟）都没有解决，甚至没有试图解决。

但是在国际学校，垃圾问题和吸烟问题，从一开始就被他们解决了。

我们都在不同的处境中，而在不同的处境中，每个人所面临的优先任务是不同的。这在根本处，考虑的不是道德或教养，而是一种管理上的利害计算。

毕竟，对学校管理来说，经济学和社会学，远比道德理论更为重要。

学校里的"懒政"

"懒政"无处不在。

"懒政"的特点是，它不考虑怎么解决问题，而是考虑怎么减少自己的麻烦。事故频发？一纸公文，学校不得组织外出旅游活动。补课乱象？又一纸公文，在校教师严禁有偿补课。雾霾严重？别急，还有一纸公文，各学校放雾霾假，仿佛待在家里就没有雾霾似的。

一旦官僚机构的"懒政"传染到了学校里，就不能不引起注意了。

一

举个我经常举的例子：关于学生的到校问题。

现在的许多学校，孩子晚到校固然不行，早到校也不行。你到了，反正学校不让进，校门也不开，您看着办吧。

学校的理由往往十分充足：

没到点，您把孩子送过来了，没老师在岗，谁看孩子？

如果没人看孩子，出了安全事故，是谁的责任？

哪怕老师提前到了，这段时间谁负责任？老师不需要休息和提前准备课程吗？

在这里，处处看到在强调"规则"，义正辞严，然而，很少有人考虑"问题解决"。站在"问题解决"的角度，我们不妨多走两步：

家长是不是遇到了无法解决的困难，只能把孩子提前送来？例如：路远、车次正好赶在这时间、晚了回家天太黑、突然有事……

有没有办法在家校之间进行深度协调，总体上以最小的成本，获得最大的收益？例如，有没有对长期早到校的情况进行调研统计，然后给出方案，对偶尔早到校的又给出另外的方案，而方案同时能够让家长满意，老师不折腾？

这甚至可以是一个多赢的局面。例如，在门卫室设立学习角，做一些专业的布置，平时雨雪天家长可休息，早来的孩子可以在此阅读和写作业，同时给予门卫适当的补助……（随便想想，方案都远不止这一种。）

安全问题，可以靠协议来确保。或许，哪怕有协议也会带来一定的风险，但是，主动承担部分风险，不正是表达信任与情怀的机会？

二

这只是一个小小的例子。

在班级层面，这种例子更多。有时候，老师一个小小的指令，家长就要折腾很久。站在老师的角度，往往理直气壮，但是，咱能换个角度吗？路远的家长和路近的家长情况不同，工作繁忙的家长和陪读的家长情况不同，能区别对待吗？

所有的"懒政"背后，都隐藏着"自我中心"思维。

而有趣的是，我们还经常指责家长"自我中心"，觉得有些家长不可理喻。当我们需要家长更多理解和支持的时候，会讲理想，讲情怀，讲家校关系，但是家长不方便的时候，我们能不能走出自我中心，不只是冷酷地讲规则，而是在原则范围内，竭尽所能地予以协助，甚至做一些必要的投资呢？

换句话说，当我们深信自己是"一切为了学生"时，我们能否以此来衡量自己的这些日常行为呢？是不是无意中执行了两套标准，要求别人是一套标准，对自己又是一套标准，并且自己还意识不到？

教育不单纯是服务，还包括了引导、传播文明等功能，但是，教育首先是服务，而服务本身就是一种文明传播行为。

这是个行政能力的问题吗？

或许是，但我觉得，比行政能力更重要的，是初心，是你的"第一性原理"，是你对家校关系的朴素的认识，是将自己公开宣称的那些美好的字眼，在自己的行为中体现出来。当你日复一日地坚定地在你的行为中显现你的善意、责任感，你要相信家长的感觉、判断力。

走出"懒政"，要修炼更多更灵活的问题解决技巧，更要不断地追问自己的原则或本心。这，大概也是对"为学日益，为道日损"的一个注解吧。

管理者必须心怀善意

一

我从小惧怕跟人打招呼，走路也捡偏僻的地方走，这么多年过去了，仍然如此。每次在校园里要穿越人群，心里多多少少都有些不自在。

然而，我出入大门，必定跟门卫打招呼，从工作第一年开始一直如此。

现在每天早晨出国际学校，进实验学校，晚上离开实验学校，去国际学校，如此两点一线，每天都见门卫。我的标准动作是，到大门口，一定提前摇下车窗（无论天有多冷），然后踩刹车，微笑着跟门卫打招呼。国际学校的门卫经常是坐在房间里的，隔着玻璃，也仍然会对他挥手致意。

一开始门卫很不习惯，他们习惯了听到按喇叭，开门，看车经过，再关门。所以我打招呼，有时候根本无回应，有时候对方很尴尬，总之反应很不自然。但无论如何，哪怕没有获得回应，我也始终如一，摇车窗，微笑挥手或同时问好。一段时间后，情形就发生了变化。我的车一到门口，门卫就已经知道接下来会发生什么，提前准备好了，然后相互问好，脸上的笑容也越来越多了。而到国际学校，坐在门厅里的门卫中，有两位越来越多地跑出来，等我摇下车窗，然后打招呼，互致问候。

总之，出入校门，变成了一个自然而愉悦的过程。

我并非做了校长才刻意如此，我如此惧怕跟人打招呼，但与门卫互致问候，却是进入职场后根深蒂固的习惯。因为我知道，教师可以不理校长（我做老师时就是如此，跟校长很少打招呼），因为在教室里，会有学生跟他呼应互动，并从中找到存在感，但是如果我们对门卫熟视无睹，那么，他们在工作中的存在感又在哪里呢？而实际上，每个人都不容易理解对方的辛苦，在有些人看来，门卫似乎是最悠闲的职业，这就是误解。

我越来越觉得，无论在工作中，还是在生活中，包括是在管理中，要尽最大的可能向整个世界释放善意，包括同事、学生、家长，以及那些可能擦肩而过的陌生人。一个相互冷漠又相互责备的世界，不是一个美好的世界。

二

例如在家校关系中，所有人都知道要尊重家长，我们举办各种各样的家长开放日，制作小册子，宣传学校的办学理念，但是，最重要的，是在日常生活中细水长流地释放善意。

这包括：无论家长的监督是否能及，在每一处，恪守游戏规则，并且，在尽可能的情况下，将学校置于各方监督之下；在家长或学生需要协助的时候，尽最大可能地解决或提供指导意见；当家校出现纠纷时，不欺瞒，努力地还原真相，并在规则范围内尽可能地承担责任。

但是遗憾的是，我们根深蒂固的思维模式，是尝试取悦家长。而所有取悦意图的背后，都隐含着一种不诚实。因此，在取悦模式上，又很容易出现隐瞒、自我辩护、推卸责任。这几乎成了这个社会所有人的下意识，也包括家长，所以有人说我们已经进入了互害社会。但无论如何，学校应该成为价值观的守护方，以自身的努力去营造小环境，进而为社区作出自己的贡献。

再如在学校管理中，向老师释放善意意味着什么？

我不太喜欢人文管理这个概念，人文管理的本质在我看来是"文"，即"纹"，文（纹）饰的意思。这也是一种取悦，无论是通过态度的转变，小恩小惠的收买，还是关系的营建，在我看来，都不是本质的东西，甚至可能形成一种畸形的文化生态。

我觉得核心仍然是尊重每个人的自由。不是"给你好处"，而是"让你自由"。因为所有的"给你好处"，最终必将让你蒙受更大的损失，这已经是人情世故中心照不宣的秘密。而自由不是赐予的，只是在契约的基础上，守着边界，以之作为底线。然后，相互合作，相互支持，如此而已。

三

因此，善意表面上看起来是一种态度，但根本处乃是一种价值观。否则，善意只是取悦或作态。

在《大问题》读书会中，我引用了现在商界很流行的一个概念叫"第一性原理"。我说，无论做什么事，尤其是面临重大选择时，一定要回到你自己的"第一性原理"，问一问，你究竟想要的是什么，然后据此作出抉择。

有些人什么都想要，例如想要收益也想要情怀。当然，收益与情怀并不矛盾，情怀往往也能转化为收益，但情怀的目的并不是收益，否则哪有什么情怀可言？真正的选择在于当情怀与收益产生冲突时，你选择哪个？当你站在一间教室里，你究竟为学生负责，还是为校长负责？你会迫于校长的压力，而去委屈自己的学生吗？凡此种种都涉及一种价值观，涉及"第一性原理"。

而我这么多年走下来，虽不断迷失，但终究未曾迷路，正是因为不断地追问自己那些最根本的问题。对我来说，这就是我对整个世界的善意。例如，我也会问自己，无论身处何处，在董事会和老师之间，作为一个职业化的校长，你站在哪边？当然，这是一个假设的问题，就像家长和老师并不必然产生矛盾一样，但要说总是琴瑟和谐，那是骗鬼了。

想起易中天的几句话，发给了我们的中层管理者。易中天讲了很多人的几个特点：问态度不问事实；问动机不问是非；问亲疏不问道理。

我觉得，凡是有意于管理者都必须思考这些问题，包括前面所讲的第一性的问题。作为校长，我并非全能，更非全对，尤其是我不认为我有资格甚至下命令去改变任何人，我所能做的，只是向整个世界释放善意，如此而已。

它未必会被听到或看到，或者也被视为矫饰或巧言，但是向整个世界释放善意，并据此不断地重建自己的生活，本来就是自己的事，于世界何干，于他人何关？

管理要保持逻辑的一致性

一

好的组织，一定是"整体大于部分之和"。

那么，如何"整体大于部分之和"？

如果这个组织是高度同质化（整齐划一）的，像做广播体操一样，领导一声令人，众人"齐刷刷"，那么，整体无法大于部分之和，因为最大的，乃是领导的意志，所谓的整体，只是实现领导意志的材料。如果这个组织是高度异质化的，像农贸市场，则无法形成一个共同的目的。每个人都在为自己的目的而奋斗，但是组织内部相互摩擦，力量相互抵消，整体远远小于部分之和。

前者，是谓"一抓就死"；后者，是谓"一放就乱"。

而要"整体大于部分之和"，则必然要走出"一抓就死，一放就乱"的怪圈。而要走出这个怪圈，就要启动新的逻辑：和而不同。

"不同"容易理解：尊重差异性，视多元或差异性为资源。怎么理解这个"和"？"和"当然可以理解为和睦、和谐，但这种解释有个误会，尤其在中国语境下，经常会被理解为人际关系上的润泽，进而退化为"乡愿"式的沆瀣一气。这是"和"的堕落形态，恰恰是与"君子"对立的"小人"的处事方式。就是说，这个"和"固然可以解释为和睦、和谐，而一个组织也需要建立起良好的关系，但是这个"和"更主要的是指组织内的文化一致性，逻辑一致性。而这，恰恰是一个组织最难做到的。

以"海底捞"为例，假设网上传言为真，那么很显然，你要让服务员对顾客好，你就得对服务员好，这就是最粗浅层面上的"逻辑一致性"。对服务员好，并不是说你给服务员开出多高的工资，而是说，你在财务及管理框架内，尽可能地对服务员表达善意（福利的和态度的）。你期待服务员如何对待顾客，你就必须尝试以对待服务员的方式来传达期待，这就是管理上的"逻辑一致性"。虽然因为关系属性不同（例如，我们可能对员工严格，但是对顾客宽容），具体做法有较大的差异，但逻辑是一致的，差异只是逻辑在不同关系中表现不同而已。如果你尽可能地压榨服务员以降低成本，然后又对服务员对顾客的服务态度提出很高的要求，这就是"逻辑不一致"，而实际上也很难达成你的目标。哪怕服务员对顾客真的笑了，那也不是真诚的笑容，顾客也感觉得到。

二

显然，这种"逻辑不一致"，在学校里是广泛存在的。

例如，我所在的学校采用南明教育"全人之美"课程系统后，作为一所传统的口碑很好的学校，面临着从优秀到卓越的转型。在采用新的课程系统后，学校的课程生产力会经历一次释放，这在"海量阅读"等领域会表现明显。但第一轮课程红利之后，学校会面临一些核心突破。这就好像购买了一款新软件，确实解决了许多问题，但发现软件的许多功能不能充分使用，因而发挥不了软件的最大价值甚至核心价值。而要发挥软件的核心价值，必须升级操作系统。因为核心部分与原有操作系统是不兼容的。

冲突的核心，是传统的抓应试的机械学习系统，与新的抓素质的意义系统之间的冲突。以前以阅读为特色，但仍以传统教育为内核，现在要转型为阅读不再是特色，而成为课程的核心部分，这就需要重新梳理课程逻辑，逐渐完成稳定的重建过程。一旦希望课程是一个意义系统，那么学校文化呢？应该是怎样的形态？最终只能"万象更新"。更新的目的，就是要保持自身同一性，或者说"逻辑一致性"。只有这样，才能让系统发挥最大的价值，而不至于因此内在冲突拖慢发展的速度。

例如，行政与后勤，就需要从指挥监督系统，变成一个彻底的基于游戏规则的服务系统。如果不是如此，那么这种不一致性便会被所有人强烈地感觉到，最终，如果转型不能完成，就会危及课程改革本身。因为一所学校里，成人之间相互对待的内在逻辑，最终会传递到成人与孩子之间，传递到孩子与课程之间。

三

我一直认为，好的管理者，必须锤炼自身内在的原则，原则就包含了"逻辑的一致性"。

我们确实在与环境的互动中需要一种聪明，一种机敏。但是，这是街头小商小贩的思路，赚一把就走。如果你要创办大公司，创办受人尊敬的企业或组织，你就必须升级你的格局，确立你的原则，然后以此来抗拒一些短期的诱惑（棉花糖），去追求组织长远的成功。

一个组织，如果确立了自身的逻辑或原则，并以此作为尺度，那么，这个组织就有了稳定的基石。然而这原则，并不是写在墙上，或者在会议中宣读甚至宣誓的，而是在一次次的相互对待和事务处理中显现的。在逻辑不清晰的时候，就需要不断地解释，澄清，示范，直到化为多数人的本能反应。

这是一个组织最难的部分。

这是一个组织最难的部分。

这是一个组织最难的部分。

我认为，许多人的成功，就是到此门槛就终止了。而在中国，少的是原则，多的是领导意志。"楚王爱细腰，宫中多饿死"的情形屡见不鲜。领导的兴奋点，往往决定了一个组织的走向。有时候真是"成也萧何，败也萧何"。

以我自身为例，身为校长，我有一些未必正确但十分坚定的信念：

我是有缺陷的，但是一个优秀的团队以及一套科学的决策机制，可以将风险控制到最小；组织内部，信息必须以高效的方式无阻碍地流动起来，以确保问题能在第一时间浮现；尽可能以数据代替直觉作为决策基础；管理的核心是自我管理……

<h1 style="text-align:center">四</h1>

以上只是运思。

今天，我们距离这些思考还很远，还有很长的路要走。而且，这不是一个可以依靠命令解决的事，而依赖于较长期的文化建设，依赖于组织内部的持续不断的对话和事务讨论。

然而，你去不了你不想去的地方，尤其是，当你习惯以过去的方式生活的时候。

学校餐厅到底几点开门合适？

有幸旁听了国际学校的开学会议（因为碰巧与班主任培训相连接），听王志江校长讲学校工作计划，第一项工程即是"舌尖上的工程"，对食堂的食材来源、菜品、口味等提出了很高的要求。我很认同。管理的一个规律，就是首先要从人的需要出发，而在一切需要中，低级需要必须被优先考虑。

作为国际学校教师家属，我也经常会在国际学校餐厅用餐，亲历餐厅的变化。而作为校长，我又经常会透过餐厅管理上的这些变化，来思考管理本身。

一

国际学校与传统学校的一大区别，就在于校园里需要排队的时候很少。有作息时间表，大家很自然地起床，很自然地锻炼身体或参加社团活动，当然，也很自然地去餐厅吃饭，无须排队（有参观者竟然表示惊讶）。

整齐划一的集体活动会减少各种麻烦。例如，早晨起来后统一跑步，跑完步统一吃饭，管理方便省事。但是，这种对身体的无谓的控制，为了外部整齐而进行的控制，最终会伤害到学生的心灵。在国际学校，学生显然比在一般学校更为自由舒展。

这种自由舒展必然带来管理上的挑战。

例如，有些学生在晨练，有些学生早早就去餐厅吃饭了，怎么办？

一开始，餐厅的解决方案，是不开门。于是，每天早晨，都有一堆学生聚在餐厅门口等开门。中午和晚上也是如此。有一段时间，说是几点开饭，就几点开门。几次过去，早几分钟，就在门口干等，周围则是一群等待的学生。说实话，心理感受很不好。有几次带客人过去，很是尴尬。（偶尔餐厅甚至忘了准时开门，我想，大家嘴上不说，心里已是怨声一片。）

作为就餐者，我心里不舒服，通常第一反应就是学生心里肯定也不舒服。冬天的时候，我不但不舒服，而且很心疼学生，外面刮风，冻感冒了怎么办？那么，怎么解决这个问题？当然，可以一直守着这个时间点作为游戏规则，然后要求班主任教育学生，不要提前在餐厅门口聚集。但从管理上来说，这是一个好的方案吗？

后来，又经历了一些调整。

门是打开了，学生也不必风里雨里地被挡在外面。但是，没到吃饭的时间，餐厅又开始阻拦学生进入……

二

在学校里，餐厅是个服务系统。服务系统意味着什么？意味着让被服务的对象有两种感觉：需求被满足，人格被尊重。

吃饱和吃好，容易做到，因为这主要是一个投入的问题，再加上品质的观念。但是，让每一个人"有尊严地吃饭"，就不是那么容易了。而对于高端学校（或一切学校）来说，"有尊严地吃饭"，本身就是一种潜在的教育。

我讨论的这个问题，纠结了几种因素：

1. 规则层面：与师生约定的提供饭菜（或就餐服务）的时间。

2. 服务层面：让师生在与食堂的每一次"遭遇"中都感觉到贴心、舒服、被尊重。

3. 教育学层面：如何让学生不把时间浪费在等待吃饭上（虽然只是极少数学生），而是用于有意义的事情上？

单方面的规则很容易制定，但是，很可能对文化是一种蚕食（例子太多了）。其中最大的问题，就是很容易以餐厅为中心，而不是以服务对象为中心。不能自己觉得这些规则是为了做好服务，而要问服务对象感觉如何。

不从服务对象的角度思考问题，就很容易片面地产生一些认识，甚至是指责。例如，我们可能觉得学生就不应该提前到餐厅，早晨的大好时光，就应该如何如何。然而，首先，学生存在着各种各样的特殊情况，例如他可能一个活动循环刚结束，离吃饭还差几分钟，需要上来洗个手，直接就餐，有何不可？更重要的是，学生怎么安排自己的时间，是学生的自由，没有自由就没有自我管理。一旦哪个班的学生，或者哪些学生，每次就只知道抢着吃饭，那么，这并不是餐厅要解决的问题，而是班主任要解决的问题。解决这个问题也无法靠强制，或简单地依赖于批评（这是另一个话题）。

也就是说，教育学层面的问题，不是餐厅的问题。餐厅的问题，是解决好"吃饭"和"有尊严地吃饭"的问题，这两个问题是服务的核心问题。

三

这当中的要害，是不要试图控制别人，而是用清晰的规范和充分的尊重做好自己的事。

例如，让师生站在外面等，或者进行制止驱赶，这肯定不是一个好的办法。但是，什么时候提供饭菜，这是餐厅可以控制的。哪怕来得早的师生需要等待，也可以舒服地坐在座位上等候。这时候，没人会责怪餐厅为什么不提前提供饭菜。

如果哪些班级或学生，长期地提前来餐厅，无所事事，那么，这不是餐厅的事，这是班主任的事。餐厅当然可以把情况反馈给学校或班主任以引起重视，但没必要让这些成为自己的任务。

而对班级来讲，出现这样的事并非坏事。学生必然是在不断的尝试中练习自由的。在没有底线规定的地方，学生都拥有自由裁量权，因此，不能用要求的方式削弱学生的抉择力，而要通过不断地讨论、示范，让每一个学生逐渐地高效地利用时间，乃至于掌控自己的生活。

梳理一下：

从餐厅管理的角度来讲，需要通过不断地尝试来深刻理解什么叫"服务"。服务不是控制，不是总抱怨服务对象存在这样那样的问题因而不自觉地采取控制的策略，服务是支持，需要善解人意，而最好的服务甚至也不是"善解人意"，而是倾听服务对象的声音，让他们对餐厅的一切可以自由地提出批评，并有权获得回应。这一天还很远，需要观念的更新以及拥有更多的管理技巧。

从学校教育的角度来讲，可能需要不断地将主导权交给师生，尤其是交给学生。学校里出现的绝大多数问题，都可以逐渐地由师生来共同解决，或教给学生来解决。次之，是由管理者或老师来解决。最坏的情形，就是将学生视为要解决的问题。

在我自己管理的学校，这一切刚刚开始，甚至可以说远未开始。

我们要逐步解决餐厅的问题、洗手间的问题。但是，这不是一篇文章，或大手一挥就可以解决的。甚至，如果可以解决，也不能这样解决。因为有时候，把问题放在时间中，让问题本身成为一个学校成熟的契机和营养，比解决问题本身更为重要。

学校餐厅，如何解决剩饭剩菜的问题？

孩子在学校食堂吃饭，难免出现剩菜剩饭（以下统称为剩饭）现象，给管理带来挑战。我在学校里没管过这个（估计以后也不会管），因此，这里写的仅供参考。

与食堂有关的问题还有两个，不在本文讨论之列：一个是饭菜质量，一个是就餐秩序。前者事关成本与饮食观念，后者事关管理与教育，与剩饭不在一个问题域。

在"剩饭界"，有三大主题域：量的问题（吃不完）、挑食问题（不喜欢吃）和辣椒问题（有辣椒或无辣椒，还包括其他饮食禁忌，例如少数民族孩子的就餐问题）。

一、量的问题

如果经常性地出现剩饭问题，那么，首先要检查整个流程，尽可能消除问题根源：

1. 饭是学生自己打，还是由生活老师（或工作人员）给学生打？如果是由生活老师打饭，那么，就要将剩饭问题反馈给生活老师，生活老师在打饭时，要注意控制量，把握平衡，并尽可能根据学生的年纪和身体状况保持适度的差异。

2. 饭是学生打的话，如果学生倾向于多打，那么，可能有两种情况：一种是对剩饭问题管理不严，学生觉得无所谓，吃不完倒掉就是了。还有一种极可能发生的情况，就是添饭时要排长队，为避免麻烦，索性多打。有的学校是学生举手时会有生活老师去添饭，结果，生活老师经常看不到学生举手。前一种情况，要有互动反馈，让学生逐渐练习打饭时的控制感；后一种情况，就要改进食堂的打饭流程。

总之，与剩饭相比，重要的是首先要满足学生的需求。这个需求，包括吃饱饭的需求，也包括效率的需求（即能方便快捷地吃到饭和添到饭），进一步地，还包括尊严的需求，类似呵斥学生，或逼学生抢饭的行为，都伤及了学生尊严。

满足了以上条件，基本上就消除了大多数的剩饭问题。接下来，再针对剩饭问题进行具体的教育。

这个教育分为两个层面。

第一个层面，是针对所有学生的教育。核心，就是爱惜粮食，就是"光盘行动"。可能需要通过入学教育、班会、暮省等方式来达成共识，并进行反馈，进而化为学生的习惯。这种训练不应该交给各个班级自行处理，而是学校的公共教育，包括 PPT 制作，都应该由学校来统一完成，并对教育效果进行反馈。（这是另一个话题，也没有想象中那么简单，按下不提。）

第二个层面，就是在完成第一个层面的工作后，对仍然出现的剩饭问题的处理。

你当然可以粗暴地解决，逼学生吃光盘里的东西，不顾他的心理和生理感受，但这种教育是野蛮的。学校里的一切事情，应该具有教育学意义，应该有助于发展学生的能力，包括师生关系。因此，既不能不管，任由浪费，也不能统一要求，必须"光盘"（有时候真有可能损害身体，且不说可能伤及尊严）。

可以遵循以下步骤：

1. 确保所有学生理解"光盘"的要求和意义，并且留给学生学习的时间和空间。

2. 如果学生因为种种原因（实在吃不下、饭菜太辣、不喜欢等）不想吃，那么，征得老师同意后可以倒掉（强烈建议老师随手记录，尤其在规则形成阶段）。

3. 如果学生频繁剩饭，那么，就要与学生进行深度沟通，指导其正确打饭，必要时与生活老师沟通。

4.如果问题未获解决，则该学生不允许自己打饭，必须由成人根据他以往的食量来打，然后他吃不饱时，鼓励他添饭。

（特别提醒的是，在任何时候，都不能逼学生一定要吃光盘子里的饭！）

总之，哪怕在剩饭问题上，也要鼓励学生成为一个负责任的人。

为了达到这一点，实际上还要有相应的流程改进，大家自行想象。

二、挑食问题

挑食有害健康，不让挑食有害感受，怎么办？

老师肯定要鼓励学生不挑食，去试着接受甚至享受一切食物。在这里，任由孩子挑食，是一种不负责任的行为。而逼迫孩子吃不喜欢的食物，更糟糕，因为这可能伴随着精神伤害。

所以，解决挑食问题，不能一刀切，而要变成一个过程。

可以帮学生理解为什么不能挑食，这是首要的。甚至可以利用课程资源，例如有一首晨诵诗歌就叫《全都喜欢上》，非常适合用于挑食问题。仅仅是帮学生理解，并鼓励学生不挑食且光盘，就能解决大部分挑食问题。因为多数学生并不是真正意义上的挑食者，不喜欢，但他们可以接受食用。

接下来要攻坚的，是重度挑食者。

第一步，仍然是帮学生理解为什么不能挑食，从认知上扫清障碍。

第二步，鼓励学生挑战自己不喜欢的食物，可以从尝一尝开始，逐渐增加数量。在这个过程中，可以请学生分享感受，帮助学生逐渐适应。

第三步，挑战成功后，给予学生庆典的机会。可能是一次微演讲分享，甚至只是一次作文。

如果不是小班，班额非常大，怎么办？

可以使用数据分析。将食堂里常见的菜列成清单，然后让学生从最喜欢到最讨厌进行标识（结果也可以供食堂参考），然后，将讨厌食物的清单（及相应的学生）列出来，发起"食物大挑战"。

实际上，哪用得着这么费力？

那么，万一遇到极端的重度挑食者，怎么办？（有的学生看见有的菜是真的会吐的）很简单，"放弃治疗"，尊重学生对食物的感受。毕竟，只是少吃了一道菜，有什么大不了的？就是说，个人偏好问题，没必要做得那么绝，也没有那么重要。

三、辣椒及其他

辣椒君几乎能够挑动战争。

嗜辣军和怕辣军，在校园里势力都很大。前者"无辣不欢"，后者"闻辣而逃"。在国际学校里，这一点显得尤其突出。

这个问题可不简单地是个偏好问题，而确实关乎肠胃与传统。

解决方案是：

1. 学校的食堂主要针对学生，因此菜品通常都会避免辣椒。

2. 如果学校所在的区域普遍有食辣椒的习惯，那么菜品中可以考虑有一道菜是微辣。

3. 如果学生不能多吃辣椒，但教师有强烈的辣椒需求的话，可以在教师区域放置辣椒供自行取用添加。

这样就行了吗？

且慢。要培养学生拓展食物种类的习惯，以便能享受不同的美味。习惯吃辣椒的学生，要培养他们学会享受清淡的食物；不习惯吃辣椒的学生，要培养他们吃辣椒的习惯。要知道，食物交流的过程，就是文化交流的过程。要在尊重学生原有饮食习惯与拓展学生的饮食空间之间保持微妙的平衡。

至于涉及少数民族学生，则强烈建议为他们单独制作食物。至少，要有选择的空间，要充分照顾到他们的需要。

类似的，还有关于吃鱼的问题。一般学校食堂不提供鱼，因为鱼刺可能构成伤害。但是，有小孩的家庭就不吃鱼了？显然，这只是为了避免麻烦，并不是学校食堂真不能吃鱼。只是，年龄越小的学生，越要进行相应的指导。

挑食和辣椒，都是剩饭的潜在根源。解决了这两个问题，也就解决了因其所导致的剩饭问题。

只是，这是不是太复杂，太小题大做了呢？

我不觉得。我认为，恰恰是以往的教育太粗糙了，应试之外，教育的触角应伸展到学生生活的全部领域，怎么少得了吃饭这档子事儿？并且，学校无小事，任何小事背后，都包含了并不简单的教育观念以及管理思维。

第四辑

修炼：管好自己是管好团队的前提

教师怎样做研究？

一

教师有必要做研究吗？

这本来不是一个问题，因为教师的工作，面对的是纷繁复杂的知识和个性迥异的儿童，是最需要随时开展研究的。但是实际上，这已经成了一个严重的问题。几乎从来不做研究，才是如今教师工作的现状。

为什么会这样？

一种谬论，是教师无须研究，研究是所谓的专家的事情。（难道教师不应该是专家？）教育领域，仿佛也存在一个柏拉图所谓的理想国，高校里的研究者，是哲学王，一线教师是工匠，负责将高深的理念变为流水线的操作。一种谬论，是教师缺乏研究的能力，研究所需要的专业素养，非得经过漫长的专业训练不可，而一线教师缺乏这种能力。

有些问题，的确无须研究。比如：你家的电话号码是多少？鸦片战争发生在哪一年？一加一等于几？这是明显的信息。再比如：为什么苹果会往下掉？怎么理解速度与时间之间的关系？鸦片战争失败的原因是什么？这些最初当然都经过了研究，但是现在已经形成了共识，无须再研究，是所谓的知识。但是，有些问题，仍然是需要研究的，因为这些问题没有现成的答案，例如：小明为什么花了那么多时间学习，成绩依然不佳？为什么我花了很长时间教方程，错误率仍然很高？我怎样才能在有限的时间内，让学生高效率地掌握某个单元的知识内容？这些问题，不研究，是得不出结论的。仅凭感觉，往往是少慢差费的根源。而这类问题，又是教育教学中最为核心且数量庞大的问题，不研究，怎么行？

教师也不缺乏研究的能力，或者说，研究几乎是一种本能。例如，教师也会去淘宝购物，你总希望花最少的钱，买到最有品质的东西，这就非得研究一番不可。但是，要把研究变成一种自觉，并且，拥有相应的方法论系统，却是刻意练习的结果，而非本能。

那么，为什么会有非常多的人认为教师不应该做研究，或者事实上，教师确实没有研究的习惯呢？

核心的原因在于，传统的教育教学体制，并不鼓励与支持教师做研究，更多的时候，是需要完成既定的任务，并不断地提升效率。尤其是在应试教育实际上仍然主宰一切的时代，教师更多的是流水线上的一个环节，需要的是对标准化的知识，进行标准化的教学，获得标准化的产出。因为教师的个性，研究所带来的个人知识无法标准化，也就很难转化为标准化的产出，尤其是学业成绩。现代课程观背景下，并不是说就不需要研究，哪怕是考试，事实上也需要研究，而是说，研究并不是教学的主流方式，记忆与理解才是。教学的目的，是高效率地掌握标准化知识，而不是去创造知识和发明知识。知识的箱格化，带来的是教师专业发展本身的箱格化。例如，更重视怎么教，而不是教什么。

整个教育教学体制，都不支持研究，那么，一线教师就缺乏研究的回报，自然也缺乏研究的动力。久之，也会逐渐丧失研究的能力。但是，在后现代课程观的背景下，或者说，在新课程改革的背景下，研究的重要性将开始逐渐显现。哪怕在学生那里，随着项目化学习的逐渐落地，研究也会成为一种重要的学习方式。

所以，未来的教师，将越来越需要成为一名研究者。

二

教师研究有两个突出的误区，一是将研究想当然地理解为高校里面的理论研究，二是将研究简单地视为经验汇编；或者更为普遍的是，将这二者结合起来，试图给自己的经验，加上理论解释以使之合理化。凡此种种，都导致了一线诸多无意义的伪研究，或者假研究。

对高校里的理论研究，最拙劣的模仿，就是在形式上，添加所谓的关键词、提要、目录、理论依据、假设，以及一大堆所谓的数据，但是，却重复了一些常识性的结论。空有华丽的外表，却没有真正的洞见，也产生不了影响现实的力量。而经验性的研究，往往太多感性的成分，缺乏真正的问题意识以及相应的逻辑力量，也缺乏相应的观念水平。更多的研究，往往是有一些经验，觉得似乎不够理论化，不登大雅之堂，于是用各种流行的理论进行包装，强行赋予一些理论基础。脑袋（问题切口）很小，但帽子（理论概念）很大。

在很大意义上，这是源自教师在研究领域的自卑。我们没有意识到，一线教师的研究，与高校理论工作者的研究，只有性质的不同，而无价值的高下。这一百多年来，绝大多数教育理论者，乃至于教育理论家的研究都湮没无闻，但是苏霍姆林斯基的研究，却流传下来，成为经典，至今熠熠生辉。

那么，教师研究为什么会沦为表演与表现，而没有能够成为教师专业发展的核心力量呢？

核心原因，是在长期应试教育的背景下，教育这个行业没有形成自身的专业框架与有效的概念体系，缺乏被公共认可并且形成传统的研究范式。简要地说，是行业本身专业性薄弱，导致了研究意识的淡薄，研究方法的缺失，以及研究成果的匮乏。许多学校或教师，仍然错误地认为，阅读、讲座培训、名师示范等，是教师专业发展的核心路径。实际上，在几乎任何领域，基于问题的研究与实践，才是发展的核心路径。教师必须通过解决问题成长，而研究，既为解决问题提供支撑，又通过对经验的专业分析，深化了经验。

专业知识的匮乏是一个严重的问题。这种匮乏至少表现在两个方面。一是学科知识方面的匮乏，更多地停留在感性经验层面，缺乏有力的观念支撑。比如：语文老师可能读了不少书，但未必拥有有关语法修辞知识的本质理解，未必熟悉文本解读的核心观念与基本工具；历史老师知道不少史实，未必有历史哲学方面的基本素养，或者有把握历史问题的概念框架；政治老师也未必能够正确地理解政治学的核心概念，并且与教材系统相互贯通；数学老师也不一定理解数概念的形成过程；等等。二是相关的教育学、课程与教学论等方面知识的匮乏，比如对现代课程观、后现代课程观的陌生，对教育学领域相互对峙的观点的基本理解以及各自合理性的常识性领会的缺乏。这些，在应试时代是不必要掌握的，因此也就没有被真正地掌握过。

在这样的起点下谈论教师研究，是艰难但却有意义的。艰难，指的是缺乏足够数量的优质研究作为范例，也没有形成一些可以传承的研究范式；有意义，是指正因为如此，研究才是促进教师专业发展的重要途径，通过做研究学会做研究，就显得特别的迫切，也是专业发展的一条捷径。就像登山，最难攀登的地方，实际上路途最近。

那么，教师怎么做研究？或者说，教师怎么做高品质的研究？

高品质研究的要害，或许可以概括为三个要点：

1. 鲜明的问题意识。

2. 研究与审辨方法。

3. 专业的观念工具。

三

什么叫"鲜明的问题意识"？

教师的研究，不是坐在书斋里的冥想（有这样的爱好当然无妨，但不是主流），而是为了解决面临的迫切问题。问题往往是真实的，并且是情境化的。这是教师研究的起点。因为在日常生活中，大量的问题是细节性的，但是对教育教学成败的影响很大，所以，多数研究的问题，是小切口的，是微观或者中观的，很少是宏观的，例如教育的目的是什么之类。

我举一些例子：

1. 寓言类文本，如何确定教学内容与教学程序？

2. 一年级儿童的数概念，应该如何正确地建构？

3. 20 以内加减法常见错误及成因。

4. 怎么处理"集中识字"与"随文识字"之间的关系？

5. 如何命制一套高质量的语文 / 数学试卷？

6. 小学低段学生有效激励技巧研究。

7. 小学低段课堂口令系统研究。

8. 如何通过《乌鸦喝水》，教授儿童问题解决能力？

9. 以《南京条约》为课题的研究与审辨教学研究。

10. 怎么有效解决学生说脏话的问题？

这些问题，有些是中观的，有些是微观的，但对老师来讲，都是非常实际的问题。如果这些问题不解决，就会总在同一个地方跌倒。比如，如果不做 20 以内加减法的常见错误与成因研究，每带一届学生，错误就都是类似的，并且为四则混合运算埋下了祸根。

问题意识是非常难以形成的，因为在未经训练的情况下，人往往会陷入"我不知道我不知道"的境地，提不出问题才是最大的问题所在。所谓的问题意识，就是从这一境地，走向"我知道我不知道"的境地。那么，怎么觉察到问题的存在，并且对问题进行清晰的界定呢？

1. 有些问题，不解决就过不了这一关，这是最容易形成问题意识的情况。例如你管不住课堂纪律，它天天困扰你，消耗你，就容易形成一个明确的有待研究和解决的问题。

2. 有些时候，你需要以他人为参照系，在对比中发现自己的问题。比如你带的班，孩子计算能力差，但你觉得不是问题，认为是生源不好，或者学生不好好学习，而没有仔细地思考一下为什么你和别的老师带的班级的学生在计算问题上有差距，这时候，你就丧失了一次产生问题意识的机会。

3. 有些时候，你需要自己建立参照系。同样是计算问题，你们班这方面的失分率，是全年级最低的。但是，这并不意味着你的计算教学没有问题。你可以问自己：计算问题的失分率，控制在什么水平以内才算正常？或者说，如果我用尽全力，可以把计算的平均失分，控制在什么范围之内？这时候，你就建立了一个新的尺度，激励着你不断地迈向成熟。

换句话说，哪怕你跟周围人相比，没有什么问题，甚至一直领先，你也可以不断地给自己提出新的更高的目标，这同样意味着给自己提出了一个问题。例如：我怎么样才能让班级里最不喜欢写作的十位同学，都能够爱上写作呢？

四

怎么解决自己提出来的研究主题？

最重要的，是研究与审辨的习惯，以及自觉地学习和运用专业工具。

研究与审辨，是成人在深度学习或者深度工作中最常用到的工具，或者说最应该养成的习惯。所谓的研究，侧重于梳理。一个真实的问题，其他人在这个领域走了多远？有哪些成果可以借鉴？研究就是在巨人的肩膀上，把问题的理解再向前推进。所谓的审辨，侧重于辨析。是非对错，要明辨清楚。研究要充分地占有优质资源，审辨要用核心概念来辨析理解，同时对逻辑有较高的要求。

目前的问题在于，一线教师并没有研究的习惯，往往只有在写论文、做课题的时候，被迫地进行研究，而没有把研究与审辨，当成日常的一种深度工作习惯。当成深度工作习惯有两种含义：一是日常的教育教学工作，具有了研究与审辨的性质；二是一旦开展明确的研究，拥有比较成熟的研究方法与路径。所以，让日常的教育教学具有研究与审辨的性质，是提升一线教师研究能力的基础；而经常进行的深度研究，则是关于研究与审辨能力的刻意练习。在这个过程中，教师就会形成一系列习惯，解决与研究相关的一组常见问题，例如：

1. 与工作高相关的领域的前沿成果是什么？有没有日常的追踪？通过何种途径去追踪？

2. 我们通常会通过哪些手段去搜索资源？到哪些网站去搜索有价值的资源？怎么才能够又快速又准确地找到高价值的资源？

3. 我们用哪些常用的框架、概念、标准或者逻辑系统，去判断资源的真伪或者价值？

4. 我们如何对资源进行分类、比较、综述？在这方面有哪些成熟的技巧与框架？

5. 我们如何搭建研究报告的框架，梳理研究报告框架中的因果关系，确保经得起推敲检验？

6. 在确保科学性的前提下，我们如何让研究报告具有实用性、可读性，甚至具备一定的个人风格？

研究与审辨的习惯，本质上是"道路建设"。举个例子，假如我要上几节关于《水浒传》的整本书共读课，我会怎么做？我可能会先找三五篇《水浒传》研究综述，交叉比较确定一个论文、书籍、研究者以及核心主题的清单，把它作为研究的起点。再结合课程的需要，确定这几节课要涉及的主题，然后围绕着主题缩小范围，阅读精华研究材料，形成我的结论或主题，再扩大范围，围绕着主题进行研究，最终形成研究报告。这样的一种研究方式，是相对稳定或轻车熟路的，这是一个基础。在这个基础上，再去拓展研究与审辨的范围，不断地纳入一些新鲜但有价值的元素。

显然，研究不是一次完成的，而是一种日常练习。对于语文老师来说，关于大主题或经典课文或经典作家，展开研究与审辨是必要的；对于数学老师来说，关于重大概念或模型的研究与审辨，也是重要的；其他学科老师亦然。

如果说，研究与审辨是一种思维习惯、形式习惯或者说工作习惯，那么，专业的观念工具则是一种实体工具。研究与审辨，可以理解为一套程序，就像道路。但是，观念工具就像交通工具，决定你是步行、开车前往、坐高铁还是搭乘飞机。

大量的一线研究，成为资料的堆砌或经验性概括，核心原因是缺乏强有力的工具，将碎片化的经验整合成反思下的秩序化的洞见。以语文教学为例，如果没有关于读写能力的相关知识或核心概念，就无法正确地理解千姿百态的阅读实践，并作出准确的判断。一年级的学生适合学古诗吗？三年级的学生适合读《草房子》吗？如何设计《丑小鸭》的共读？教师应该向学生推荐"淘气包马小跳系列"吗？一个好的故事应该是什么样子的？凡此种种，如果没有相应的观念，就像仓库里没有排列整齐的货架，零碎的经验/货物，就没有办法有秩序地组织起来并加以运用。同样地，数学老师如果缺乏关于数概念、空间与几何概念的深刻理解以及相应的数学思想的熟练掌握，也会在做研究时出现这种状况。而各个学科的老师关于自身学校的专业概念的理解与掌握，是当前新课程改革事实上面临的大问题，也是教师做研究深入不下去的最大障碍。长期的应试教育，一定程度上妨碍甚至摧毁了这种基于核心概念的教师学习。

有意思的是，研究的目的，有助于形成或巩固大概念。这就是说，研究与审辨成为一种习惯，对于教师的观念建设，是极其有益的。

我们讨论"教师怎样做研究"这个话题，本质上不是讨论"当教师需要写研究论文时应该怎么做"的问题，不是一个技巧的传授，而是从研究与审辨的角度，从"大主题＋大概念"的角度，对教师如何备课，如何准备教学的一种重新检讨。

教师应该做研究，研究本身就是教师这项工作的核心性质之一。教师普遍不做研究而成为传声筒，是应试教育无数的恶果之一。而教师做研究的能力，只能通过不断地做研究来提升，来不断地迭代。

我期待，新一代的年轻教师，能够拥有研究的自觉。如此，善莫大焉。

教育中的经济学 ①

日子过得真是飞快，转瞬间，清明了，再转瞬间，清明就过了。
清明节的鄂尔多斯，大雪纷飞，思乡的干老师赋诗一首：

清明罕台遇雪

清明时节雪纷纷，

身在罕台欲断魂。

念遍唐诗春将谢，

枝头红杏苞未屯。

——辛卯 2011 年

我知道干干本质上是属于南方乡村的。更准确地说，他的灵魂从未真正地离开那个叫车山岙的地方。与人相比，他更擅长与南方乡村的花草虫鱼山川河流打交道。交往这么久，每每惊讶地发现，他对花草的熟悉程度令人惊叹，仿佛前世是名花匠。不仅如此，务弄花草时那份耐心、温柔、细致，让人很难与他犀利的个性联系起来。这种不一致，甚至渗入了新教育课程。理想课堂中的犀利深刻，与儿童课程的乡野气息，竟然天衣无缝地糅合在一起了。

3月27日，他为罕台新教育小学所写的校歌初稿中，也隐约感受得到那份花草情结：

苍穹杳杳，罕台川旁，

绿洲于沙，弦歌悠扬，

楼宇雅净，乃我学堂。

---

① 原题《教育中的经济学——网师—周观察（55）》，写于 2011 年。

晨诵诗赋，午读典章，

含英咀华，如品如尝；

入暮思省，一天回望：

是否勤奋，有无独创？

以日以年，如苗之壮，

既质又文，君子堂堂，

立此天地，达彼万方。

当然，这首有待有心人为之谱曲的校歌中，不仅仅有花草的青涩，还有岁月对种子的信念，甚至，还有对生命流逝的恐慌。唯独没有的，是肤浅轻飘。

显然，这不是词语游戏，而是存在的略显沉重的诗意涌现，是从大地深处涌现出来的歌声。因为在同一日，他又写下了罕台新教育小学的"教师之志"和"教育之道"：

教师之志：

老者安之，朋友信之，少者怀之。

今译及改编：

老者、长者、大人，于《论语》中有相同的结构功能，就是所谓长于己、己所尊敬、听命者。对教师而言，此长者、老者，首先便是代表事业整体的校长、局长（而不是作为个人的某人）。安之，因你在此而对此事此位不复忧虑，心有所安。

朋友，结构中功能相近者，即同事和家长。信之，如左手信任右手，双足信任左右手，如此，方能克成事业。

少者，即孩子。怀之，终身感怀，不止于怀念，亦是以此为楷模，感恩生命中有此段岁月，有你存在，而因此他得以一生成就。

——罕台新教育小学

教育之道：

知及之，仁不能守之，虽得之，必失之。

知及之，仁能守之，不庄以莅之，则民不敬。

知及之，仁能守之，庄以莅之，动之不以礼，未善也。

——孔子

今译及改编：

理智和理论上能够理解和解释教育，但仁爱之心达不到，即使一时做成了这件事，最终也会失去它。

理智和理论上达到了，用仁爱之心守护住了，但如果不能以自身的庄正、庄严去和学生接触，那么孩子们就不会敬重你，教育效果就不好。

理智和理论上明白了，用仁爱之心守护住了，用自身的庄严、庄重和学生交往了，如果不能用和谐的礼仪（礼乐）来开展各种共同生活，这样的教育也称不上完善。

——罕台新教育小学

怎么说呢，这是个喜剧时代，这种从历史以及存在深处继承而来的宁静、寂寞与忧患，并不合乎时宜。不但不合乎时宜，而且如同一切伟大之物一样，很难被时代真正地理解。

"教师之志"也好，"教育之道"也罢，作为梦想，甚至在新教育小学，也只是一种朝向。或者说，这是新教育之梦对每一位以生命投身新教育事业的老师的请求。而当这种请求因信念、能力等种种原因而不能在当下达成，只能等待岁月时，那份怅惘，也就可想而知了。

一

人生本质上需要谋划。

虽然愈来愈强大的信念才是最根本的动力，但是没有了细致的谋划，信念就缺乏一个从容生长的空间，甚至会演变为没有内容的兴奋或缺乏现实感的偏执。最终，信念不会转化为强大的推动现实的力量，只能成为没有依托的情绪的堆积物，就像生命中密布的阴云。

我经常看到学员关于教室的咏叹：教室！这个充满冲突、挫折、失败和无意义感的地方！这种情绪有时候会带来一种强迫症，就像一个溺水者，越是想拼命地抓住任何一根稻草，结果在漩涡里沉溺得越深，直至经受灭顶之灾而完全放弃努力。甚至有时候，网师也不过充当了一根虚幻的稻草而已。

这时候最需要的，首先不是行动，而是谋划。而所谓的谋划，就是重新规划自己的行动，分清楚主要的和次要的，必须捍卫的和可以放弃的。这甚至并非一切行动的前提，而是内在于行动之中，是行动的本质组成部分。

例如，对一间教室来讲，首要的是建立秩序。这个秩序，既非控制到牙齿的苛刻，也非浪漫到骨髓的自由，而是首先确保底线，即确保班级正常运行，学生在学习上不受到秩序的困扰。最高明的老师能够达到不治而治，但若缺乏那种能力，哪怕用训诫的方式，也要先努力地捍卫底线，然后再逐渐改进。

一旦秩序建立起来，除用必要的精力维持（高明的老师，会逐渐过渡到学生自治）外，越来越多的精力，要投入到教学中去，协助学生顺利完成学业。在当前，所谓"顺利完成学业"，在相当大程度上是指获得良好的考试成绩。

一旦能够获得良好的考试成绩（例如在学校排名中处于中上水平），那么除了尽量保持成绩上的优势地位外，要抽出一部分精力（也意味着要学生抽出一部分精力）去做更多的事：增加学生的阅读量以丰富精神生活，允许或组织学生发展自己的兴趣，增设一些有趣味的或者有挑战性的课程……

很显然，这里涉及一种教育上的经济学。老师的精力（或者说注意力）、智力是一笔值得珍惜的财富，这笔财富如何不断改变比例重新分配于秩序、学业成绩以及更高发展之间，是一门很大的"理财学问"。

你想象一户并不殷实的人家，一家人需要过上好的生活，但是如果院墙有了缺口，屋顶漏雨，这家人就必须把吃肉的钱节约出来修缮院墙和房屋，因为若不这样，轻则小偷会进来，家里将会损失更多东西，生计会更为艰难，重则墙倒屋塌，一家人无处栖身。（秩序的重要性即在于此）修缮之后，只要定期维修，就不再需要在建筑上花费更多的金钱，那么这家人如果聪明的话，会不断地积蓄一些财产。积蓄的财产有两种用途，一种是防备意外（万一刮台风或地震了呢），一种是用来投资以挣更多的钱来改善生活。

如果这家人，宁可忍饥挨饿，也要不断地加高加固院墙，以至于超过了必要的限度还不停手，一定要把家里修得跟碉堡一样，你肯定会觉得主人心理有问题了。或者，这家人尽管已经解决了吃饭问题，但只要赚到钱，就都全部地用于无止境地改善生活，从不用于存储或进一步投资，你也会替这家人担忧。

但在教育中，类似的场景却一再重演。

二

为什么这么说呢？

你会发现一些优秀班主任，孜孜不倦地抓纪律，抓班风。在基本纪律已经达成之后，他总能"敏锐"地发现新的问题，因为他的"敏锐"，新的问题自然也层出不穷地迎合他的需要，于是，他的精力就无边无际地消耗于其中甚至乐此不疲。

你会发现一些优秀的学科教师，孜孜不倦地抓考试成绩，辛辛苦苦地练练练，考考考，在班级成绩已经稳居上游之际，他仍然很有危机感，稍有一次降到第二名就惊慌失措，并且确实没有完美的学生与完美的考试，于是他的精力，全部地、无边无际地消耗于题海之中。

或许这些老师，会在如此的紧张中奋斗到退休，他们生命的贡献以及乐趣，实在是很有限的。而在更多的情形下，他们不可能一直保持优势地安然退休，往往会随着时间的推移，被更年轻的教师所"淘汰"。这当然不是丢掉工作，而是在班级管理以及学业成绩上被超越，被打败。

这里涉及教育教学上的一个奥秘，即不要在任何相对低级的阶段逗留太久，在基本解决低级阶段的问题后，越朝向高级阶段，低级阶段的问题越不成为问题。

总是聚焦于秩序问题，不但无法解决秩序问题，反而有可能令秩序问题加剧直至崩溃，这就是消极管理的弊端。相反，在秩序问题基本解决后，不要汲汲于一些小问题，而是带领班级挑战更有价值的目标（例如学业成绩），那么在挑战过程中，许多秩序上的问题会自然而然地消失，这是积极管理的奥秘。

同样地，成绩明明相当好了，还总是聚焦于考试成绩的老师，是学校里的"暴发户"（往往是灭绝师太型的）。"暴发户"的特征，就是固着于低品质的生活，汲汲于分数之类的低级需要，他不知道学生还可以有更丰富和更高品质的发展。这类老师所教的年级越低，悲剧越明显，因为他不知道丰富学生的精神生活与智力背景，从而使学生在更高年级的学习越来越艰难，直至连考试成绩也无法保持。相反，如果他能在学生的成绩基本良好的情况下（有时候想要保持第一的心态是有害的），始终抽出一部分精力用于丰富学生，那么，学生不但能够继续保持较高的成绩，还将获得比成绩更多，甚至也更重要的另外的东西。

这个奥秘，也适合于一切知识的学习。

以小学低段为例，有的老师会无休止地将精力用于让学生学会生字并达到100%过关上。这种努力，稍有不慎，就会变成师生的灾难。100%的追求可以作为挑战，但是不宜成为全体学生的硬性要求。有些学生（中等生或"差生"），通过努力可以达到90%，而老师为了10%而几乎侵占了学生大部分的课外时间，自己也有不菲的投资，结果可能使学生达到95%。这貌似是进步，其实是投资上很大的失败。因为学生的那些课外时间若用于阅读或其他丰富经验的活动，会收益更丰。但老师总想不明白其中的道理，他不明白的关键是，假如允许学生有10%的不理解，那么等学生到了更高阶段的时候，这10%的问题将自然而然地消失。——学生读了更多的书，曾经不认识，不会写的生字，会自然而然地认识，或稍加练习即可掌握。当然，前提是这10%不是关键知识，不构成学生进一步学习的障碍。（如果是进一步学习的障碍，则要聚焦之。）

有远见的人家能够在可忍受的范围内适当降低生活标准，是为了那些在可接受的范围内节约下来的金钱能够产生更高的效益，并最终提升生活标准。对教育者来说，你手握时间和智力这其实有限的财富，你也在一定程度上能决定学生的精力分配，那么，你如何让自己以及学生的生命发挥最大的效益呢？这难道不值得深思吗？

所以，你的班级，纵然有很多学困生，也不要一下子榨尽他们的财富，而要储备一些用于投资，丰富之，涵养之，这是为未来谋划。

好的教育，就是分配于基本秩序和提升考试成绩的财富越来越少，越来越多的财富，用于师生的创造性的发展。最好的例子，当然是雷夫，他将越来越多的财富用于旅游课程、莎士比亚课程，而不是课堂练习。

三

这种谋划，不仅仅指在班级管理、学业成绩以及更高发展之间不断地谋求新的更高级的平衡，还包括了在教室里在学生之间的资源配置的效益最大化，即我们通常所说的个别对待的问题。

想　想，你有一笔积蓄，但是有一群能力不等的孩子，你将如何不断地将财富分配给他们？你要给最有能力让财富升值的孩子，还是给最贫穷以至于揭不开锅的孩子？

这个问题的本质，涉及效率与公平（管理一个班级与管理一个国家也有不少类似的地方）。你就像一个司机，要根据路况不断地作出判断并动态调整，在这里，有原则（效益最大化），但是没有任何僵死的药方。

爱心过度的父母，会倾向于将一切积蓄奉献给最穷的孩子，这当然令人感动，但另外的孩子，却因为得不到必要的支持，发展受到了限制。而这些其实有限的积蓄，在最穷的孩子这里，又没有也不可能实现效益最大化，因为他往往是大消耗，小产出，结果是大家一起穷。更要命的是，有的孩子简直穷得一塌糊涂，就是个无底洞，你的积蓄扔进去，似乎没有什么反应。

所以有计算头脑的父母，可能会将投资分为三份：最大的一笔投资，用于所有孩子共同来完成的项目，以确保尽可能地共同富裕，这是根本。另外的投资，一部分要确保最贫穷的孩子的基本生活（但不必给他更多的零花钱），一部分要充满希望地交给最能让财富升值的孩子。父母知道，最能让财富升值的孩子将作出多重贡献，他不但会使自己快速地增长财富，而且会深刻地影响和推动其他孩子，甚至他将有可能（简直是一定的）为另外的孩子提供支持。一旦最有能力的孩子和大部分孩子富裕了，父母的积蓄，就可能越来越多地帮助最穷的孩子，不但帮他脱贫，甚至可能帮他致富。

教室里的事，不也如此吗？

作为老师，将主要精力用于班级的整体发展，这是毫无疑问的，但不能将全部精力用于整体发展，因为倘若不顾及优秀学生和学困生，整体发展将受到连累。——优秀生的高度发展，会对整体班级产生榜样力量，从而带动整体发展，而学困生的被遗忘，将使整个班级受到一定程度的连累。（至少，会在纪律方面产生严重影响，而且，哪个真正优秀的集体中，会有某个个体被心安理得地忽略？）

在现实教育中，最普遍的状况，是对学困生的忽略与排斥，包括以各种手段，不让学困生参加考试，这当然是极可憎的。

但在网师这样的教师群体中，因为大家普遍的爱心以及敬业精神，却时常发生另一种情况，既对学困生以及其他"问题学生"的过度聚焦。在这里，爱、关注，永远是必不可少的基础，但教师在运用自己的时间及智力财富的时候，却不能不同时考虑效益最大化的问题，这意味着有时候要允许学困生或"问题学生"的问题被延迟或延缓解决。对自己实在无能为力的学生（尤其是高度认知障碍学生即零分生，以及严重心理问题学生），既要适当地关爱，又要建议学校或家庭（主要是家庭）辅之以另外的教育手段。（有些"问题学生"，需要专家介入，不是老师能应对的。）

包括对学困生的补课，也要有分寸感，不能无休无止。永不放弃职责，不放弃努力，不为自己找借口，但也要知道自己不是神仙。

四

教育中的经济学，不但意指教师谋划自己的教室，更指教师谋划自己的职业生涯乃至人生。

许多人都会说自己很忙碌，这大约是事实。或者，与其说是事实，不如说是感觉。但有多少人敢说，我忙得有效率、有价值、有意义？

这中间的分界是，忙得有效率、有价值、有意义的人，内心往往是一种紧张的宁静，充实而愉悦。反之，则充斥着焦虑、恐慌、怨怒、渺小以及无意义感。这是一种丧失自我的感觉，即不是我因控制了生活而忙碌，而是生活控制了我而"被忙碌"，或称"瞎忙"。

你是忙碌，还是"被忙碌"？

这时候，也需要对时间和智力这两笔财富进行恰当的分配，以便不仅更好地应对工作和生活，而且使时间和智力不断增值。

这种分配，从大的方面讲，首先是教育教学工作与专业发展（尤其是阅读）之间比例的分配。

越有钱的人赚钱越容易，这是这个社会的残酷现实。因为越有钱的人，越有多余的财富用于投资（同时也越经得起投资失利），而穷人常常为现实所迫，将所有的钱用于解决温饱问题。

那么，一个穷人如何翻身？如何摆脱越来越穷的循环？穷人的出路，不是抱怨自己太贫穷，恨不得来一场革命"均贫富"，而是要比别人更努力，更精打细算。例如，他可能要通过加班等方式赚更多的钱，并且克制不必要的奢侈消费，而将节余下来的钱用于投资，从而实现良性循环。

教育也是如此。一个不成熟的老师，尤其是青年老师，想要在职业中有所成就，但又能偷懒尽量偷懒，这无论如何是不成的。所以，你得额外去"赚钱"，例如，节约掉看电视和打麻将的时间用来阅读，在周末，找半天安静的时间钻研。除此之外，我看不到还有什么别的捷径。

渐渐地，你花在专业发展上的时间将越来越长，而花在教育教学上的时间将越来越少。——当然，这只是比喻，很可能你花在教育教学上的时间并没有减少（甚至有时会增多），但是这种没有减少的前提，是效率的成倍增长（例如你带领学生挑战课程）。

一个理想的状态，或许是将不再区分专业发展与教学准备，只是师生共同进行不断的充满刺激的挑战，而为这些挑战所进行的大大小小或远或近的准备，就是专业发展本身。

在这里，可能产生的一种根深蒂固的误会，以为我要强调传统的"奉献"。只想着"奉献"，是奉献不了什么东西的，因为一切奉献的前提是"拥有"，"拥有"越多，"奉献"越多。并且，这种"拥有"是全方位的，包括必要的健康的生活享受。这意味着，你不必也不应该拒绝生活中许多美好的东西：旅游、美食、电影、交友……包括与家人在一起的时间，孤独的时间，等等。

而所有这些被统统称为闲暇的东西，都并不逸出经济学的逻辑之外，"学会休息"，仍然是一种生活的经济学。而在生活与工作之间保持平衡（相互促进而不是相互妨碍），更是一门经济学。因为教育最终是用生命引导生命，而生命岂只有所谓的工作？

例如，努力地工作，在攻克一个任务之后，给予自己与任务难度相称的奖赏（从一部电影，到一次旅游）。

同时，追求休闲的"经济效益"，例如，尽量地远离麻将，不过多地沉迷于低级电影而是去欣赏真正的经典大片等。

五

在教育中，还要重视长线投资与短线投资的平衡。

一次长长的课程之旅，一次长长的学习之旅，都属于长线投资。对长线投资的畏惧和不重视，是一个非常紧要而突出的问题。

以网师学习为例（网师学习本身就是一次长线投资），你可以走马观花地投资若干课程，也可以对一门或两门课程进行长线投资。而长线投资的特点是，倾其所有，引发质变。

如果一个学员决定对"苏霍姆林斯基教育学"课程进行长线投资，那么如果没有引发质变，只是"很有收获"，这其实是投资上的浪费。或者说，他压根没有真正地进行长线投资。多数情况是，他有种种理由撤回部分投资：

啃读？学校最近太忙了！我实在没时间，所以只草草读了一遍。

写教育叙事？哪有时间！能挤出时间来认真读读，已经不错了。

……

不断地打折扣的结果，是自己的生命不能以足够的能量聚焦于这门课程，结果是固然有所得，但是最终没有发生质的变化。很少有人在一件事情上拿出拼命三郎的精神，告诉自己：非如此不可！

长线投资不是生命的常态，而是为了让生命保持敏锐、不定期更新以及发生质变的攻坚性的投资。换句话说，叫"挑战不可能"，让生命在一段时间内摆脱麻木状态，将人从日常生活或日常教育教学中"解救出来"。这种解救，只能通过挑战似乎不可能的任务来完成。

这确实需要信念和毅力，因为会有无数的力量里里外外地消耗你的投资：内在的畏惧、疑虑、懈怠、虚无感以及自我辩护，外在的诱惑、嘲讽、压制以及控制。

一分耕耘，一分收获。在经济学中，一切如此公平。

这种经济学渗透于教育教学的角角落落：

你在教学中，将财富投资于教学前、教学中还是教学后？

你对财富在高智力含量的工作和低效重复的工作之间分配的比例是怎样的？

你在上课时的注意力财富是如何分配的？

……

其中每一个问题，都可以写成一篇大文章。你谋划过吗？

六

其实，生命本身就是一场投资。

我们来到世间，学习，工作，在不断地尝试中确立自己的投资方向，在成本与收益之间反复权衡……

马斯洛的需要层次论，对投资本身也极有启发。

有的人，将全部的财富投资于低级需要，努力地将院墙变成碉堡，将一日三餐变成皇帝的晚宴。有的人，还要通过持续的投资获得他人的爱、承认和尊重，直至功成名就。

在人类的历史长河中，也有些人，尽可能地缩减用于基本需要的投资，甚至不屑于世俗的认可，而是汲汲于创造，不断地挑战自我的极限，让生命如其所然地充分绽放，将每一分投资都发挥到极限。

或许我们还无法那样伟大，我们手头的财富似乎永远捉襟见肘十分有限，而教育，又似乎确实是一个无底洞。许多时候，我们看着孩子因我们的不成熟而无法充分发展，会感受到一种良心上的折磨。但这或许是宿命，是我们走向成熟所不得不付出的代价。

重要的是，不放弃。

同时，不让空洞的软弱的爱心来替代理智的判断，甚至成为掩盖自己教育失败的借口，而是以理智的判断和审慎的投资来丰盈爱心，使教育之爱成为一眼活的泉水。

生命的意义与乐趣，不就在于此吗？

不断跃迁：提升整体学业成就的八次机会

学校应该不断地提升学生的学业成就，这是毫无疑问的。

之所以用了"学业成就"而不是"学业成绩"这个概念，是因为"学业成绩"并不能概括学校在知识学习方面的使命。当我讲到语文学习的学业成就时，不仅仅是指语文成绩，而且甚至更是指语文素养，例如读写能力。而语文考试，并不能够全面地反映一个学生的读写能力。但是，成绩是学业成就的核心部分，当我们讲提升学生的学业成就时，首先指的是提升学业成绩，然后进一步指不只提升学业成绩，还要提升整体的综合素养（全人之美课程就是聚焦于综合素养的），尤其是核心素养。这种综合素养，既是学生未来面对社会时的基础能力，也为在下个阶段提升学业成绩奠定了基础。

那么，怎么有效地提升学生的学业成就呢？

一般地，校长和老师，都会做许多具体的工作，确保工作的持续改进。但是在许多时候，我们发现成效甚微。会也开过了，工作也部署过了，教研也推进了，但最后，似乎并没有明显的成效，或者说，进步远远低于预期。

为什么？

两个原因：一是工作没有抓到关键点上；二是抓到了关键点，但没有抓到位。

如果没有抓到关键点，出现的情况是，忙忙碌碌，但是没有成果。怎么找到关键点？需要一套思想方法。我经常会运用两大思维工具来梳理问题，一是麦肯锡方法，二是奥卡姆剃刀。（可以配合清单和脑图来使用）

麦肯锡方法有三条重要原则：

1. 以事实为依据。

2. 系统化思考。

3. 大胆假设，小心求证。

系统化思考，或者说 MECE 原则，也可以用三句话概括：

1. 把复杂问题拆解成多个子问题。

2. 每个子问题都相互独立。

3. 所有子问题都穷尽母问题。

用一句话来概括 MECE 原则，叫"完全穷尽，互不重叠"。用一句话来概括奥卡姆剃刀，叫"如无必要，毋增实体"。奥卡姆剃刀的意思是"切勿浪费较多东西去做用较少的东西同样可以做好的事情"，可以称为简洁化原则，我自己经常称为"最少必要原则"，要害，是把复杂事情变简单。把这两个原则整合在一起，可以概括为一句话，叫"全面思考，抓住重点"。

以"提升学生学业成就"这个目标为例，用麦肯锡方法，我会问自己一个问题：在一个群体（例如学校或班级）中，学生的学业成就，是由哪些要素决定的？然后，我把这些要素全部罗列出来，这叫"完全穷尽，互不重叠"。用奥卡姆剃刀，我会问自己另一个问题：在这些要素中，哪些因素是最重要和关键的？这些最重要和关键的因素，就是要重点解决的。从经济学的角度，也是投入产出比最高的。

因此，要提升学生的学业成就，就要找到这些关键点，然后开展深度工作。每个关键点的彻底解决，都会带来极大的"产能释放"。那么，在提升学生的学业成就方面，有哪些关键点呢？

一、学风

（一）

在小学，我称之为习惯；在中学，我称之为学风。从个人的角度讲，是习惯；从集体的角度讲，是风气。总之，是同一个意思。

学校里，或者说教育上有许多坏习惯，其中一个坏习惯，就是喜欢做思想工作，而不是改进行为。我们发现，企业里，管理者很少找员工谈心。企业里首先抓的是什么？是流程。什么是流程？流程就是工作程序，工作程序就是一种工作习惯。

飞机容易失事，医疗经常出事故，航空公司和医院做什么？不是开会批评，不是做思想工作让大家提高认识以及工作责任心，而是检查程序，看哪里出现问题了。程序上的漏洞弥补上了，安全系数就会大大提升。

学生跟学生之间的差距，主要也是习惯造成的。如果一个学生经常不完成作业，那么，最好的方法，也不是批评和谈心，而是检查他的做事程序，看他怎么安排时间的，找出问题，给予针对性的指导、约束和反馈，问题就容易解决。有的学生一回家，第一件事是做作业，作业做完了再玩，没有心理负担，玩得也开心，晚上睡前还能读一会儿书。有的学生可能就缺乏合理的程序，结果什么也没有做好。如果一个学生，他的习惯不仅限于行为，同时，他也有良好的思维习惯，那么，差不多不优秀都不行了。

为什么？因为习惯上的微小差异，会在漫长的求学生涯中被反复地叠加，无限地放大，最终形成无法逾越的鸿沟。

因此，一所学校，一个班级，一个学生，要从搭建习惯入手，提升整体生命的效率。若干个良好的核心习惯树立起来了，就组成了风气。对一个班级来说，这就是班风；对一所学校来说，这就是校风；整体地说，这就是学风。

因此，要提升一个班级，一所学校的学业成就，抓学风，抓习惯，是非常重要的，学风抓上来了，就会迎来一波变化。我们看许多名校，孩子们的成绩很好，未必是名校的老师更努力，尤其是老牌名校，而是生源和文化相互作用所决定的。因为对学生影响最大的人，并不是老师或家长，而是同伴。

这一波潜能的释放，主要是通过改变环境和习惯，来提升学生的整体学业成就。

（二）

我举一个改变学风的例子。

比如，我们创造一种文化，要求教学楼内，必须有学习的风气。一进入教学楼，就想学习，而不是当成休闲娱乐场所，或者无所事事。

那么，创造这种学风，就需要先把愿景分解为可执行的目标：

1.教学楼内任何时候都应该保持安静，杜绝追逐打闹和大声喧哗，倡导同伴声音。（一年级例外）

2.学生进入教室，即进入学习状态。

这样做的结果，是造成了一种环境暗示，学生进入教学区域，就知道这是学习的地方。就像大学里的自习室和图书馆，天然就是学习的地方，你不学习都不好意思，你在那里跟女朋友卿卿我我试试看，大家都会用异样的眼光看你。

你也可以只在班级里形成这种风气，不必在乎隔壁班的吵闹。你怎么判断一个班级的好坏？我在做校长时，偶尔也会巡查一下教学楼。我最喜欢在什么时候巡查？不是在规定的教学时间内，而是在教学时间外。举个例子，私立学校要求下午5点钟老师到岗的话，我就有可能在4点至5点之间巡查。这时候，你可以清楚地看到每个班主任的到岗时间。然后你会发现一个规律，班级管理的好坏，跟班主任到岗时间，基本上是高相关的。优秀班主任通常会早到岗，有些甚至是在第一个学生到达教室之前就到岗了。

注意，我不是从管理的角度来看这个问题，而是从教育的角度来看这个问题。从管理的角度，老师只要5点到岗就行了，管理重视的是契约。但是从教育的角度，我就会思考什么时候到岗，教育效果最好，甚至整体效率最高。

这时候，就会发现早到岗的教育学优势——

1.可以做接下来一周的准备工作。例如，写清单或列计划，把下周的工作重点想清楚。

2.可以按照学生到校的先后顺序检查周末作业，或者与部分学生做一些交流。

3.最重要的是，从第一个学生到达教室开始，就可以提醒和指导学生，到达教室后应该做什么，让教室始终保持一种学习的氛围。当第一个学生认真读书或学习时，第二个学生就会受到影响，以此类推，风气就形成了。

没有经验的老师，会踩着点到教室，然后开始看自习。他会想：我凭什么早到？难道周日不是我的休息时间吗？

这种想法是对的，所以我说，管理者不能要求老师早到。但是，这种想法，只是一个基本的工作契约逻辑，而不是教育的逻辑。教育的逻辑是什么？是我接受了一份班主任的工作，我就面临一个要解决的问题：怎么把一个班带好？我们之所以下班后还会接听家长的电话，而不是让他们上班时间再打来，就是因为我们要对班级负责，而不是仅仅机械地承担一份工作。因此，当你周末下午家里有事的时候，你当然不用早到。但多数时候，我们实际上并没有什么事情，早到 30 分钟或 1 个小时，也不会给私人生活造成巨大的损失。这时候早到校，对解决"怎么把一个班带好"这个问题意义很大。从更大的时间尺度上，因为你走在了问题前面，反而节约了时间。

如果是学校希望如此，则学校完全可以在老师不必提前到校的情况下解决问题。当然，这属于另一个问题，即怎么把工作抓到位的问题。

二、知识清单

（一）

有一句话讲得很有道理，叫"先做正确的事，再正确地做事"。

习惯也好，学风也好，是学习的环境，是基础的平台。一旦进入学习，首先要确保"做正确的事"，这就要求老师要明白，并且也要让学生明白，我们究竟在学什么，应该学什么。换句话说，就是要明确学习内容，用知识清单呈现出来。

学生学业负担过重，学习效率低，在很大程度上，跟学习内容不清晰有关。知识清单的好处，是使教学内容清晰，减轻学生的负担。尤其在文科教学中，老师们所教的知识差异很大，对教材的理解差异也很大，因此，需要大量地研究和调集资源，制作知识清单。

知识清单，往往是课程标准和考试大纲的具体化，包括了对核心素养的分解。

对知识清单的误解，有两点。一是将知识清单之类的做法，看成是应试教育，因为应试教育特别喜欢讲知识清单，甚至有些教辅直接就以知识清单命名。二是将知识清单的内容，理解为需要记忆和背诵的死知识。

实际上，知识清单是一种思维方法。这种思维方法的要害在于，让知识和学习变得可见。变得可见的含义是：

1. 知识可以被清晰地表达出来。

2. 知识的表达是结构化和有秩序的。

高效学习的关键之一，就是知识的清单化。不能够说"书读百遍，其义自现"这样的话，必须清晰地且有秩序地表述。

（二）

以小学语文为例，低段的教学往往最有效，高段的教学往往最无效。为什么？

因为低段老师，知道教什么。他只要抓住"识字"这个主要任务，教学就是有效的。但是到了高段，老师往往并不知道要教什么。当语文教学的重心转向读写能力的时候，什么是读写能力，就不是那么容易弄明白了。

那么，读写能力能不能清单化？

当然可以。统编本教材的进步，就在于意识到能力必须清单化。因此，统编本语文教材中，语文要素的安排和以前相比是比较清晰的，既有一个整体的结构，能够让老师们看到语文要素指的是什么，包括了哪些方面，又有一个递进的梯度，例如某一项能力，从低年级到高年级，构成了一个由易到难的序列。例如复述这个知识点，从详细复述，到简要复述，再到创造性复述，梯度是非常明显的，这就是知识清单。

阅读能力能不能清单化？写作能力能不能清单化？当然是可以的。凡是不能清单化的知识，意味着我们对它的理解还有很多模糊的地方。

清单可能是知识结构，清单也可能是教学程序。举个例子，要让学生的作文达到一类卷，就需要有两个知识清单，一个知识清单解决知识问题或者说考点的问题，一个知识清单解决训练程序的问题。

（三）

知识清单的研发，是一个专业要求很高的过程，但也是训练我们工作能力的特别好的机会。

一份好的清单，会成为实际教育教学工作的指引。一份糟糕的清单，往往跟教辅资料中的清单差别不大。实际上，教辅资料中的清单，是制作知识清单的参考资源，但不建议直接当成知识清单。

知识清单的品质，要看知识清单在何等意义上为教学提供实在的价值。无法提供实在的价值的清单，实际上就沦为了形式。

以数学为例，一个单元的知识清单意味着什么？可能包含如下内容：

1. 知识点结构化的呈现（位置、关系、重难点标记）。

2. 核心概念清单化的分解。

3. 典型习题（知识清单最难的部分，穷尽题型与难度）。

4. 典型错题及分析。

知识清单并没有一个完全客观的标准，适合不同人的知识清单，也有差异性。核心的原则，是让教学内容变得可见。

三、过关

要提升学业成就，最重要的是什么？是知识清单。但是，要提升学业成绩，最重要的是什么？是过关。在大家都解决不了知识清单，或者根本意识不到知识清单的重要性的前提下，过关意识和过关能力，就成了决定教师与教师之间、学校与学校之间成绩差距的根本要素。放在企业里，这叫抓落实，也叫执行力。当然，"知识清单＋过关"，那基本上就是屠龙刀和倚天剑的组合了。

以前洋思中学搞"四清"，所谓"堂堂清，日日清，周周清，月月清"，本质上就是抓过关。

语文老师会狠抓背诵与默写，为什么？因为大家会发现，阅读理解拉不开差距，作文拉不开差距，许多时候，班与班之间语文成绩的差距，就在于谁抓背诵和默写抓得到位，学生在生字词和名句填空等方面少丢分，谁的成绩相对就高。

抓过关，有不同的段位。

应试教育中的最高段位，是灭绝师太型的。这就叫抓出血来。

我们想一想，如果你抓阅读量，要不要过关？你抓写作，要不要过关？你抓口语表达或者说演讲，要不要过关？你抓知识点的理解，要不要过关？更高段位地强调过关，就要思考这些问题，并且给出相应的过关方案。

"四清"的问题在哪儿？就在于将过关从教学中抽离出来了。最高级的过关，是一种过关意识，是课程中的闭环思维，即将一件事的按标准完成当成终点的行为方式。课堂上你讲了，不代表学生就懂了，你要从学生那里获得正确的反馈，才算真正地完成。

四、作业

作业是非常重要的，因为学生所学的东西，一定要自己动手之后，才算是真正地掌握。许多学生习惯于"君子动口不动手"，导致学习很浮夸。

抓作业改革，可以分为四个层面：

1. 作业的书写与规范（衡水体就是典范）。

2. 作业的提交率与完成率。

3. 作业的数量、质量与个体差异。

4. 作业的批阅与反馈。

重点是后两条。作业的数量不足，学生得不到足够的训练；作业的数量过多，学生没有思考时间，沦为简单刷题；作业的质量不一，会浪费学生的时间；作业缺乏选择性，即所谓弹性，又会导致有些学生无所事事，而另外一些学生完成不了。

我举我在小学教研中讲过的例子。我们的常规作业分为三类，课前预习单、课堂练习单、课后作业单。作业，或者说练习贯穿始终。我以数学课上的课堂练习单为例。假如在课堂上，老师给学生留出 10 或 15 分钟时间来做练习单，做完以后再继续讲解，那么，会出现什么情况？有些学生早早完成了，有些学生时间到了也完成不了。一个做法是，让练习单保持弹性。比如，你要学生做 5 道题，那么，你就要告诉所有学生，要求做 5 道题目，如果个别同学时间不够，至少要做完前 3 道题。如果有同学还有精力，可以一直朝后面做。而你实际布置的题目，是 10 道，后 5 道越来越难，最后一道基本就很难做出来。在这里，你无形中把题目分为三组，适应了不同学生的要求。而因为后面的题目越来越难，因此优生的精力，就被用在了解决难题上，就减少了滋生纪律问题的机会。我们不能有一个观念，凡是布置的题目，都必须做掉。

　　如果理解了这种思维方式，你可以把课堂预习单、课堂练习单以及课后作业单整合成一份作业，但是标注清楚，哪些是预习单，哪些是练习单，哪些是作业单。还要标注，哪些必做，哪些选做。这样，哪怕相对薄弱的学生，必做的部分，课堂上没做，也会自动转化为课后作业，这样能提升上课做练习单的积极性，反正课后要做。同时，优生课堂上没完成的挑战，课后可以继续当成挑战题来完成。

　　这是一种赛跑机制，可以确保所有的人充分地、有效率地进入学习。

　　除此之外，教师对作业的批阅和反馈，也要研究，高度职业化和专业化，避免随意。这里面包含了如下内容：

　　1. 批阅的格式与套路。

　　2. 批阅结果的反馈模式。

　　我在这里强调两样东西：

　　1. 作品意识。

　　2. 错题本。

　　什么叫作品意识？就是要反复灌输一个概念：你的作业，应该是作品。通过不断地示范和展示，让好的作品不断地被看见，再加上要求和鼓励，就能够催生越来越多的作品型作业出现。

如果是语文，可以考虑把一学期的作文或随笔结集。从学期初就布置任务，这样，学生对待每一篇作文就更容易用心，最后再反复修改，誊抄，期末结集后，请人写序言，可以是老师、家长或同学。

错题本，许多老师可能都已经在使用，但是，怎么让错题本发挥最大功能？这是要研究的一个话题。错题本的原理一旦明白了，就可以灵活运用。错题本的本质是清单，清单根本上是一种思维方法。错题本的价值，是识别与归类问题，以便于高效地解决以及避免重复犯错，因为人总是容易在同一个地方跌倒。一旦理解了这个，你就可以把错题本跟教材融为一体，尤其是文科。比如语文，典型错误就可以写在书上，方便复习。

在这里，会发现错题本跟笔记的融合。笔记的原理也是清单，背后有一种思维方式。

另一个工具是费曼学习法，也可以用笔记法融合。例如，我们读书经常有一个问题——记不住，容易忘记，便可以将划线、批注、摘抄与总结融为一体。如果再结合印象笔记等网上产品，就容易记得牢，也方便查阅。

五、先学后教

（一）

先学后教，本应该是教育常识，是基本规律，但是，常常被遗忘。

为什么要先学后教？我们要重新理解"教"与"学"的关系，或者说，"教学"与"发展"之间的关系。对这个问题最深入的研究来自维果茨基，他认为，教学应该走在发展前面，并提出了一个特别重要的概念，叫"最近发展区"。

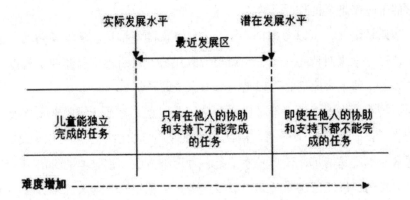

用独立解答习题的办法确定的这个智力年龄或者现实水平，和儿童在不是独立地，而是在合作中解题时达到的水平之间的差异，就决定了儿童发展的最近发展区。(《维果茨基教育论著选》第 244 页)

儿童在成年人指导和帮助下演算的习题的水平，与他在独立活动中便能演算的习题的水平，二者之间存在差距，这个差距就是儿童的最近发展区。(《维果茨基教育论著选》第 386 页)

维果茨基的"最近发展区"经常被误读，误读的关键在于"最近发展区"的下限到底是什么？

"最近发展区"的下限，是指儿童的"实际发展水平"。问题在于，儿童的"实际发展水平"到底是指什么？一个经过教学已经掌握了 20 以内加减法的学生，准备去学习 100 以内的加减法，那么，他的"实际发展水平"是什么含义？是能理解和掌握"20 以内加减法"吗？是在上这节课前的发展水平吗？

不是。

"最近发展区"的正确表述，是儿童通过自己的努力所能达到的上限，与在老师和同伴的帮助下所能达到的上限之间的区域。这个区域，严格地讲，才是教学区。(学习区，则是指舒适区与恐慌区之间的区域。教学区是学习区的上层部分，但包含在学习区以内。)

这意味着什么？

这意味着逻辑上讲，教学的起点，是学生独立学习的终点。换句话说，在教学之前，学生必须独立学习，并尽可能达到上限，然后，老师和同伴介入，这才是真正意义上的教学。

我们今天想象一下，你去读哈佛大学，会遇到什么情况？有没有可能，你大脑空空如也地走进教室，然后教授说，来，把书翻到多少页，我们今天来学哪一课，下课的时候，再布置作业给你？

不是这样的。教授在你选了这一门课后，先给你一个书单，请读完。然后，给你一些课题，你可以选择一个或几个，你自己去学习，去研究，有问题就来问教授。课堂是做什么的？你按要求学完以后进行交流，反馈、点评、提升、打通、指出方法。用孔子的话来说，是"不愤不启，不悱不发"（不到他努力想弄明白而得不到的程度不要去开导他；不到他心里明白却不能完善表达出来的程度不要去启发他）。

（二）

那么，怎么先学后教？

这意味着，一个完整的学习单元，是从学生预先学习开始的。高效教学的一个重要任务，是培养学生的自学能力。

培养学生自学能力的黄金阶段，是哪个阶段？不是高中，不是小学，是初中。大家回顾一下教育改革的历史，从魏书生，到杜郎口，到洋思，凡是强调自学，强调先学后教的，基本上都是初中。衡水中学绝对不会强调自学能力的。请问，为什么？杜郎口的经验，放在小学，放在高中，都会以失败告终。

学生要自学，先要有基本的自学能力或者说工具。举个例子，你要学生自学一篇课文，学生首先得识字，得能够流利地把课文读下来（自动化阅读能力），他得有基本的写作能力，这是自学能力的基础，是道路工程。就像你要学生在网上遨游，他先得会打字，有搜索能力。而这些基本的理解能力、阅读能力、思维能力和表达能力，也包括运算能力等，都是在小学完成的。因此，学生在小学高段，才可能有真正意义上的自学能力——我是说，自学成为学习的主要手段。毕竟，幼儿园就有自学能力了，自学能力是与生俱来的。

那么为什么高中不行呢？

因为高中的知识非常复杂，难度大，数量多。就像读写算的能力是小学养成的，在初中成为自学工具一样，到了高中，自学能力也是工具，但是，不是学习的主要手段。因为高中知识多而难，更需要系统化的学习，老师引导下的学习，而不是自己的自主探索。自主探索以形成自学能力，正是初中的任务。一方面，已经具备了自学能力的能力基础；另一方面，所面对的知识的复杂程度和难度，又不至于应对不了。在初中阶段，努力就可以考高分，但在高中阶段，就不一定了。

因此，如果初中没有形成较强的自学能力，没有形成自己的学习方法，只是靠机械学习或刷题来取得高分，那么到了高中阶段，就会落后。

（三）

那么，是不是小学就没必要培养自学能力呢？

自学是一种意识，先学后教，是一切高效教学应有的规律，哪怕幼儿园都不例外。但是，比较明确地教自学能力，三年级开始比较合适。一个有效的办法，就是推行预习单制度。同时，要教给学生预习的方法。预习单的设计，技术含量也很高。在培养学生自学能力的过程中，我们需要做好几件事情：

1. 学生自己能够学习的，老师不用教，只要检测反馈就行了，例如生字词之类。

2. 核心的概念，学生自学可能解决不了，但是，自学至少让学生预先思考过，课堂上的教学，就可能更有深度。

3. 我们要对学生的自学进行监控，提供指导，并训练学生自我监控学习的能力，这就是自学能力的培养。

六、分层教学

（一）

分层教学不是分班教学，分班教学的本质是对学生进行分类——重点班或普通班，分层教学的本质是按学科进行分类，主要是英语和数学两门学科。当然，也可能逐渐包括物理和化学。我们一般分 A、B、C 层，如果是四个班两个老师，则一个人带 B 层，一个人带 A、C 层。

分层教学中，还要保持层次之间的适度流动，让学生有奔头。

为什么要实施分层教学？因为在数学、英语等学科上，学生之间的实际水平差异是非常大的。如果不分层，教师上课的难度就会加大，一部分人吃不饱，一部分人吃不了，会导致许多问题。

分层教学，受益最大的是两头。因此，分层教学往往能够带来所有层次学生的学业成就的提升，而以两头最为明显。一开始可能有学生或家长会反对，但最终看到成果后，都会理解与支持。我们开始做的时候，老师的反对声音也很强烈，以至于拖延了一个学期，但真正实施开来以后，大家都觉得分层达到了效果。

分层教学过程中值得注意的，是不能歧视尾部学生。要做好解释工作，越是尾部学生，越要热情洋溢地鼓励。

（二）

分层教学适用于中学。分层教学的理念，在小学阶段，主要表现为培优和补差。

小学阶段的培优，主要指向数学和英语。要把优等生在一定程度上解放出来，给他们更多的和更难的任务，在知识上进行拓展和加深。

小学阶段的补差，则需要依据学习理论，有一种整体的设计。

举个例子，学生总记不住知识，可能不只是需要更多的重复记忆，更需要补阅读。那么，学校如何设计？家庭如何配合？

数学怎么补？语文怎么补？英语怎么补？有什么区别？学校层面要有什么战略？都要进行研究。

七、知识建模

知识建模，就是重视核心概念，以及概念与概念之间的关系，把千变万化的知识，概括为一些基本的模型，以之来驾驭纷繁复杂的知识。或者说，把知识结构化。

如果你要考一般的大学，你靠刷题就能做到。如果你要考重点大学，你就不能只机械刷题，还要能够完成对不同类型题目的建模。如果你要考到顶尖大学，你还必须对知识有特别精深的理解，那是一种通过核心概念进行深度建模的能力。

不仅如此，不同学科的模型不同。

知识学习最低层次的逻辑，是记忆术，就是把大脑当成仓库，不断地往里面塞东西。知识学习最核心的逻辑，是建模，就是在大脑中建构起复杂多样的模型，以适用于不同的现实或事实。知识学习最高的层次，是精彩观念的诞生，即创造与发明知识，这是自由阶段。

在这三个层次中，正确地建模，是高效学习的关键。

而中学涉及的所有课程，本质上归为三大模型：语言模型，也叫形式模型；知识模型，也叫概念模型；技能模型，也叫动作模型。而我们的课程，分为三类主题：一类是工具类，例如语数外，形式模型或语言模型占据主导地位；一类是知识类，例如政史地理化生，知识模型或概念模型占据主导地位；一类是技能类，如艺体课程，技能模型或动作模型占据主导地位。占主导地位，不是说只有这种模型。例如，在语文中，也会涉及知识模型与技能模型——关于语法的知识和演讲与写作技能。不同的模型，建模的路径有很大的不同，带来学习方式的巨大差异。

八、教研

（一）

通过教研范式的转变，来提升学校的教学品质，是学校的核心。一所健康的学校，应该以教研为核心，而不应该以行政管理为核心。行政管理只是服务系统，目的是为了确保教研与教育教学的顺利进行。

教研为什么是重要的？

我习惯于把教研组长，叫课程领导者。教研组长是学术负责人，负责确定标准，审定课程，跟进教研，评估成果，推动改进。如果我们前面讲的，一直是释放学生的潜力，那么教研的最大意义，就在于达到标准化和释放教师的潜力。

教研可以确立标准或尺度，帮助所有的教师，尤其是新教师，快速地达到一定的标准。

更重要的是，教研也是教师成长的最好的方式。学生的最近发展区，是学生努力的顶点与在教师和同伴帮助下所能抵达的最高点之间的区域，那么教师呢？什么是教师的最近发展区？

然而在教研问题上，学校也往往是最迷茫的。

如果我们采用绩效考核的办法，做得好的教师，奖励就多，做得不好的教师，奖励就少，那么，一定会在相当的意义上提升教育教学水平，尤其是考试成绩。但造成的结果是什么呢？是教研流于形式。因为没有人愿意在教研中作出贡献。当然，一个解决方案，是每次重大考试的成绩，有一个可以理解的范围。例如，如果你离平均分，差了 5 分以内，可以接受。一旦差得很多，就要调查一下究竟是什么原因，以促进改善。

如果没有教研，所有人的成长，都会遵循一个自然曲线，大概在五到十年间达到顶峰，之后缓慢下降。但是，如果有教研的干预，那么，成长的速度会非常快，而且，一切皆有可能。

（二）

学校解决不了教研的问题，表面上看起来，似乎是因为学校缺乏专家资源，教师们的水平相差不大；实际上，根本的原因是，学校没有把教研定位于课程领导和问题解决。

从教学校长、教科室主任到教研组长，教研系统在学校中的地位和功能，没有被认真地思考过。教研系统往往既没有承担职责，也没有获得权力，不具备独立性，往往是行政主宰下的执行单位。而这一切，又跟学校行政化的事实密切相关。

给教研组长赋权、赋能，我认为十分重要。

要让教研组长，真正地为学科负责。举个例子，教研组长要做到：

1. 组织审核课程计划，并确保课程计划的有效落实。

2. 有效地组织教研，为课程计划的落实提供必要的研讨支持。

3. 通过作业检查、测评分析等手段，确保课程计划落实的效果。

4. 通过共读、新教师入职培训、师徒结对、组内或校内分享、研讨会、邀请专家介入等方式，推进组内教师的专业发展。

学校要为教研组长提供支持，例如：

1. 在教师的招聘、解聘、排课等人事安排上，教研组长应该拥有比较大的权限，对成熟的教研组长来说，甚至是决定性的权限。

2. 在教研组长出面组织外出学习、资源购置（例如买书）、专家邀请等方面，学校要给予一定的甚至是明确边界的支持。

3. 在学校涉及教学的绩效考核等方面，教研组长应该拥有主要的发言权。

4. 教研组长本人的利益，包括学术收益（例如外出学习机会）和津贴奖金，也要得到保障。

同样地，学校也要对教研组长提出要求：

1. 有明确的课程发展方向以及教研组计划。

2. 有明确的目标并且可量化或可描述，作为评价组长的基础。

3.有明确的教研成果，并以教研总结或汇报的方式呈现。

（三）

教研不能沦为机械的听评课，教研必须基于问题解决。就像企业里，大家在一起开会，是因为遇到了问题，要解决问题。

因此在教研中，最难的，是界定问题。而之所以无法界定问题，往往是因为我们对大家汇在一起究竟要做什么，并不是十分清晰。这又回到了课程计划，回到了学校的重点工作。如果学校这个年级这个学期的重点是抓海量阅读的话，那么，教研工作的一个重点，就是研究海量阅读。在海量阅读的推进过程中，一定会遇到诸多问题，教研就是对这些问题的持续聚焦。再比如，统编本教材出台，如何进行单元教学？可能对有些学校有些年级来说，就是重点工作，那么这个工作，就是教研要重点突破的。学校如果自身实力不足，可以通过与专家（例如教研室的教研员）建立稳定的联系，来联合解决问题。

在这个过程中，大家逐渐会形成对问题的敏感和兴趣，一种研究的风气就形成了，这种风气，才是学校的永不衰竭的发动机。

结　语

八次机会，意味着学校在提升学生学业成就方面的八次可能，每一次可能性的实现，都会带来能量的释放。

但是，把每一次机会做到极致，是十分困难的。把握住八次机会中的任何一次或几次，只能说是找到了关键点。但是，关键点要落实，要化为学校稳定的行动力，则需要跳出常规的深度工作能力。

怎么构筑深度学习能力，确保每一次机会的高品质实现？这是另一个话题了。

校长是学校里最容易高估自己的人

在微信或一些文章里，我经常很不正经，跟校长的身份很不相符。例如，我很喜欢写段子：

我以前是不会……，但是，我现在是校长了呀，难道我还不会吗？

玩笑归玩笑，但是根据我的观察和推断，校长肯定是学校里最容易高估自己的人。

像我这样自恋的人，更不例外。

一、位置越高的人，越容易高估自己

心理学上有几个有意思的概念，例如：

1. 自我服务偏见：与总体水平相比，大多数人认为自己的道德水平更高，更友善，更聪明，更客观，更没有偏见。

2. 虚假普遍性效应：在观点方面，我们总是过高地估计别人对我们观点的赞成度以支持自己的立场。

3. 虚假独特性效应：我们把自己的才智和品德看成是超乎寻常的，以满足自我的形象。

总之，我们总是过高地估计了自己。而在一个团队中，位置越高的人，越容易高估自己。因为人的自我认知取决于环境的比照，位置高的人在环境中，总会听到许多超出他的实际水平的评价，久之，就很把自己当盘菜了。极端的情况，甚至觉得自己无所不能。

因为这个原因，校长很容易指点江山。今天到了语文组，给语文老师培训一把，讲讲人文素养的重要性；明天到了数学组，跟数学老师讲讲这数学不能死学，必须精讲多练；后天到了艺体组，又说这艺术的关键啊，是培养孩子的兴趣。这个部门的领导啊，嘴上没毛，办事不牢；那个部门的领导啊，太死板，缺少灵活性。总之，看谁都不对劲，都不成熟。最后慨叹，这人才啊，真缺。

时间愈久，校长的感觉愈良好。

他觉得别人都不行，就他行。偶尔有个行的，要么是像他的，要么是听他话的。

为什么校长会对自己的能力深信不疑？

因为他的管理模式（或者说思维方式），使他成了别人的天花板。

他很难意识到，因为他，手下的人确实就显得不行，会越来越证明自己不行。但他不明白，他看到的"不行"，是一个结果，而不是原因。在他手下，人自然就越来越不行了。

判断一个好校长的尺度是什么？不是他有多牛，而是他在担任校长期间，学校里冒出了多少牛人，无论是管理者还是教师。

我对这个尺度深信不疑。

二、别把平台当本事

在体制内混到名校长，当然有一定的能力。

但是，有能力坐这个位子的人，比你想象中多得多。我们确实要努力，努力确实很重要，但许多人努力了却没有机会。而机会的重要性被许多人忽略了，甚至可以说，机会的重要性远远大于努力。你能成为怎样的人，在很大程度上，取决于你站在什么平台上，"居高声自远"。

作为中师生，我丧失了上大学的机会，许多人都有痛切的体验，你再怎么努力也没用，那个年代要文凭啊，要英语啊。

但我的运气也不差，我享受到了网络的红利，借着 BBS 的机会，迅速地进入到了另外的平台（圈子），避免了老死县中的命运。而我相信，像我这样的中师生，或者文学爱好者，散落在各处，是一抓一大把的。但他们未必上网，上了网也未必要去教育论坛凑热闹，所以，也就丧失了一次升级的机会。有了这个机会，我才得以在教育教学上突飞猛进；没有这样的机会，我顶多只是一个县中的优秀老师。

你在名校做校长，那么多学生上清北，跟你有多大关系？你一个月不在学校，你会发现，一切照常。因为越是成熟的学校，越不需要创新，越容易形成路径依赖。

这当然是顺境，但是也可能让你丧失了真正形成领导力的机会。而一些民办学校的校长，起于青萍之末，最终却成就了一片茂盛的庄稼，那水平和能力，哪在你之下？

但是，哪怕是民办学校，成功与失败，也不要太强调人为因素，更多的是"势"，站在风口上，顺势而起。此所谓时势造英雄也。成了英雄，我们也要敬畏这"势"，顺应这"势"。

可惜，因为自我高估的倾向，我们往往容易把成功归于个人能力，而把失败归于运气不好。实际上，研究表明，竞争越激烈，运气越重要。《牛奶可乐经济学》的作者写过一本书，就叫《成功与运气：好运和精英社会的神话》，将这个道理讲得非常清楚。

我们或许比别人强一点，但只是一点而已，机会会将这一点无限放大，毕竟领导会得到更多的锻炼机会。

三、别把自己当盘菜

我认为，意识到自己可能高估或严重地高估了自己，对校长工作会有十分有益的影响。

只有这样，才不会过分地迷信自己过去的经验，过分地迷信自己的感觉与判断，才会有所敬畏，不至于成了别人的天花板。

怎么防止自己成为一个因高估自己而阻碍学校发展的人？

1.承认自己的有限性。每个人都有弱点，有阴暗面。因此，时时刻刻地战战兢兢，如履薄冰，我认为是一个领导者应有的素质，这跟自信并不冲突。

2. 以职业化取代官僚化。官僚化容易指手画脚，侵凌别人的主体性。而职业化，则会回归一个校长的正常角色。校长就是校长，与一个部门领导、一位专业教师，只是分工不同。他们之间的联系，依赖的是契约，而不应该是无限的权力。在这里，充分授权是十分重要的，而授权不是出于个人意志，本身就是团队分工的结果。

3. 以数据代替直觉。你的学校办得好不好？不要凭感觉，不要凭周围人的阿谀，宁可开展匿名的问卷调查。数据也会骗人，也会被误用，但数据比直觉可靠。有些时候，数据会让你直面血淋淋的真相。如何证明你还是一个合格的校长？不要丧失认清现实的能力，并随时准备承认错误和作出改变。

作为校长，我当然也经常高估自己。但是，因为多年的学术训练包括管理训练，我也在发展自我矫正工具。我觉得，高估是人性，而保持内在的谦逊，不断地对自己的弱点进行反思，是成为一个合格校长的关键。

总有些生命，在追求不断地自我完成

因为芭莎基金会的一个活动，到了温州瑞安，又见到周国平校长。周校长的学校，有一种特别的气息。

周校长是讲故事高手。而且和一般校长不一样，一般校长面对参观者，会讲我们做了什么，而周校长会重点讲，我们为什么做这个。在讲到为什么选择留守乡村时，有校长由衷地赞美，说周校长有"大爱"，周校长立刻纠正说，这不是大爱，这是"自我完成"。

闻此，心有戚戚焉。

一

梭罗有一句话："大多数人都生活在平静的绝望中。"

《非理性的人》这本书的开端就说："基尔凯戈尔曾讲到这样一个故事，说的是一个对自己的生命心不在焉的人，直到他在一个阳光明媚的早晨一觉醒来发觉自己已经死了，才知道他自己的存在。"

这句话就像毒药一样影响着我。

我们都是这个脆弱的星球上偶然的过客，那么，我们凭什么来证明自己的存在？哪怕是充分世俗化的中国人，也会讲三不朽。所谓的立德，就是留下自己鲜明的人格形象，成为一个充分风格化的人，一种可以影响后人的存在范本；所谓的立功，就是完成一件事情（就像都江堰的建设），让它对后人产生远远近近的影响；所谓的立言，就是把自己对人生的反思记录下来，成为路标或指南，让后人少走些弯路，可以有一个参照或批评的对象，例如《论语》。而这三者，实际上也是一回事。

更根本的，这证明不是给别人的，而是给自己的。

举个例子，一个校长，一位老师，可能终生是在一个层级结构中，按照指令系统完成任务。他可能很努力，也可能不努力，他是一个自由的校长或老师，还是一个不自由的校长或老师，不取决于他在不在层级中，或者有没有领导，而是取决于他的独立性，即他是不是在独立地完成上级交给他的任务。

从这个意义上讲，我们很容易发现，绝大多数时候，大多数人，都是在"维持"，而不是在完成乃至于创造。维持中当然也包含了完成与创造，但维持者往往并不真正对全局负责，而只是对部分负责。因此，更倾向于按照程序或指令来进行工作。在这种状态下，维持者的成就感，来自上级部门的肯定。因此，学校里的诸多事务，容易形成冲突。因为上级部门的要求，与家长的诉求，与师生的需求，并不是完全一致的，这就导致了许多消耗。而对上负责的习惯，容易让自身丧失主体性，让学校或班级丧失同一性，成为更大的主体性治下的一个组成部分。

在这种体制下，无论是校长，还是老师，成就感很容易来自外部。这往往导致两种情况，一种是太多光环带来的"看不清楚现实"，一种是被动劳作带来的倦怠。职业倦怠从校长延伸到老师，之所以如此普遍，并不是说工作多了一定倦怠，而是说，如果一个人的生活总是身不由己，那么必然倦怠。一个晨跑爱好者是不会倦怠的，但是，一个在老师指令下跑操的学生是倦怠的。

二

什么叫自我完成？

所谓的自我完成，就是完成自己，或者说，让自己经历一次次的自我完成。而这一次次的自我完成，就是一次次地完成一件件的事情。完成每一件真正意义上的事情，都如同英雄的旅程，有着自身的节奏与意义。

比如，当一个学生，找不到学习的意义和目标时，就容易顺着或被逼着沿老师和家长指挥的方向行进。他每天在上课，但并不是在全神贯注地汲取知识；他每天在做作业，但并不是围绕着知识点在形成自己的知识结构。这样，他的学习效率就比较低下了，也就没有通过上课和对话这样的时刻来极大地提升自己对团队的认同感。一旦他有了一个明确的追求，例如立志要做一名律师，为正义而奋斗（姑且不说这个目标是否虚妄），那么，他今天的所有的学习，哪怕是他不喜欢的学科的枯燥的学习，都指向于意义，成为一件大事的一个必要的组成部分，他也变得比较能够忍受枯燥。

一旦他成了律师，这件事就完成了。然后，下一件事开始了。

我们继续想象一下，一个校长率领一所学校，这就是完成一件事。他必须从内到外地完成一所学校的建设工作，从环境建设，到常规铺设，到课程设计。这件事是校长的事，这件事是由学校文化和校长的教育思想决定的，具有内在的同一性。如果学校里的大部分事情，都不是校长的意愿，不是由这件事的逻辑决定的，而是由有关部门决定的，那么，这就不是一件事，是无数件事，校长也显然不是主体。这样，校长就只是在听命行事，学校就只是一个碎片化的存在，而不具备自身的主体性、有机性，也因此会丧失活力。

有意思的地方在于，任何一所学校，也是一个局长的那件事的一部分。学校不能逃逸出体制，成为孤魂野鬼。因此，学校管理的艺术之一，就在于完成这种协调，减少上级要求与学校自身逻辑之间的冲突，让学校更好地实现上级部门的要求，同时，又做好自己的事情。一味地排斥上级的指令，是不对的，一味地执行上级部门的指令，也是不对的。既要成为更大的一盘棋的一部分，同时也要下好自己的这盘棋。最终，教育才是一个生机盎然的"万类霜天竞自由"的领域。

老师与校长之间的关系，与校长和局长之间的关系，类似。

三

因此，当周校长说，这不是"大爱"的时候，他是从自身动机的角度出发的。这当然是"大爱"，但是，这并不是做事的出发点，否则，我们仍然是外界意志指挥下的玩偶，无非是更"高尚"而已。

打造一所学校，本质上与讲一个故事，或写一篇文章，没有太大的区别，一样地要谋篇布局。从确立主题，到建立框架，到梳理层次，到深入细节，到形成风格，十个手指弹钢琴，对了，是和声，不对，是噪音。但是，有一盘棋的意识，有叙事的意识，学校就活了，就有灵魂了，所做的每一件事，因为与主题相关，因为本身既是完整的事，又是更大的事件中的一部分，从而具有了自身的意义。

校长容易走两个极端。一种是乱。拿来主义，到处学习，试图把所有好东西拼成一个好学校，这是不可能的。许多学校的工作往往一阵风，这阵子在学习杜郎口，下阵子推行高效课堂，再过一阵子又搞自学实验，乱哄哄，你方唱罢我登场，老师疲于奔命，就是自身缺乏不断反思的深入的办学思想，缺乏战略定力的结果。一种是执。认死理，缺乏真正的反省。这种情况也很可怕。校长坚定不移的办学思想，往往跟自己的趣味或个性有关而不自知，以为是找到了真理，却完全没有经过理性的审视，甚至不顾实践的反馈。盲目模仿杜郎口，是一例。盲目推广十一学校的课程，也是一例。这类校长中，有一些是有思想的。但是，这种思想，往往是发散的。校长有思想，通常是说校长有视野。但是，有视野是前提，接下来重要的，是归于一的实践智慧。

周校长喜欢王阳明，而且禁不住跟老师分享。喜欢王阳明意味着什么？意味着校长有强大的内在意志或者说定力。这种意志或定力，是把学校团结起来达成内在同一性的保障。

有人问周校长，会不会离开这所学校，比如去城里更高的平台？

周校长说不会。

这不是道德绑架或被自我道德绑架。许多校长做出成绩了，会自然而然地升迁，但是，如果你真正地想要自我完成，那么，在完成一件事之前，离开就不是明智的选择。因为这意味着故事没有终结，就中断了。而所谓的完成，就是我的蓝图，我的想法，基本上已经落地了，化为实践了。一旦到了这个时刻，最好的态度，就是离开。因为你不离开，就会重复，并且在这个过程中，会妨碍后来的年轻人继续发展。一旦把学校交给别人，别人会以你为传统，写出另一个故事。学校就是这样被一代代校长引领着发展的。当然，前提是下一任校长也是想做事的人。如果无法离开，就必须勇敢地否定自己，去创造新的故事。

儒家很在乎这种完成。所以，在《射雕英雄传》中，郭靖只有战死襄阳城，才是生命最好的完成方式。

这也是我渴望的，也是我现在做事的力量来源。

"事了拂衣去，深藏功与名。"可惜，尚远。

四

然而，自由是一种召唤，也是一种沉重的负担。"平静的绝望"，在某种意义上，是许多人趋之若鹜的生活。

作为老师，也有两条路径。一是成功或陷入倦怠，或者兼而有之，循环不息。二是自由或陷入虚无，或者兼而有之，循环不息。这真是不容易的选择，甚至是没有被意识到的选择。

真正自由的老师，往往是没有好下场的（虽然不尽然）。《死亡诗社》里的基丁，《放牛班的春天》里的马修，《生命因你而动听》里的霍兰德……但是，自由的教育，自由的教师，仍然不断地生长。

因为他们的生命，需要通过一所学校，一个班级，一门学科，去不断地自我完成。

从冲突中学习，而不是在冲突中受伤

在办学过程中，难免遭遇形形色色的家校冲突。亲历的，听闻的，好结果的，一拍两散的，都有，常常滋生一些感慨。

故事经常是这样的：

1.家长捕捉到一些信息，可能是孩子的一些话、考试成绩，或老师的某种言论，甚至其他家长的传言。

2.家长去向老师讨个说法。在家长的眼里，形成了一个有人格问题的老师蓄意伤害学生的故事。

3.老师很委屈，因为他不明白：我一门心思扑在工作上，谁懂得我的辛苦？怎么我就忽然被妖魔化了？这不是恩将仇报吗？

4.当双方遭遇，就成了一个关于谁对谁错的争辩过程或博弈过程。结果是两败俱伤，你死我活。

作为校长，你怎么看？

一

对我来讲，无论任何一方，处理这样的事情，一定要问自己三个问题，或者说，从三个方面思考：

1.事实究竟是什么？如何解释这个事实？（解释本身也是事实的一部分，因为并不存在纯粹的事实。）

2.对方的做法或反应，究竟是人格问题，还是能力问题？（对方是坏呢，还是不成熟？）

3.我做出怎样的反应，才能让自身的利益最大化？（利益最大化，往往是与对方相互协调的过程。）

道理似乎都对，但根本做不到。

许多人根本意识不到还有另外的事实、另外的解释，他们觉得：

1. 我就是一个受害者！

2. 对方就是那个给我造成伤害的坏人。

3. 所以我必须发动攻击。

为什么会这样呢？

我们的一切过激反应，有一个根本原因——不安全感。

不安全感投射在自己身上，叫焦虑；用于对方，则是攻击。

在对抗中，家长和老师都没有安全感。因此，大家都更关注自己的感受而不是事实，都倾向于认为是对方导致了不好的结果，当然也都倾向于采用攻守的姿态，而非开放、澄清、和解和共同面对。

世界上没有那么多坏的老师，人格败坏，就是想要迫害你家孩子，但世界上多的是不成熟的老师；世界上没有那么多坏的家长，把孩子送到学校来，成心要跟老师过不去，他们只是想要保护自己的孩子。

作为校长，你怎么做？

理解并尊重所有人的感受；尽全力帮助所有人；尊重所有人的自主选择。

二

我知道这个世界上有坏人，不然要监狱干吗？（监狱里也不都是坏人）何况，还有天生杀人狂，各种变态，等等。但在我的因缘世界中，无论是老师、家长、学生还是合作者，我确实没有发现所谓的坏人。我看到的，都只是立场、诉求、性格各异的正常人。不但如此，因为南明教育的理想气质，这个因缘世界中的人，整体的道德水平，我认为是高于平均值的。

我知道，生活中的许多悲剧，都不是敌我冲突，而是好人与好人之间因为误解而发生的悲剧（这似乎更符合希腊悲剧的模型）。

所以，你要问我怎么办，我的答案是：

当对方向我求助（包括请我仲裁）时，我竭尽所能。

当对方不向我求助时，我袖手旁观。

当冲突越过游戏规则的底线时，我合法介入。

有的家长在处理家校关系时，习惯采取对抗的姿态，包括以转学相要挟——你是私立学校，不就是要生源吗？

我对招生办的指令是，要为退费或转学做好服务工作，同时告知家长，凡是转出去的，一律不允许转回来。

我为什么这么做？

我是这么思考问题的：

1. 我们的小学部，虽然还存在许多正在解决的问题，但它是高端家庭最好的选择，因为我们的课程系统和师资，有着无可比拟的优势，可以被模仿，很难被超越。（这是我的看法，不代表事实。）

2. 家长提出转学，假如1成立的话，那么，真正的受害者是孩子，而不是学校。学校似乎是蒙受了所谓的"经济损失"，但学校是做教育的，不是做商业的，没那么在乎，而且立刻会有插班生补上空缺。

3. 对学校及课程价值缺乏认识的家长，本身就不是我们的潜在服务对象。今天的"离婚"，避免了未来更多的纠纷。

4. 学校出面与家长沟通，目的是促进孩子更好地发展，而不是基于学校利益考虑，这是我的核心原则。如果孩子换一所学校，确实比在本校更好，那我们把孩子留在本校，就违背了南明教育的初衷。

5. 澄清而不挽留，就是尊重家长的感受和选择权。毕竟，汝之蜜糖，彼之砒霜。假设家长们都不选择你，你就应该承认失败，避免祸害更多的家庭。

6. 理念是一回事，具体的老师和操作又是另一回事，因此，学校存在的任何问题，都要及时解决，至少给出未来要调整的方案。

那么，我为什么这么做？

三

我没有恐惧，没有所谓的不安全感。

实际上，我每天都战战兢兢，如履薄冰，怎么能说没有恐惧呢？

真相是，我从来不会为自己的利益得失而恐惧。我恐惧的，是自己的能力和努力配不上这份事业。在学校不成熟的情况下，孩子肯定要支付成本。因此，必须以加倍的努力，尽快让学校成熟起来。王小波说，人类的一切痛苦，本质上都是对自己无能的愤怒。也因这个原因，我不怕别人不信任我，恰恰相反，信任才是压力。"老者安之，朋友信之，少者怀之"，这需要你付出一生。

此其一。

我经常问自己的问题是：你确信你正在创造价值？你确信你能创造出一个更好的环境？你不必去挽留任何人，老师或学生，你唯一要追问的是价值。一件东西丧失了价值，它就不值得为之努力，也会让你产生内在的道德危机。

然而，我深信南明教育的价值，深信全人之美课程系统，是这个时代最好的课程系统（我甚至骄傲到没有用"之一"）。我知道今天的问题在于，我们没有让这个课程系统的能量充分发挥出来。我们活着，不是为应试教育添砖加瓦来了，而是创造一种更高的可能，将高素养与高成绩结合起来。这需要时间，忍受时间是很痛苦的，但是有希望在，忍受也就变得可能。

此其二。

把这两点结合起来，就是一个人，一所学校，立于世间，不能总是忽悠别人。市场的成功是商业的成功，教育的成功是另一回事。你不必有不安全感，你要做的，只是不断地让自己充满价值，让自己被他人，被这个时代所需要，而不是被淘汰。一旦有一天，你不再被需要了，那么，就退出跑道，成为一个欣赏者，又何必在意？

一个人最大的骄傲就在于，我不必去指责别人，对抗别人。我的力量就在于，仅仅我不在场，你就会蒙受巨大的损失。

我们离这一天还有很远的路，不必恐惧，更不必充满敌意。努力地修炼自己，让自己成为高价值的人，才是正道——无论对一所学校，还是一个人来说。

　　在这个过程中，所有的冲突都是学习资源。

　　珍惜它，感激它，利用它，让自己成长。

一辈子学说话

对于我这样的社交恐惧症患者来说，当众说话，是一件极其恐怖的事情。从小时候开始，我甚至尽量避免跟人打招呼，不仅家里来了客人尽量回避，就连路上遇到熟人，也尽可能绕道，有时候要绕很远很远。直到做了校长，每逢去餐厅吃饭，也尽可能地避开人潮。

也因此，我记不住人的面孔，记不住人的名字。这算是一定程度的社交障碍吧，无非是自己竭力地将它隐藏起来。

然而不幸的是，我做了教师。

一

这是一段很长很长的路。

例如，备课的时候，你可能要将你上课要说的每一句话提前写下来。并且，在上课前一段时间，你会很焦虑，焦虑中不断地熟悉自己的教案，努力地记忆先后顺序。

这有点像段誉学习六脉神剑。手指伸出去，有时候有效有时候无效，关键是你不知道什么时候有效。有时候，准备得好好的一节课，莫名其妙地上砸了，可惜了好几天的心血，还幻想着课堂上的挥洒自如呢。有时候，准备未必那么充分，忽然课堂上就"春暖花开"了，那美妙，绕梁三日。还有些时候，在第一个班上得不好，在第二个班就仿佛换了一个人，有时候又完全相反。

在这种死去活来的折腾中，也渐渐地淘到了一些金子：

要想激活学生的感情与思维，首先要激活自己的感情与思维，一篇感动不了自己的文章，感动不了学生，一篇不能让自己惊异的文章，无法让学生惊异；

课堂上必须用大问题贯穿始终，大问题的水平，决定了学生对这节课的兴趣程度；

学生更关心与自己生命、生活高度关联的事物，因此，要在知识与学生生命之间找到关联；

素面朝天，不要用自己也不相信的话去欺骗学生；

……

一言以蔽之：修辞立其诚。

摸爬滚打久了，就懂了。要在课堂上说好话，关键还是自身要有真东西。

二

后来开始做教师培训，历经好几年煎熬。

你讲的每一句话都很对，可是，就是进不到教师心里去。

也是在这个过程中渐渐明白，那些正确的观点，你可以从书上搬到你大脑中，再讲给别人，可是，它终究不是你的，你也无法把它变成别人的。那么，怎么把它变成你的？

实际上就是一个问题：如何让知识拥有生命？

这个过程很漫长。大量地阅读汲取，敲骨吸髓般地啃读，实践中反复操作……一些句子活起来了，一些概念活起来了，最后，再一点一点地连成片，连成结构。

渐渐地，一些联结形成了，一些条件反射形成了。

在一些领域，渐渐一剑封喉。

三

做管理，又不得不经常讲话。

对教师讲话，对家长讲话，对来宾讲话。

这种说话，可以分为两大类：一类是事先准备的演讲，一类是即兴讲话，例如点评、对话等。

练习演讲，又是一个很痛苦的过程，乃至于逼迫自己强行练习。并且事实上有太多的场合不得不讲话，怎么办？

有时候感觉很好，观点清晰，感情充沛，讲述得当。有时候感觉很糟糕，可能冗长而不知所云，更糟糕的是，还讲了一些不应该讲的话。

可以想象，一场糟糕的演讲或对话，过后的不舒适，也是绕梁三日的。恨不得有时光删除器，直接删除相关段落。

读好数本演讲书，以及大量相关文章，并不断地在总结经验。例如，怎么讲好一个故事？怎么表达一个观点？在练习比较密集的时候，也会对自己的演讲稿进行拆解。

四

但是，这些不是最重要的。

我也在竭力地思考修辞问题，然而，演讲本质上仍然不是修辞，而是关乎思想与人格。这才是最深的体验。

演讲或对话关乎思想，尤其是对话。现场的本能反应，看似不经意，实则是实践中千锤百炼的结果。这意味着，思想在潜意识中准备好了，随时根据话题在场景中涌现。一旦你在相关领域做好了知识上的准备，那么，你的演讲或对话，自然就具有了穿透力。从这个意义上讲，演讲或对话，乃是一种反馈。

我后来特别相信费曼原理，就是这个道理。凡是不能通俗易懂地讲给别人的知识，都代表你并没有真正地获得。

演讲或对话，或者说说话，更关乎人格，这是最深一层的体验。

说穿了，你要为你说的话负责，这是最难的部分。是这一部分，让说话变得慎重。毕竟，我们说过太多情境中的话，并没有兑现，虽然也没有人去追究。但是，说话的终极修炼，在我看来，仍然是"修辞立其诚"，是谨慎地说出每一个句子。因为你说出来后，就代表你相信，你承诺，你将践行。

五

写作与演讲，是国际学校课程中非常重要的部分。至今，我们距离我们的目标，还太远太远，在开端处。

这个过程，实际上就是教学生学会说话的过程。

以我的经历，自己一个人摸索，要学会说话，太难了。所以，我们必须为学生创造说话的机会，提供说话的反馈，进行说话的训练。

这个过程，同时是一个训练思维的过程，发展人格的过程。

只是，我们或许还是一群需要继续修炼如何说话的老师，要有和学生一起学习说话的勇气。

共勉。

管理者要正视自己的缺点

曾子曰："吾日三省吾身：为人谋而不忠乎？与朋友交而不信乎？传不习乎？"这话耳熟能详，但随着时间的推移，确实感悟越来越多。

作为管理者，你的缺点，会因为你负责的领域比较宽广而被放大。管理者的懈怠、专横、片面、冷漠、偏执、不安等，乃至于人格上的缺陷，都会以种种方式投射到组织中，妨碍了组织的清晰、高效、自主与创造。当然，能够成为管理者，都有自身的优势，但你的缺点，会成为组织中的刺，未必致命（有时候是致命的），但能不能拔掉这些刺，是管理者自我进步的关键。

这主要不是来自我对别人的观察，而是自身作为管理者的反思。

有时候，管理者很难觉察到自身的缺陷。这一方面，是因为很少有人会提醒管理者，或者指出管理者的缺陷。另一方面，则是由于管理者自身的自大造成的，或者说，低估别人而高估自己的人类天性，在管理者身上同样存在且被放大。

如何解决这个问题？

管理者需要很多面镜子。

所谓的"镜子"，就是指外部的一切环境，包括阅读、管理者之间的交流、组织内部的民主生活、管理成果等。

其中最重要的，我以为有三点。

一是要根据管理的结果，来反思自身的缺陷。管理的结果包括产出，也包括团队文化。不能出了问题都往别人身上推，而首先要反思：我的哪些错误决策或性格缺陷，是导致这些结果的重要原因？我自身因此需要做哪些调整？

二是尽量避免个人草率决策，尤其是针对重大问题。虽然个人决策很有效率，但是，民主决策能够避免个人决策带来的风险，而将民主与集中很好地结合起来，才是管理的至高艺术。良好的管理共同体，充分的授权，经常的交流研修，能够极大地提升组织的抗风险能力，也能够帮助所有成员更好地发展领导力。管理不是将自己自以为正确的想法强加给组织，而是在众声喧哗中，找出最可行的方案。

三是借助阅读和独处，不断地提升自我省察的能力。也就是要经常做有长度的思考，不断地回到组织的愿景以及价值观，来为当下处理具体问题定下基调，把握方向，包括省察管理者可能出现的贪婪、虚荣等人性弱点。

我说"正视自己的缺点"，而没有说"改正自己的缺点"，是因为管理者也是活生生的人，带有自己独特的基因。我们在说"缺点"的时候，其实说的是管理者的某些"特点"。有些特点带来了组织的进步，我们称之为优点，有些特点妨碍了组织发展，我们称之为缺点。有些缺点或习惯是可以改掉的，管理者也应该不断地处于自我修正之中。但是，有些缺点或习惯是改不掉的，或者说，试图改正让管理者感觉到很痛苦，觉得"这不是我"。在这种情况下，接纳自己的某些不适合组织发展的特点也十分重要，毕竟人无完人。但是清楚这些特点会给组织带来哪些不好的影响，也十分重要。因为一旦意识到了，就会采取一些方法，把它对组织的危害降到最低。例如，在自己所短处，授权给更适合的人。

"一将功成万骨枯"，管理者的成长成本是非常大的，这就是为什么反而必须"战战兢兢，如履薄冰"的原因。正是在这个意义上，曾子的"三省吾身"作为一种思想资源，值得不断思考，甚至包含"三省"的内容，也是极为精当的。

但是，岂止管理者如此？一个班主任或学科老师，难道不是管理者？父母难道不是管理者？成长，或者发展，本来就意味着跟人性的弱点斗争，而人性的弱点，首先在自己身上，而不只是在别人那里。就像写这篇文章，主要不是给别人看，而是借写作来梳理和反思。

附 录

筑造·劳作·栖息·歌唱

——罕台新教育实验小学学校文化建设简述 [1]

　　罕台新教育实验小学是新教育实验和内蒙古鄂尔多斯东胜区教育局联合创建的全国第一所完全意义上的新教育实验学校，即由新教育实验委派校长，并以新教育理念观照、指导学校所有层面的事务，全面实行新教育课程的学校。

　　学校地处鄂尔多斯高原的南北分水岭上，学生来自东西长达50多公里的广袤草原、山丘、沙陵，目前每年招收40余名学生，除周末外，全天候在学校食宿。

　　远大的理想，贫瘠的生源，堪称豪华的校舍，异常艰苦的生活，种种巨大反差使得这所学校既成为众多新教育人心目中的神圣之地，又使得它成为一所始终处于危机边缘的乌托邦校园。

一、新教育实验对校园文化的理解

　　新教育人认为，文化在本质上应该理解为一种生活方式。学校文化，就是一所学校的成员在集体层上共同体认并遵守的生活方式。它由内而外，分为几个层次：文化的精神层面，包括世界观、教育理念、规章制度；文化的技艺层面，对学校文化来说，就是教研方式、仪式庆典、课程系统等；文化的物质层面，对学校来说，就是校园的绿化、装潢、建筑内外的布置和陈

---

　　① 2010年，新教育实验与内蒙古鄂尔多斯东胜区教育局合作创建罕台新教育小学，合作期为6年，校长为干国祥老师。这所学校也是南明教育第一所完整的践行全人之美课程的学校，相关案例被收录到《为生活重塑教育：中国的教育创新》一书中。本文为干国祥校长所写。

设，以及各种使用着的、保存下来的物品。

从时间上来讲，文化不能是一个空降兵，不可能临时抄袭一套理论词汇，或者课程系统，把它当成自己的文化。真正的文化只能是一个漫长的建构过程、叙事过程、自我书写的过程。在这个意义上，文化就是讲述一个自己的故事，确定自己的英雄、榜样，确定自己的抉择以及明确自己存在的意义。学校文化，就是一个有核心主题的、关于学校成长的漫长叙事。

所以学校文化是不可能在开端处就全部写成，然后照章执行的。学校文化必须是怀着理想、有所思考、不断地书写，慢慢地在岁月中，呈现为一个真实的系统，一系列真实可感的故事，一系列真切的话语和物品。

罕台新教育实验小学，在内蒙古鄂尔多斯东胜区罕台镇书写的教育故事已近两年，真正独立的学校，也已经存在将近一年，我们不能违背自己的文化理念，在这个幼稚的开端宣告自己拥有了包罗万象、事无巨细都已经精心雕琢的学校文化，但我们确实已经拥有了自己的一些想法，积淀了自己的一些语言，可以说，我们拥有了一个美好的学校文化的初步构想与雏形。

二、学校的使命、愿景、价值观

从学校立校的第一天，全体教师就在探讨一份有关"罕台新教育实验小学核心价值系统"的文件。这份文件需要全体成员在说理的基础上一致通过，即只要有人反对而且言之成理，那么它就将被搁置起来，不能成为有效的文件。

遗憾的是，因为某种原因，这份文件至今没有正式通过，它仍然是一个"暂行稿"。但这份文件的制订方式，体现了罕台新教育实验小学办学的一个想法：在学校内部，它是民主、共享的学校，学校文化的核心部分，应该不能由任何一个人说了算，而应该由所有人参与，并奠定在学校历史或者学校叙事的开端处。

一个真正地讨论通过的核心价值系统，将是学校的"宪法"，后面的一切文化、制度，除了要遵循国家和上级相关部门的规定以外，还必须遵循这个文本的理念，任何人可以凭这个价值系统，否定学校各个部门自行规定且与这个价值系统相违背的决策，批评违背这个价值系统的行为。

罕台新教育实验小学核心价值系统（未通过的暂行稿）

使命：

综述——在本校实现"过一种幸福完整的教育生活"的新教育理想。

细述——使所有教师成为高度专业化的优秀教师，具备高超的教育教学实践能力、理解能力和批判反思能力，拥有持久的、高质量的教育教学业绩。

在各个方面达到国家标准的基础上，使每个学生在小学毕业时拥有国内一流的人文素养，拥有健康、自信的精神面貌，拥有高超的阅读能力与表达能力，拥有一流的自然科学素养和数学素养。

愿景：

——成为全国第一所真正意义的新教育实验学校，即全面贯彻新教育理念，开发和实行新教育课程的学校。

——在不采取应试与题海战术的前提下，毕业生素质及成绩均居内蒙古自治区一流水平（并可对此进行质性及量化评估）。

——成为全国范围内知名的卓越的专业发展共同体。

——在时机成熟时，成为新教育实验骨干力量的培训基地。

——学校从所有方面（文化系统、课程系统、叙事及档案）均以百年为尺度考虑，努力把学校写成一个真实、隽永的教育故事，并陆续出版一系列书籍作为历史见证和奉献于世的财富。

价值观（集体承诺）：

——不存在高于学生成就的教师荣誉和集体荣誉——我们把促进每个学生的学业进步，当成是教师的最高荣誉（一个孩子的进步，胜过教师或学校获一个全国一等奖）。

——对每个学生怀着高度的成功期待，并悉心跟进对其学习的指导；了解每个学生在本学科中的学习困难及潜能。

——不采取题海战术（事先检验每一道学生即将用时间去完成的练习）；引导家长提高家庭教育品质，但不将教育责任推诿于家庭。

——确保课堂教学的高效；呈现所教学科的丰富性与魅力；在各学科教学中，促进学生的理解力（在可理解的学科里，坚定地反对死记硬背）。

——认同新教育实验核心理念，恪守新教育人的理想、公益、田野、合作精神。

价值优先顺序：

第一，每个学生的学业成就。

第二，教师教育教学实践能力。

第三，共同体的面貌（氛围、研究品质、民主生活方式、归属感等）。

第四，其他目的。

分阶段目标：

——2010年8月25日至2011年8月25日：借新世纪小学一、二年级四间教室，探索新教育课程在东胜农村实践新教育实验的可能性，并在过程中不断调整课程。

——2011年8月25日至2015年8月：完成新校园的全部建设。初步完成学校文化所有层面的框架，初步呈现全部新教育课程的系统。

——2015年8月至2018年7月：做好第一、二两届毕业生的毕业工作，及时总结这两届学生整个教育过程中的珍贵叙事和档案。整理出版相关书籍。

——2018年之后：不断螺旋式提升学校各方面的品质，为打造百年名校作持久的、不懈的努力。

教职员工标准：

1.拥有持久的、高质量的工作业绩。

2.一线教师具备高超的教育教学实践能力。

3.具备高度的理解能力和批判反思能力。

4.有对话精神与沟通能力，为共同体建设作出积极贡献。

学生标准：

1. 热爱各门学科，并在高段时对各学科能够"学会学习"，具备在具体学科问题情境中的探究、反思、创造力。

2. 各学科成绩优良以上，不存在无法进一步学习的障碍学科。

3. 具备丰富、宽广的智力背景（课外阅读量），拥有高超的阅读、表达能力，拥有较高的人文素养。（注：可依据某几部经典文学作品的细致阅读来考查此种素养。）

4. 拥有良好的精神品质，注重身体锻炼，有较广泛的兴趣——尤其是艺术爱好。

附注：

1. 在新教育小学价值系统中所表述的学生，一般指智力正常的学龄儿童。学校不会放弃已经入学的任何类型的特殊问题儿童，但对其会有特殊的标准加以衡量。

2. 对历史过程中形成的学困生及其他类型的"问题学生"，除非做到充分了解其成因、持久观察并不断采取疗治措施，记录整个教育过程，否则将视为教育教学的疏漏及失当。对采取此种措施而进步不显著，没有能在短期内达到优秀标准的，则依据具体情景，另作评估。

3. 除非存在逻辑前后关系，一般依据重要性的优先顺序排列各项。

4. 学校的各项规章制度，应与本文件不相冲突。如果上级的硬性要求与本文本的原则有所冲突，相关人员应该采取妥善办法，既完成上级任务，又不让学校长期处于违背自己理念的状态中。如果本文本与国家法令发生冲突，全校教职员工应该即刻集会修订本文本，使之符合国家相关法令（国家法令是指正式由国家颁布的法律法规，而不指地方性的口头命令或临时性任务）。

5. 学校的许多事务直接由国家法律法规和相关部门的有关规定监督、指导着，譬如聘任、调离、辞职、合同、职称、法定假期与请假制度等，这些将由学校的相关人员和相关部门，直接遵照相关法规执行，或与上级相关部门联系，在上级的指示下执行。此类事务均不列入本价值系统讨论范围。

6. 学校新老成员，均可在历史过程中，对本文本表述的恰当性、原则的正确性进行质疑、提出修正意见，若无紧急情况，一般在 8 月份新学期开学前的教师会上由校长主持本文件的修订，紧急重大情况下，可以在任何时候进行——修订仍然要在讨论无异议后，才算通过。

7. 如果学校对此文本以上表述（以及修订版本的表述）已经不复遵守，学校内外所有人均可宣布本校已经违背初衷，沦丧新教育精神，不再是真正意义上的新教育实验学校。

这个文本如果通过，那么它的重要性，将会是一般以自己的意愿作为正式命令的校长所难以理解的：因为这个文件将赋予学校中所有成员评议相关事务的权利，在校长及领导无视这个文本的时候，进行批评，直至宣布学校精神的沦丧。

三、学校的领导与管理

在拥有一所学校的"宪法"之后，作为"行政、执政"的学校管理部门，在实质上就是一方面接受上级委派，完成相关任务，另一方面据此理念办事，尽一切力量，最大程度地实现以上价值与理念。

罕台新教育实验小学把"领导"和"管理"分成两个不同的概念：领导，就是在精神上、思想上带领大家；管理，就是依据部门职能，落实相关事务。

据此，罕台新教育实验小学的领导，包括那些最优秀的教师，他们将参与学校中任何重大事务的决策。

而校长室、教导处（教科室和德育处）、后勤处，则是管理部门，主要是对各种事务依法执行，而不是自己颁布命令。

在管理理念上，学校倡导小政府、大教室，即除了升旗仪式，开学、结业和毕业典礼，数量非常有限的学校层面的节日性活动，上级规定的必须开展的校级活动外，学校尽可能不在中途冒出"灵感""想法"或者"要求"，干扰教室里的教育、教学、教研。学校以各教室里的真正的教育生活为中心，各部门既为教室提供服务，又监督教室完成公共事务、监督学生遵守公共秩序，但不凌驾于教室之上，发号施令。

学校的管理原则，主要就是"言说榜样，警惕底线，照顾生活，共同修炼"，即不断把榜样的行为呈现在全体师生面前，而警惕、警告、打击那些滑到底线以下的言行。

学校级日常生活的核心，就是打造学习型共同体，采用周三年轻教师共读、周六教育学心理学共读、寒假和暑假深度共读（和新教育实验网络师范学院互动，开展"罕台清凉之夏共读""罕台温暖之冬共读"），以及日常不间断的教研活动，把教师的注意焦点，放在教育、教学上。但是学校确实也想尽一切办法，为所有教师提供尽可能多的生活方便。

新教育人认为，生活方式才是文化的真实体现，所以我们不把文化理解为口号标语或者一套词汇，而是理解为一种朴素、真实的生活方式，如果做不到，我们最多只能当作理想提出来，但绝不能宣称它已经成为我们的文化。

就今天的罕台新教育实验小学而言，卓越、精致、无限的爱心，已经成为部分人的肤色、标志，但还不能说是这所学校的文化，因为个别人的优秀，还没有转化成为学校整体的优秀。

四、正在形成、积淀、完善中的各种文化表征

在相当程度上，一所学校的文化总被狭隘地理解为它的建筑、布置，对自己秉承的理念的自我表述，以及更重要的一些象征物，譬如校训、校风、校徽、校歌、校旗……

这些学校文化表征的重要性是毋庸置疑的，如果假设学校是言行一致、表里如一的，那么这些文化表征确实在相当程度上，就代表了、象征了一所学校的文化。但同时它们也意味着这所学校的文化，是千人一面还是独具只眼的，是抄袭翻版的还是属于自己的，是肤浅粗俗的还是隽永深厚的。

罕台新教育实验小学在学校文化象征物的创造过程中，遵循以下几个原则：

一是生成性。即它是在学校历史的发展过程中慢慢形成的，不是请人或自己"完成突击"，一次性制造出来的。

二是创造性。即它尽可能是自己创造的，不是抄袭的，不是引用的，而是原创的。

三是文化性。即它要和中国文化的精神一脉相承。

四是新教育化。即它要和新教育的根本理念相一致。

罕台新教育实验小学目前已经成熟的学校文化象征物有：

1. 校训：相信种子，相信岁月。

这句被新教育人屡屡引用传播的话，出自本人于 2006 年在苏州大学进修、研究时所写的文章，并最终成为许多新教育教室的座右铭、班训。但因为本人是学校的第一任校长，所以以此语为校训，仍无抄袭雷同之嫌。

相信种子，相信岁月，就是相信生命的无限可能性，相信课程的无限重要性，相信每一个人只要穿越足够长的优秀课程，就能让自己的生命如种子一样，萌芽、生长、开花、结果。用中国传统儒家话语解释，相信种子是本体，相信岁月是功夫……也就是说，相信种子，是信任生命的仁心、四端、生生不息的创造精神；相信岁月，则是小学、大学的修身之道，是"小立课程，大作功夫"。

2. 校徽：

本校校徽也由我动手设计，但在我向大家作充分的解释后，由全体教师表决通过。

对这个校徽的文化阐释是：中心之底为中国太极阴阳轮转之天道，与金沙出土的太阳神鸟相揉合，内外几个层次分别表示生生不息之道—乾坤变化—四季（以四君子花象征，但把竹换成了同样具有花中君子之美誉的夏荷）—十二月（12个轮齿）；外围上是校名，下为校训。"相信种子，相信岁月"的校训，与道—阴阳—四季—十二月相呼应。

因为设计的校徽中含有太极，不少朋友质疑：这不是道观吗？这不是道教吗？我们的儒家文化在哪里？其实太极或道，乃是整个中国文化的共享词语与图腾，《易》是儒家最重要的经典之一，儒家大师周敦颐有《太极图说》，儒家最重要人物之一朱熹也经常论说太极……可以说太极八卦首先是儒家的思想，后来道教才和儒家共享了易与太极。

3. 校歌：

> 苍穹杳杳，罕台川旁，
> 绿洲于沙，弦歌悠扬，
> 楼宇雅净，乃我学堂。

> 晨诵诗赋，午读典章，
> 含英咀华，如品如尝；
> 入暮思省，一天回望：
> 是否勤奋，有无独创？

> 以日以年，如苗之壮。
> 既质又文，君子堂堂。
> 立此天地，达彼万方。

新教育实验小学校歌

干国祥 作词
刘天华 作曲
陈　阳 编配

1=C 4/4 祈诚地 ♩=72

A
苍穹奇奇　罕台川旁　绿洲于沙
弦歌悠扬　楼宇雅净　乃我学堂
楼宇雅净　乃我学堂

B
晨诵诗赋　午读典章
含英咀华　如品如鬯　入幕思省
一天回望　是否勤奋　有无独创

C
以日以年
如苗之壮　既质又文　君子堂堂
立此天地　达彼万方
磬：
天地
方　达彼万方
立　此
达彼万
方　达彼万方

本校校歌由我作词（当然全校教师修改通过），为校歌谱曲的，是著名的音乐家刘天华先生。刘天华曾获"美国国际电影节"最佳作曲奖，是继谭盾之后获此殊荣的中国作曲家。刘天华先生为本校谱曲，不仅没有收取一文费用，而且还在与本校名誉校长朱永新教授和我的三方通话中告诉我们，一定要抽空来看望罕台的孩子们，为孩子们带来礼物，真是令人感动。

校歌第一段，是罕台新教育实验小学自然与人文环境自大而微的写照：天空、大地、罕台川、绿洲、学校、楼宇、校园内的弦歌声。校歌第二段，是罕台新教育实验小学"晨诵、午读、暮省"这种新教育生活方式的刻画——在罕台新教育实验小学，这种方式日复一日地进行着，从未间断。校歌第三段，是对学校教育目标的一种憧憬与描绘：让孩子们成为文质彬彬、顶天立地的君子。

4. 校旗和班旗：

我们的校旗，中间是校徽，旗帜背景三色取自顾城的诗歌："加一笔蓝，是天宇；加一笔黄，是土地。把蓝和黄，加在一起，是绿，是生命的天地。"而各班的班旗，则是在校旗的基础上，加上各班的级号和标志，这个级号和标志往往是终身性的，即它一次形成不再变动，意味着整个小学生涯的一种持久、鲜明的刻写。

校 旗

班　旗

5.三风（校风、教风、学风）：

风气（无论是校风、教风还是学风），是一种天长日久慢慢形成的精神风貌、言行风格。它和校训不一样，不是尚未实现的"应然"，而应该是一种事实存在的"实然"。所以我们并不认为罕台新教育实验小学已经可以宣扬自己的校风、教风、学风。风气，是一种成熟或成型的气质，它不能被尚未成熟的人或团体自我宣扬，或者对尚未定型的人或团队加以指认。

所以在我们的学校文化概念系统中，三风在目前是比较次要的，而且并不认为它是可以上墙宣布的。但它可以以草稿的形式存在于我们的理念系统中，意味着我们可能达到的一种理想之境。

校风：宁静生活，勤勉思想，创造精致，追求卓越，在"罕台银德尔"这最高的山丘上，站成一片能思想、会歌唱的苇草。（罕台银德尔，蒙语，意谓"最高的山丘"，现简称"罕台"。）

教风：己立立人，己达达人。

学风：让身体和思想都训练有素。

五、课程与日常生活方式

严格来说，学校文化是一种梦想雏形在生活中的慢慢成形，并最终显现为一种价值鲜明的团体形态。如果说它的理念系统是生成中的概念的话，那么它的课程系统、生活方式就是生成中的学校文化事实。

新教育实验的一个使命是为实现素质教育、新课程改革而创建一套自己的课程系统，而罕台新教育实验小学承担起了这个课程系统的开发任务。虽然因地处偏僻，人才难觅，但这一责任我们仍将坚定地承担下来。

罕台新教育实验小学正在启动创建的课程，可以形容为是一个"全人课程"，即真正地实现生命的全面而本真的发展：既在道德、智力、情感、审美、劳动、身体等各方面全面发展，又注重这个发展的整体性（而不是像许多学校那样，以学科分割来实现这一全面发展），还注重这个发展过程中的个性差异。

这个课程系统，是以"缔造完美教室"这个概念为抓手而展开的。在"缔造完美教室"的系统里，我们有自己独特而深思熟虑的道德人格课程，有全国独树一帜而且颇为领先的语文课程、班级课程，有正在开始起步的数学等学科课程，有和日常生活紧密结合的音体美课程——但它们都由班主任主导，而不被分科教学切割成碎片，并通过童话剧、班会、升旗仪式中的展示、结业典礼中的讲述，而成为一个教室叙事的整体和学生个体生命叙事的整体。

这一课程是个庞大的系统，无法在此详述，但它事实上是学校最重要的部分，也是学校文化最日常的落实、显现方式。

除此之外，学校文化在日常生活中还会以庆典等特别的仪式加以体现，这些特别的仪式庆典，有些是特殊的，如"罕台立校纪念日""和朱永新老师共度六一儿童节"等，但更多的是像法定节日一样在日历中已经被确定的：

1. 生日庆典。

每间教室里，一年中最重要的节日总是学生生日。为每个生命的到来和它无限的未来可能性喝彩，这与我们的学校文化精神息息相关，所以教室里的生日庆典，总是特别隆重与认真的。

在罕台新教育实验小学，每个孩子生日时都将得到教师编写的生日诗，听教师讲精心选编的生日故事，全班同学也送上祝福。这些日子早就标注在教室日历中，每首生日诗和每个生日故事都精心挑选，量身定做，极少重复。它是对生命的期许，是为生命提供美好的镜像，让孩子意识到自己可以、可能以怎样美好的样子显现在这个世界上。

2. 结业典礼。

每个学期的结业典礼，是罕台新教育实验小学每学期中最重大的日子——我们的开学仪式往往是短暂的、没有多少豪言壮语的，因为没有活出来之前的计划、方案、口号往往并不可靠，它们的失败或者异化，将会让教育成为一种空洞的撒谎。

与此不同，结业典礼总是沉甸甸的教育生涯的回顾。我们的结业典礼由教室叙事、为每个生命颁奖和童话剧演出三部分组成。

教室叙事，就是由我们特制的教室日历、周历中记载的我们真实走过的旅程，包括教室节日、课程穿越、共同生活等，用一条四季的线索把它串起来，讲述一个关于集体成长的故事。

为每个生命颁奖，就是要求每个孩子都能够在这个日子获得一份证书，几张奖状。我们学校极少评比、竞赛，原则上也不评三好学生、优秀学生干部，但是，我们要求为每个孩子量身定做奖状。而这些奖项的名字，往往别出心裁，譬如把花语与生活结合起来，如完美的牡丹、清高的兰花、值得期待的睡莲等，但远不止于此。

童话剧，是在开学计划中就定下篇目，然后用极长的时间共读，确定剧本，揣摩角色，反复排演，最后在结业典礼中向所有家长演出的重大事件。童话剧要求人人上场，篇目往往取自具有深刻象征意义的童话故事，如《丑小鸭》《犟龟》《夏洛的网》《绿野仙踪》《青鸟》等。

结业典礼的那一天，孩子们盛装出场，而家长们，往往呼朋引伴，前来聆听和观赏。

3. 晨诵、午读、暮省。

罕台新教育实验小学的校歌第二段，讲述了我们最重要的学校文化，一种朴素、宁静的生活方式：晨诵、午读、暮省。

罕台新教育实验小学是一所寄宿制农村小学，目前80%以上的学生住校，学生来自泊江海子、罕台庙各地的农村。

每一天，我们在诗歌中开启黎明，用新教育精心编制的一到六年级的晨诵课程中的优美诗歌，点亮每个灵魂在每一天的第一道光芒。这些诗歌从儿歌童谣，一直到古曲诗词、儒道经典和世界诗歌精选，按不同年级编选成一个个相继的单元。

阅读，是本校最大的特色。新教育研究中心是全国著名的儿童阅读研究机构，其领导开发的"毛虫与蝴蝶儿童阶段阅读"影响了全国无数间教室，研究中心核心成员半数以上扎根罕台，并将在本校建成童书馆。而每间教室也都将各自拥有上千册童书，以方便学生随时阅读。

我们有专门的午读时间，六年的阅读按由浅而深、由易而难的阶梯排列，其中三四年级是阅读量的高峰期，要求学生年阅读量在1000万字左右。

暮省，则是利用傍晚进行一天的自我省察，内容包括教室叙事和自我反思两块，都记录在教室日历中。

4.周六共读、假期共读。

罕台新教育实验小学的种种特殊性，要求教师具备极高的教育学素养，对教育具有宗教般的虔诚和热爱，我们把"筑造·劳作·栖息·歌唱"，当成教师的生活方式，并将新教育实验重要文本《书写教师职业生涯的传奇》当成职业认同和专业发展的指导方针。

除了平日的教科研，我们有周三年轻教师共读，目前由全国知名的教师专业发展专家魏智渊亲自主持，有周六教育共读和教育汇谈，一边阅读教育学、心理学名著，一边讨论日常教育教学中的种种困难、问题，其中周六共读则由我主持。

学校还有"罕台清凉之夏"和"罕台温暖之冬"的深度共读，届时全国不少优秀校长和教师会申请来学校参与共读，这时阅读的内容往往是哲学和心理学名著。

学校，成为一个真正的学习场所，师生都把学习当成最本真的生活方式，醉心于知识本身的魅力，这是罕台新教育实验小学已经初步显现出来的风尚，也是未来要坚持下去并发展壮大的生活方式。

六、罕台新教育实验小学学校文化之几个侧面

搬入校园未足一年，学校尚有近一半工程没有完成，所以许多学校文化，还只是一边筑造，一边憧憬，但任何时刻的谋划，总在一定意义上已经是教育事实。

对未来的罕台新教育实验小学的学校文化，我们还可以用几个关键词，从不同的侧面来加以描述：

1. 绿色学校。

罕台所处环境并不好，周围沙化严重，和沙漠地区只有半小时车程。但正如校训"相信种子，相信岁月"取自花草树木，正如校歌所唱"绿洲于沙，弦歌悠扬"，学校将持续地在校园绿化上下大功夫，并结合学校的中水系统、沼气系统，逐步实现污水和垃圾的回收利用，转化成学校的绿化源泉。

学校最终将绿树成荫，在一切可能的地方种植树木，并形成几片大大小小的树林。

教学楼内将有四季如春的绿化区，在室外零下二三十度滴水成冰的时刻，依然绿意盎然。

每间教室和办公室将充满绿意。

学校还将利用爬山虎，把多处墙面逐渐地改造成绿化墙。

一句话，最终成熟的学校，将是一个小森林、小花园，绿色将成学校的第一表征。

而绿化的另一项功能，就是将建筑"柔化"，减少学校建筑今天暴发户式的暴露，以及未来褪色之后衰败的暴露。

2. 童话学校。

学校内设有童话学校，著名儿童文学作家童喜喜担任校长；学校的每间

教室都有一个童话般的名字，名字源自读过的童话经典；每间教室的童话剧，是班级整体面貌和水平的显现……我们认为，小学首先应该是童话的，是永无岛式的，是巴学园式的，所以童话将成为学校文化的一个关键词。

3. 艺体学校。

童话和艺术紧紧相伴随，本校每周开设有乐器课，人人要学习多种乐器。目前仅通过半年时间，一年级学生已经能用口风琴吹奏多首曲子，二年级学生已经能够演奏美妙的葫芦丝，三年级学生也已经能够娴熟地吹奏竖笛。未来还将在高年级学习琵琶、电子琴、吉他，并在中高年级开始吸收成员成立学校乐队：民族乐队和西洋乐队。

在体育上，除一般的体育活动外，我们将开发轮滑、乒乓球等特色课程，让这某些项目成为学校的体育特长。学校因此有面积广大的专用轮滑场，数间乒乓球专用教室。

4. 无标语学校。

学校将在美化、绿化、文化上大下功夫，但将把标语口号——墙上那些传统的文字口号——尽可能减少，甚至达到零标语、零口号的地步。

我们坚信，教育最好的方式应该是"好雨知时节，当春乃发生，随风潜入夜，润物细无声"。现在大多数学校的口号、标语事实上既不符合美学，更不符合真正的道德人格教育。所以本校将和传统的标语口号说再见，而代之以文化、美化的方式来实现教育潜在课程的目的。

5. 宁静学校。

静若处子，动若脱兔；活泼时能够尽情挥洒，宁静时透露出有教养的书卷气息。这是我们对孩子们的期许，也因此，我们学校最大可能地减少各种大型活动，减少对教育教学的冲击，尽可能避免对灵魂的自然成长添加激素（譬如各种成功学的演讲、过于煽情的感恩教育等）。

罕台喜静。

师生身上透出一种宁静而热烈的气息。

拥有并实现了这些，这才是真正的校风、学风。

后 记

一

我从来没有想过自己会做校长，而且一做就是七年。

因为我是一个典型的内向者，社恐。一开始做老师，就因为不擅长表达而屡屡受挫，花了好几年时间，才成为受学生欢迎的老师。2004年辞去公职，去成都一所私立学校，当时副校长是李镇西老师。有一段时间，他希望我做语文教研组长。我做了两周，就惶恐地辞职了。同组的同事们都非常好，热情、能力强，非常地配合，但我根本不知道如何组织教研活动，想着一辈子做好语文老师，就是我的宿命了。

2006年春，由李镇西老师推荐，我到苏州，师从朱永新老师从事新教育实验工作，算是第一个专职人员。三个月后，干国祥和马玲两位同伴也过来了，共同成立了新教育实验的理论部，后更名为"新教育研究中心"。我负责教师专业发展方面的工作，后来又做新教育实验公益部门的负责人。当时，来自台湾地区的营伟华女士（我们称之为营姐）是新教育实验的捐赠者，也在帮助新教育实验梳理组织架构和工作内容。营姐是我交往过的第一位真正意义上的职业经理人，在她严格的训练下，我渐渐地开始注意并研究一些做事的方法，大到如何做计划、梳理工作思路，小到待人接物、迎来送往，受益匪浅。

2008年，新教育研究中心牵头，由我具体负责，成立了海拔五千新教育教师读书会，没多久，就更名为"新教育实验网络师范学院"。虽然是线上学习共同体，但事务繁多，要做程序设计，要管理QQ群，要与讲师们沟通，要确保从报名到作业批阅直至过关评定的整个流程极简高效。虽然由我具体负责，但干国祥老师一直深度参与，除学术外，事务上也有诸多讨论。他的编程意识极强，思维缜密，给了我很大的影响，再加上我从小是优等生，也擅长应试，而内向者的优势恰恰也是思维缜密，这些结合起来，让我在处理线上事务时，颇为得心应手。

新教育研究中心有魔鬼团队之称，工作强度非常大，尤其是外出培训的时候。而团队的一大特点，就是以日以年地共读经典。哪怕出差，在火车上，也在热烈地共读和讨论。从苏霍姆林斯基开始，到杜威、怀特海，再到皮亚杰、维果茨基，更有中外哲学经典的共读，比如《论语》《中庸》《圆善论》，一直到海德格尔。这种共读传统，直到今天还在继续。共读之外，教研、上课，更是家常便饭。2008年，团队在江苏宝应县宝应实验小学的校中校实验，更是对我影响深远。

2010年，新教育与鄂尔多斯东胜区教育局合作，创建罕台新教育实验小学，由干国祥出任校长，我也以驻校专家的身份常驻学校，参加教研，亲眼目睹、亲身参与了一所学校从无到有、从艰辛到辉煌的整个过程，对于课程与管理，有非常深切的感受。罕台新教育实验小学，对于中国教育来讲，是一个极佳的样本。

尽管如此，我从没有想过自己会做校长，总觉得自己只是一个旁观者。

二

没多久，结识了我生命中一个非常重要的他人——时任北京市丰台二中校长的王志江，我们称之为江子。

相识时，他已经是北京市名校长，正在上级部门的要求和支持下，着手组建教育集团。一见如故，一拍即合，决定创建公立性质的一所新教育小学和一所新教育初中。由我以学术校长的身份，负责新教育小学的工作。就这样，我从遥远的内蒙古，到了北京丰台。

2012年夏秋，学校开学了。之前，已经进行了大半年的教师招聘和培训。学校里几乎没有成熟的教师，也几乎没有成熟的校级干部，大家都是没有经验的新人。而江子虽然是学校法人，却充分授权，基本上不参与学校的日常管理工作，由我来独立决策。而我，从没有做管理的经验，不要说中层了，连教研组长也只做过两周。

新学校、新老师、新领导，无论做了多么充分的准备，注定兵荒马乱、焦头烂额。教师团队虽然非常优秀，而且很敬业，但一群没有经验的大孩子，要应对一群一年级的小孩子，一个简单的排队就足以让大家崩溃。我作为校长，甚至不知道怎样组织会议。就这样，一边学，一边做，一边思考，一边记录。从做校长的第一天起，我就坚持写日志。最初几个月，每天写三五千字，详细地记录了办学的全过程。

怎么学？

有意思的是，我很少向其他名校长学习。我学习的对象，通常跟五个领域相关：企业、医疗、法学、军事、航空。我意识到，这五个领域，效率都非常高。因为如果效率低下的话，要么赔钱，要么死人。而教育领域，说得好听一点，叫"十年树木，百年树人"，说得难听一点，因果关系不明显，学生没有被教好，都很难追溯到责任人。这就导致了学校管理进化特别缓慢，属于少数效率低下的领域，更不用说课程与教研了。

在这个过程中，我开始探索和实践"大教室，小行政"，实行最少管理，把学校打造成一个高效的学习共同体，不但充分地扁平化，而且让行政和后勤真正地发挥服务功能。在这个过程中，让文化，尤其是价值观，成为一种生活方式，一种彼此对待对方的方式。而且，通过家校系统的建设，让家长也充分地理解和支持学校。在这个过程中，我运用和创建了一些工具，不断地完善自己的思想方法，并且一点一点地写下来。

当学校行政和后勤系统被理顺，能够极简运行后，我把核心精力放在了教研上，放在了学校课程的搭建上。

第一次做校长，有赖于江子创造的非常好的环境，学校很成功，很快在社区赢得了声誉。可惜的是，因为行政上的一些变化，两年以后，合作就中止了，江子辞职（目前在做开封贞元学校校长，这是一所非常值得关注的私立学校），我也离开了北京。原新教育研究中心成员，当时也包括江子，联合成立了北京南明教育集团，打算寻找机会，做私立学校，把课程与文化延续下去。

没多久，我又去山西，由南明教育委派，担任一所3500人规模的小学的校长，大概三年左右，从课程和管理上，进行了一定程度的改造。同时，几方合作，在这所学校不远处，又联合创建了一所新的私立学校，学校设计为十二年一贯制。江子做首任校长，两年时间，学校声誉鹊起。但是，教育者的情怀与投资者的利益，总是存在着可以想象的冲突。两年后，我接手这所学校，又做了两年校长。两年内，学校迎来了两届中考，以及第一届高中生。无论从考试成绩还是口碑来讲，都很成功。但因为中国私立学校经常出现的情况，最终，被迫离开，校长生涯至此结束。

这一年，是2020年，世界刚刚进入疫情期。而《民办教育促进法》的修订，也带来了一些重大影响。我开始转型，帮助一些学校（主要是公立学校）和区域做课程设计和教师培训。同时，与担当者行动合作，也涉足公益。

另外，我也在CCtalk平台，创建了在线教育平台"老魏的咖啡馆"，致力于教师成长和家庭教育。

三

这本书中的文章，就是在七年校长生涯中，断断续续写成的，大半发表在个人的微信公众号"老魏的咖啡馆"中。

有人说，七年就是一辈子。从中师毕业后，我教过小学、初中、高中，从公立到私立，从线下到线上，做过研究，做过公益，做过管理。每一段经历，都像一辈子一样，给我生命打下很深的烙印。

我做得最多的事，是这本书无法体现的，即课程设计、教研，以及学校公共生活的建设。我也经常被批评，因为我偏爱诸如麦肯锡方法和奥卡姆剃刀之类的工具，的确有技术主义的倾向。如果说这本书还有出版价值的话，我希望能够在理念和技术层面，给读者一些启发。但我深知，这远远不是学校的全部。学校在本质上是一种有价值的共同生活，应该努力促进每一个人（包括教师和学生）的自我实现。

最近几年，在帮助一些小学和初中做课程设计（包括德育与教学），换了个视角，对学校乃至于区域教育又做了一轮审视。将来若有机会，可能仍然会用办一所学校来为32年的职业生涯做一个总结吧。

那将是另一个故事，一个关于学校发展的叙事。

回首往事，内心深处，充满了很深的感激。

感谢李镇西老师，因为他的邀请，我才有勇气走出陕西，开启迈向新世界的大门；感谢朱永新老师，因为他的仁厚宽容，我才得以在新教育实验的平台上积蓄能量；感谢菅姐，因为她，我经历了最初的做事训练，希望她看到今天的我，能有一丝欣慰；感谢干国祥老师，我在学术上的训练，大半要归功于他，罕台新教育实验小学的成功，也给我的学校管理打了个样；感谢江子兄，因为他，我才有了做校长的机会，更重要的是后面漫长岁月中的默契于心；感谢南明团队的兄弟姐妹们，没有大家的并肩奋战，不可能有全人之美课程的大放异彩。当然，也感谢我的家人。我离开老家时，女儿才读小学一年级，如今已经参加工作，这么多年，家人一直不离不弃。爱人严盈侠老师，也卓有成就，在全人之美课程的创造中，发挥了重要的作用。

这本书的出版，要感谢编辑卢风保老师，他是我好几本书的编辑，一直合作默契。特别感谢蒲公英智库的李斌老师，在自身工作非常繁忙的情况下，欣然答应作序。蒲公英智库是我非常钦佩的组织，从李斌老师团队身上，我受益匪浅。

在附录中，我增加了干国祥老师的《筑造·劳作·栖息·歌唱——罕台新教育实验小学学校文化建设简述》，我在学校管理及文化建设上，深受他的影响。而南明教育系的学校，也有一些共同的特质，希望对大家有启发。